Soziale Archetypen

Andreas Bleeck

Soziale Archetypen

Planeten-Matrix entschlüsselt

HIER & JETZT

2. Auflage, 2017
Edition Hier&Jetzt im Synergia-Verlag veröffentlicht, Industriestr. 20,
64380 Roßdorf, www.synergia-verlag.de
Alle Rechte vorbehalten
Copyright 2013 by Synergia Verlag, Roßdorf

Umschlaggestaltung, Gestaltung und Satz: FontFront.com, Roßdorf

Printed in EU
ISBN-13: 9783944615189
Bibliografische Information der Deutschen Bibliothek
Die Deutsche Bibliothek verzeichnet diese Publikation in der deutschen Nationalbibliografie; detaillierte bibliografische Daten sind im Internet unter http://dnb.ddb.de abrufbar.

Vorsicht	Mut
Angst	Übermut

Inhalt

Vorwort zur zweiten Auflage	9
Wenn Nessus im Quadrat zur Oort'schen Wolke steht…	23
Qualitative Sozialforschung	34
Kritische Astrologie	46
Wertewandel	**52**
Funktionssysteme, Leitdifferenzen und Kontingenzbegriffe	56
Verstehen, Erklären und Aus-Handeln	62
Der Jupiter/Saturn-Zyklus	68
Chiron/Uranus und die 68er Revolution	76
Begabungsmodell	**88**
Wertevierecke	**100**
Wertvorstellungen	105
Emotion und Kognition	109
Tugend oder Bedürfnis	119
Soziale Archetypen	126
Elementargruppen	**138**
Dualplaneten	140
Agency und Communion	148
Die Elemente	157
Big Four	159
Big Five	**164**
Extraversion - Sonne und Uranus	170
Verträglichkeit - Mond und Venus	174

Offenheit - Lilith und Jupiter	177
Bedürfnis nach Stabilität - Chiron und Pluto	181
Gewissenhaftigkeit - Merkur und Saturn	185
Machtstreben - Mars und Neptun	189

Horoskopbeispiel: C.G. Jung   193

Anhänge   212

Zeitwerte	212
Beispiel Wertevierecк: Selbstbewusstsein und Differenzierungsvermögen	216
MBTI	224
Alpha, Beta, Omega	226
Synonyme der Wertbegriffe	227
Auszählung des Horoskopes von C. G Jung	234

Vorwort zur zweiten Auflage

Die Astrologie ist eine Wissenschaft für sich. Aber eine wegweisende. Ich habe viel aus ihr gelernt und einigen Nutzen aus ihr ziehen können.

Albert Einstein

Sechs astrologische Bücher sind nun von mir erschienen, fünf weitere stehen bevor. Mit ‚Astrologie ohne Dogma' fing es im Jahre 2013 an und nun ist es Zeit für eine zweite, stark veränderte und erweiterte Auflage der ‚Sozialen Archetypen', die den Kern der Planeten-Matrix beschreibt und eine neue Zuordnung der ‚Big Five' zu astrologischen Typen vorschlägt. Noch immer ist das System nicht abgeschlossen, doch fügen sich die Dinge immer mehr ineinander. Die Verbindung zwischen Emotionen, Wertvorstellungen, Sprachmustern und evolutionären Programmen im Gehirn scheint mir noch viele Ansatzpunkte für die Forschung zu bergen. Es mag zukünftigen Generationen vorbehalten sein, Astrologie in Kombination mit einem Studium der Soziologie, Anthropologie oder Psychologie zu erlernen und sich zeitgleich interessante Versuchsaufbauten auszudenken, die einen empirischen Gehalt begründen könnten.

Es war mir seit meiner Jugend ein Anliegen, Ordnung in die Welt der Begriffe zu bringen, auch weil ich Mühe hatte, deren unterschiedliche Verwendung in diversen Systemen nachzuvollziehen. In einem Traum sah ich zwei Kegel, in denen sich Wörter tummelten und die sich ineinander schoben, während sich ihre Begriffspaare jeweils unversöhnlich gegenüber standen. Eine Allegorie für den Widerstreit der Welt über die ‚richtige Tugend', während die Wahrheit niemals extremistisch ist. Eine Grundfigur der doppelten Negation kristallisierte sich heraus – die Wucht der Spannung auflösend und einer eleganten Figur raumgebend. Wortpaare wie Freiheit und Vernunft oder Vorsicht und Mut bilden keine reinen Gegensätze, aber auch keine vollständige Ergänzung. Erst mit ihren Negationen und ‚Dualpartnern' bilden sie eine geschlossene Form, die in allen Sprachen der Welt zu ‚funktionieren' scheint. Sie wird schon in der Nikomachischen Ethik von Aristoteles als ‚Synthese von Gegensätzen' präsentiert, die ganz im Sinne der sokratischen Formel der Hinterfragung von Überzeugungsmustern jeglicher Art formuliert ist.[1]

Die Idee wurde später von Nicolai Hartmann weitergeführt und von seinem Schüler Paul Helwig und Schulz von Thun in Form von ‚Werteviereken' als Ansatz einer Kommumikationstheorie beschrieben.[2] Die hier vorgelegte Planetenmatrix, der die Kombinationen der 12 Tierkreiszeichen 60 Begriffspaare zugrunde liegen, stellt ein offenbar einheitliches Sprachmuster dar, aus dem sich Vorstellungen von Werten astrologisch so ‚zusammensetzen' lassen, dass kein Gegensatz unaufgelöst bleibt.[3] Der Positivismus in der Form von Wittgenstein und Frege lässt beispielsweise unterschiedliche Bedeutungen von Sätzen gelten lässt, solange sie in einen logischen Rahmen passen. Auch emotionale Äußerungen können so auf einer rationalen Ebene verhandelt werden. Neurowissenschaften haben in den letzten beiden Jahrzehnten die Wichtigkeit von Gefühlen und Emotionen für das Verstehen erkannt. Wie und was wir denken, ist wesentlich von inneren Prozessen abhängig. Sprache und das episodische Gedächtnis scheint dabei die entscheidende Rolle zu spielen. Sollte es in ihrer Struktur selbst angelegt sein, wie sich Emotionen und ihre Bewertungen formieren?

Die Prämisse des Werte- und Entwicklungsquadrats von Schulz von Thun lautete: [...Jeder Wert, jede Tugend, jedes Leitprinzip, jede menschliche Qualität, könne nur dann seine volle konstruktive Wirkung entfalten, wenn er sich in ausgehaltener Spannung zu einem positiven Gegenwert, einer 'Schwestertugend' befindet...].[4]

Helwig hatte es nicht darauf abgesehen, sein an Aristoteles angelehntes Schema auf alle existierenden Tugenden auszuweiten. Dasselbe gilt für Friedemann Schulz von Thun, der in seinem Buch 'Miteinander Reden', Band II, die Werteviereecke innerhalb einer Einteilung von nur acht Rollen durchspielt. Das Buch ist ein Klassiker der Kommunikationspsychologie und erschien in

---

1 Aristoteles, *Nikomachische Ethik*, z.B. Rowohlt, Reinbek 2006, PDF

2 Siehe Kapitel Werteviereecke, S.100

3 In der beiliegenden Graphik sind alle 120 Werte und ihre Bedürfnisentsprechungen aufgeführt. Aktualisierung auf www.astrologie-abc.de.

4 http://de.wikipedia.org/wiki/Werte-_und_Entwicklungsquadrat

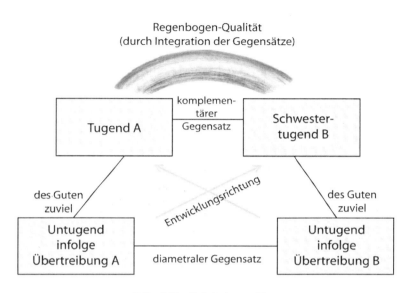

© Prof. Dr. F. Schulz von Thun

einer Zeit, in der die studentische Mitbestimmung, Gleichberechtigung und Kommunikationsworkshops im Bereich Wirtschaft und Soziales boomten. Entsprechend beschreibt Schulz von Thun die Werteviericke im Rahmen einer Kommunikationstheorie, die Konflikte bearbeiten helfen soll. Doch die Matrix scheint mir vielfältiger zu sein. Sie drückt nicht nur Paarbegriffe von Werten und deren Negation in einem einfachen, sondern in einem doppelten Quadrat aus, das die jeweilige Überkompensation eines Wertes enthält. Die miteinander verbundenen ‚Werteviericke' sind eine sprachliche Vorgabe für den emotional mitschwingenden (und oft diffusen) Ausdruck von Tugenden und Bedürfnissen.

Beispiel: Wachstum und Nachhaltigkeit gehören zusammen wie Ordnung und Komplexität. Das Gegenteil von Wachstum ist Stagnation (Krise). Diese führt gegebenenfalls zu mehr Nachhaltigkeit (Sparen). Das Gegenteil von Nachhaltigkeit ist Verschwendung (Verschuldung). Diese führt gut durchgeführt möglicherweise zu mehr Wachstum (deficite spending). Das Gegenteil von Ordnung ist Chaos (Anarchie). Dieses führt aber zu mehr Möglichkeiten und Komplexität (adaptive Systeme). Das Gegenteil von Komplexität ist Vereinfachung (Verhaftung in simplen Weltbildern), diese führen aber in chaotischen Zeiten zu mehr Ordnung (Sicherheitsdenken). Stagnation und Verschwendung erscheinen genauso oft im Paar, wie Chaos und hilflose Versuche von Vereinfachung. Die Begriffe überkreuzen sich nun nochmal auf einer zweiten Ebene, wo der überkompensierte Zustand erscheint, wenn eine ‚Tugend' übertrieben wird.

Jupiter	Lilith
Wachstum	**Nachhaltigkeit**
Chiron	Saturn
Verschwendung	Stagnation
Saturn	Chiron
Ordnung	**Komplexität**
Lilith	Jupiter
Vereinfachung	Chaos

Die Übertreibung von Ordnung bedeutet Stagnation (Polizeistaat), die Übertreibung von Komplexität wiederum Verschwendung (Massenkonsum). Die Übertreibung von Wachstum führt zu Chaos (Neoliberalismus) und die Übertreibung von Nachhaltigkeit zu unzulässiger Vereinfachung (‚Ökofaschismus'). Astrologisch sagen wir, dass Lilith z.B. in Jupiter den Aspekt des Wachstums hervorbringt, weil sie in der Lage ist, nachhaltig mit den Dingen umzugehen. Tritt ein solcher Aspekt im Horoskop auf, dann werden auch die Aspekte der ‚Dualplaneten' Chiron und Saturn berücksichtigt.[5] Astrologie erscheint als ‚Ordnerin einer Wertematrix', deren Bedeutung in allen Sprachen in einer Art ‚universellem Schema' aus der Kombination von 12 ‚Archetypen' gebildet wird.

Noam Chomsky, auf der (vergeblichen) Suche nach einer ‚Universalgrammatik', entdeckte schließlich für sich die Fähigkeit zur Konfliktlösung als wichtiges Merkmal des Sprechens und als Voraussetzung das Erkennen von

---

[5] Zur Symmetrie der Planetenmatrix mehr in Band IV der ‚Astrologischen Soziologie'. Die Dualplaneten werden in Band II ausführlich besprochen.

Manipulationsstrategien, wie es auch in der aristotelischen Rhetorik angedeutet ist. Seine zynischen ‚10 Empfehlungen für künftige Despoten' lautete: 1. Kehre die Aufmerksamkeit um, 2. Erzeuge Probleme und liefere die Lösung, 3. Stufe Änderungen ab, 4. Aufschub von Änderungen, 5. Sprich zur Masse, wie zu kleinen Kindern, 6. Konzentriere dich auf Emotionen und nicht auf Reflexion, 7. Versuche die Ignoranz der Gesellschaft aufrechtzuerhalten, 8. Entfache in der Bevölkerung den Gedanken, dass sie durchschnittlich sei, 9. Wandle Widerstand in das Gefühl schlechten Gewissens um, 10. Lerne Menschen besser kennen, als sie sich selbst es tun. Diese 10 Punkte geben in kurzer Form einen Eindruck, was falsch verstandene Wertvorstellungen im negativen bewirken können, was sie aber auch Positives erzeugen können, wenn der Mensch zu unterscheiden gelernt hat.

Doch was sind Werte überhaupt? Der Soziologe Parsons sieht ‚Werte als Orientierungen, als individuelle Dispositionen der Selektion von Handlungsalternativen, die auf der Bindung des Handelnden an eine in sich konsistente Menge von Regeln beruhen'. Also als eine Art Überbegriff für einen Komplex von Vorstellungen, der bei der ‚Vorsortierung' von gesellschaftlichen Ereignissen hilft, die eine persönliche Bedeutung haben. Für den Ethnologen Kluckhohn sind Wertorientierungen als Versuche der Lösung allgemein menschlicher Probleme zu interpretieren. [...Ein Wert ist eine explizite oder implizite, für das Individuum kennzeichnende oder für eine Gruppe charakteristische Konzeption des Wünschenswerten, die die Selektion von vorhandenen Arten, Mitteln und Zielen des Handelns beeinflußt...][6]. Durch die Untersuchungen von Lewin, Hull, Tolman, Morris, Oerter u. a. entwickelten sich zwei Richtungen von Wertdefinitionen, einmal als subjektive Anziehung und Abstoßung von Bezugspunkten und einmal als ‚Richtlinie', die das Verständnis der Welt ermöglicht und als Korrektiv von Motivationen dient. Die erste Definition (der auch Parsons folgt) unterstreicht die soziale Genese von Werten innerhalb sozialer Systeme, also historisch und evolutionär gewachsene ‚Moralismen'; die zweite Definition betont die Unterstützung der Selbstregulierung eines psychischen Systems in Form von ‚Eigenwerten'.

---

6   Clyde Kluckhohn, Values and value-orientations in the theory of action: An exploration in definition and classification. In T. Parsons & E. Shils (Eds.), *Toward a general theory of action*. Cambridge, MA: Harvard University Press, 1951, S. 388 – 433.

Werte wären in beiderlei Sinn von normativen Vorgaben zu unterscheiden, die im Sinne von Gesetzen gebraucht werden. Das Problem dabei ist: Wie überprüfe ich, ob die vorgegebenen Maßstäbe vom Individuum erreicht werden, oder ob sie überhaupt angestrebt werden?[7] Werte sind eher lose Leitgedanken, deren Inhalt sich das Individuum selbstbestimmt mit der Entwicklung eines Lebensplans nähert. Auch Sekundärtugenden wie Fleiß, Ordnung oder Disziplin können als intrinsische Motivationen gesehen werden, die je nach Bedingung für das Individuum attraktiv sind. Doch egal ob intrinsisch oder extrinsisch – zwischen beiden Definitionen wird es keine Entscheidung geben, denn psychische Systeme wirken auf die Außenwelt und umgekehrt. Das Ordnungskonzept ‚Wert' erleichtert es, sich in einer unübersichtlichen Welt zurechtzufinden. Es lenkt die Wahrnehmung auf Ausschnitte der Umwelt und blendet andere aus. Daraus entsteht das Problem, dass die Passung mit der Zeit verloren geht, da sich die Umwelt mit jedem Ereignis verändert. Wir wollen uns nicht wirklich damit auseinandersetzen. Denn Wertvorstellungen und Überzeugungen ist etwas, ‚was man hat', was wie eine Art evolutionäres Programm abläuft, um uns einen Standpunkt im Leben zu geben, von dem aus wir weitergehen können. Nur wenn es nicht so läuft, wie wir gewohnt sind, fangen wir an, darüber nachzudenken, was Esoteriker auch gerne ‚Glaubensmuster' nennen.

Jede Zeit hat ihren speziellen Umgang mit emotional besetzten Wertmodellen, die aus den jeweiligen Herrschaftsverhältnissen hervorgehen. Dies macht Einschätzung für die anderen und Anknüpfung an Motive trotz negativer Grundstimmung möglich. Die Maske der durchrationalisierten Arbeitswelt stellte z.B. eine nicht unerhebliche Problematik der Neuzeit dar, wie die Erfahrungen mit dem Faschismus zeigen. Es gab keine erfolgreichen Bewältigungsstrategien im Umgang mit Frustration mehr; die Unterdrückung vitaler Energien kehrte sich mit Freud in ihr Gegenteil – den Todestrieb. Für Philosophen und Soziologen gehört die Kontrolle der Affekte schon immer entscheidend zu dem Ausbilden von Kultur und der Fähigkeit zur Selbstreflexion. Norbert Elias beschreibt in 'Über den Prozess der Zivilisation', wie Individualität nicht im Gegensatz zur Gesellschaft steht, sondern wie sie in einer geschichtlichen und psychologischen Dynamik vorgezeichnete Wege

---

7   Wenn ein jugendlicher Stürmer für Gleichberechtigung in seinem Übermut Einrichtungen des Bürgertums zerstört, dann handelt er sicher nicht im Interesse von Frauen, die mehr als die Männer auf eine funktionierende Kultur mit sauberen Toiletten und sicherem Nachhauseweg angewiesen sind.

geht. Um ein angemessenes Verhalten zu erreichen, müssen die Wertvorstellungen der Situation entsprechend individuell ‚moduliert' werden, um negative Begleiterscheinungen zu eliminieren.[8]

[...Nach Norbert Elias tragen die Verflechtungszwänge der komplexer werdenden ökonomischen Austauschbeziehungen wesentlich zur Verstärkung der Affektkontrolle bei. Die Gefühle werden immer mehr kontrolliert. Georg Simmel sieht die 'Abflachung des Gefühlslebens', die als emotionales Merkmal des modernen Lebensstils erkennbar ist, als Folge der sich ausbreitenden Geldwirtschaft. Durch die Wirtschaft werden die Gefühle unseres Lebens weniger beeinflusst. Der Soziologe Max Weber (1864–1920) untersuchte die charismatische Herrschaft, die am stärksten durch Emotionen gestützt und legitimiert wird. Nach Weber ist Charisma eine 'notwendige außerwirtschaftliche Macht', wenn die Interessen des ökonomischen Alltags zur Übermacht gelangen. Adorno (1903–1969) und Horkheimer (1895–1973) hielten die Wirtschaftsorganisation für eine gefühlskalte Zone. Ihre Gesellschaftstheorien fällten negative Werturteile über den Kapitalismus....][9].

Schon in den phänomenologischen Ansätzen von Max Scheler wird deutlich, was später durch Heidegger und die Poststrukturalisten in Anlehnung an Hegel ausgearbeitet wird. Werte sind weder aus einem Utilitarismus (sinnvoll ist, was nützlich ist), noch aus einem Kant'schen Imperativ, der das Handeln zur Maßgabe macht, was einer allgemeinen Gesetzgebung dienen könnte, allein befriedigend erklärbar. Denn Werte entstehen mit der Kommunikation über sie und verändern sich. Scheler unterscheidet zwischen Wertding und Wertigkeit.[10] Freiheit etwa ist ein Wert, der unabhängig von Zeit und Ort existiert und gleichzeitig aber erst in den Dingen konkrete Natur annimmt. Er ist weder allein in dem Gegenstand, noch in seinem Überbegriff, sondern irgendwo dazwischen in einem interaktiven Raum, auf den sich die Zeichen der Sprache beziehen. Die verschiedenen Werte machen ein selbstständiges Gegenstandsfeld aus und treten zueinander in ein Verhältnis. Dieses Verhältnis ist mit Saussure und Levi-Strauß im strukturalistischen Sinne schon

---

8   Die Symbole der Astrologie stehen folgerichtig also für typische Entwicklungsmuster, in denen sich Ereignisse entfalten und in denen wiederkehrende Wertmuster abgerufen werden.

9   http://de.wikipedia.org/wiki/Soziologie_der_Emotionen

10 Max Scheler, GW2, 1913 S. 43

durch unsere sozialen Verhaltensweisen vorgeprägt. Wir wachsen mit einem Verständnis für die gegenseitigen Bezüge der Wertvorstellungen auf, Freiheit steht immer in einem Bezug zur Vernunft und dem verantwortungsbewussten Umgang mit Selbiger.

Wertbegriffe wie Fleiß, Ausdauer und Ordnung, aber auch Freiheit, Schönheit, Selbstbewusstsein und Emanzipation sind wie Zauberwörter, die Türen öffnen, schnell aber auch zu unübersichtlichen Allgemeinplätzen werden. Sie sind in ihrer Negierbarkeit gleichzeitig immer auch Ausdruck von unerfüllten Bedürfnissen. Die in ihnen liegende Botschaft muss vom Zuhörer in den richtigen Kontext gebracht und entschlüsselt werden, was nicht ganz leicht ist, da Wertsysteme dazu tendieren, Gegenätze zu bilden. Der Großzügigkeit steht der ‚Aufruf zur Effizienz' entgegen; dem Mut die Vorsicht und dem Selbstbewusstsein die Fähigkeit zur Differenzierung. Das eine würde ohne das andere schnell einseitig und unhandlich werden, Großzügigkeit würde zur Verschwendung, Mut zu Übermut und Selbstbewusstsein zu einer vereinfachten Sichtweise auf die Welt führen. Emotionen ermöglichen uns, derartige Extreme sichtbar zu machen, ohne ihrem ‚Vertreter' zu nahe zu treten. Ein ärgerliches Räuspern, ein langgezogenes Ähhhmm, ein erstauntes ‚Nicht wirklich, oder?' geben feine Hinweise, die Absicht noch einmal zu reflektieren.

In der Wirtschaft werden Werte in Form von ‚Marken' präsentiert, die eine emotionale Kundenbindung erzeugen sollen. Der Clown von MacDonald erzeugt den Eindruck permanenten Kindergeburtstages, Tante Clementine mit ihrem ‚Weißer als Weiß' ein Gefühl von Reinheit und das ‚Ich bin doch nicht blöd' von Media Markt eine aggressive Kaufhaltung, deren Absicht erkannt und ‚gewürdigt' wird. Auch die Kirche pflegt ihr ‚Produkt' und ihren Mythos. Die Geschichten um Jesus Christus werden seit 2000 Jahren ausgeschmückt und garantieren ein Einheitsgefühl, in dem Identität entsteht. Selbst die Wissenschaft hat ihre Bilder und ‚Grand Theories', die zu hinterfragen bedeutet, auf eine Wand ungeklärter Emotionen zu stoßen, in deren Folge die Rationalität der Argumentation aufweicht. Sich auf andere Weltbilder einzulassen bedeutet allgemein, den Menschen dahinter anzunehmen und versuchen, sich auf seine ‚Ebene einzuschwingen', bevor man sein Weltbild kritisiert.

Deshalb geht es für mich weniger um die Synthese von Gegensätzen, als um einen positivierten Ausdruck von emotionalen Bedürfnissen, deren negative Konnotierung als Gegensatz ansonsten zu Stereotypisierung und Abwertung führt, in dessen Folge ein neutrales Zuhören nicht mehr möglich ist.[11] Verhandlungen über Werte sind immer emotional besetzt und dem anderen seine Gefühle abzusprechen würde bedeuten, auch seiner Argumentation nicht zu folgen. Es geht im Gespräch weniger darum, den anderen an Logik zu übertrumpfen, wie manche Naturalisten und Eliministen es wollen, sondern auch seine eigenen Gefühle mitzuteilen, damit der andere weiß, woran er ist. Kognition und Emotion sind untrennbar miteinander verbunden. Werte erzeugen Bindung mit emotionalem Ausdruck. Wenn ich von anderen Freiheit (Uranus) reklamiere, dann steht dahinter immer auch ein eigenes Bedürfnis, Zwänge zu reduzieren. Da ich dies aber nur schwer ausdrücken kann, ohne in einem ‚schwächlichen' Licht zu erscheinen, ist der Appell an den Wert der Freiheit gleichzeitig ein unausgesprochener Hinweis auf eigene Sachzwänge, und damit ein Aufruf an die ‚Schwestertugend'[12] Vernunft (Pluto) beim Anderen, da es Freiheit für mich nur geben kann, wenn der andere meine Sachzwänge auf vernünftige Weise versteht.[13] Denn dies funktioniert nur dann, wenn auch der Andere diesen Zusammenhang kennt und meinen Freiheitsappell nicht als ‚Aufruf zur Revolution' versteht, sondern als Angebot, mir vernünftige Vorschläge zu unterbreiten. Falsch verstanden, schlagen derartige Angebote dann in ihr emotionales Gegenteil um und rufen Zwanghaftigkeit und Narretei auf den Plan.

Uranus	Pluto
Freiheit	Vernunft
Merkur	Neptun
Narretei	Zwang

---

11 Es gibt in diesem Sinne keine ‚Unwerte', sondern nur ‚emotionelle Zustände'. Nicht nur als Wut, Trauer, Angst oder Depressivität, sondern auch als Verschwendung, Vereinfachung, Stagnation, Chaos usw. Den 120 ‚Tugenden' entsprechen 120 ‚Emotionen'.

12 Wie Schulz von Thun sie nannte.

13 Beispielsweise kann ich von meinem Partner erwarten, dass er vernünftig mit meinem Bedürfnis umgeht, mich mehr mit anderen Menschen treffen zu können.

Freiheit allgemein kann es nur in einer ‚vernünftigen Gesellschaft' geben, in der die entstehenden Zwänge verhandelt werden. Ansonsten wird aus dieser Freiheit Anarchie und daraus totalitäre Herrschaftsformen (Gegenbegriffe Abhängigkeit und Unvernunft). Wenn in Amerika z.B. gerne von Freiheit gesprochen wird, dann auch in Erinnerung an die Unvernunft der eigenen Vergangenheit und das blinde Gesetz des Stärksten im Wilden Westen und die Ausrottung der Indianer.[14] Die daraus resultierenden Zwänge sind heute beispielsweise in der weltweit einmaligen Handhabung des Waffengesetzes spürbar. Leider kostet der damit verbundene Wunsch nach Freiheit viele unschuldige Menschenleben, die durch diese Waffen getötet werden. Jeder meint also etwas anderes, wenn er von Freiheit spricht.

Je weiter man hinter Wertvorstellungen schaut, desto tiefer wird der Abgrund. Wer von Freiheit spricht, meint nicht selten die vermeintliche Abhängigkeit des Gegenübers. In dem Gebrauch von Wertbegriffen schwingt immer eine Kritik mit. Sie verweist auf dahinter stehende Bedürfnisse, die nicht offen artikuliert werden können, und sind oft eine Art Aufruf, dessen Implikationen mit dem Verlauf des Gesprächs bewusst variiert werden, um den anderen ‚zur Sache zu führen'. Hinter derartigen Strategien stehen oft tiefsitzende Glaubensmustern, die es für den Astrologen und systemisch-narrativen Berater in der Arbeit mit dem Klienten herauszuarbeiten und ins Bewusstsein zu bringen gilt.[15]

Der Gesamt-Matrix liegt eine Figur zugrunde, die in der Sozialpsychologie als Zusammenspiel von Agency (Mächtigkeit) und Communion (Gemeinsinn) bezeichnet wird. Die Grundfigur aller Wertevierecke ist ein Spannungsbogen zwischen Idealen, die mehr dem Gemeinschaftsaspekt (Comunion) unterworfen sind, und Idealen, die mehr dem Verwirklichungsaspekt dienen (Agency).[16] In tausenden von Experimenten haben sich (aus der Synthese

---

14 Menschen, die für sich Freiheit reklamieren, haben u.U. ein Problem mit ‚unvernünftigem Handeln' anderer.

15 Die ‚Deutung von Wertbegriffen' enthält immer auch eine Selbsttäuschung und der Berater kann den ‚Selbstüberlistungstrick' des Übertragungsphänomens am besten dann in den Griff kriegen, wenn er seine eigenen Wertmaßstäbe relativieren gelernt hat.

16 Diese Unterscheidung entspricht astrologisch der Trennung von ‚harten' (Sonne, Saturn, Uranus, Mars) und ‚weichen' (Venus, Jupiter, Mond, Neptun) Planeten.

von wissenschaftlich ‚abgeprüften' Werturteilen) zwei Typen von Menschen herauskristallisiert, die entweder eher empathisch und menschenzugewandt oder am ‚Machen' (Macht) interessiert sind und jeweils entsprechende Verhaltensmuster aufweisen. Der Communiontypus verzichtet beispielsweise eher auf Geld, wenn er dafür ein angenehmes Arbeitsklima hat, während der Agencytypus soziale Kontakte auch wechselt, wenn es seinem Vorankommen dient.[17] Jeder Mensch hat allerdings beide Pole in sich und muss die Widersprüche seiner Kommunikation, die unweigerlich mit der Verwendung von Tugendbegriffen einhergehen, auf einer anderen Ebene auflösen, während er gleichzeitig weiter für ‚seine Überzeugungen' eintritt. Voraussetzung dafür ist, dass er den oft paradoxen Sinngehalt seiner eigenen Aussagen überhaupt erkennen und von anderen Meinungen unterscheiden kann.[18]

Um sich der Astrologie kritisch zu nähern, ist eine Anbindung ihrer Begrifflichkeit an soziologische und sozialwissenschaftliche Praxis und Theorienbildung wünschenswert. Erst dann können ihre historischen Qualitäten, die antiken und mittelalterlichen Texte gewürdigt und in aktuellen Zusammenhang gebracht werden. Es bedarf einer Grundannahme, die den Zusammenhang des Verstehens der Bilder und der Wirkung der Bilder mit den Begriffen der Sozialwissenschaft klärt. Astrologie ist in ihren in die Zukunft verweisenden Sätzen sprachtheoretisch ein Problem, da sie Bestimmtheit für etwas vorgibt, was mehr oder weniger zufällig ist. Die Zukunft sozialer und psychischer Systeme (menschlicher Gemeinschaft) lässt sich nicht vorhersagen. Die Implikation der Kausalität, wie sie durch die gleichmäßige Bewegung der Planeten entsteht ist eine Illusion unseres Denkens, das dazu neigt Zusammenhänge zu konstruieren, um eine psychische Identität herzustellen.[19]

Für Adorno muss jede Sozialwissenschaft die Dialektik zwischen Totalität und beobachtbaren Phänomenen mit berücksichtigen. [...Soziologie hat

---

17 Aus diesen ‚Big Two' entwickeln sich dann die ‚Big Five', die fünf grundlegenden Persönlichkeitsmerkmale, auf die ich am Ende ausführlich eingehe.

18 Voraussetzung dafür wiederum ist die Freiheit, dies zu tun und deshalb war die Dichotomie von Freiheit und Vernunft wohl die Zentrale der westlichen wie östlichen Philosophie von Buddha und Konfuzius über Sokrates und Plato, sowie Shankara, Avicenna und Al Kindi, bis Descartes, Hume und Kant.

19 Daniel Kahnemann, Schnelles Denken - Langsames Denken

Doppelcharakter: in ihr ist das Subjekt aller Erkenntnis, eben Gesellschaft, der Träger logischer Allgemeinheit, zugleich das Objekt. Subjektiv ist Gesellschaft, weil sie auf die Menschen zurückweist, die sie bilden, und auch ihre Organisationsprinzipien auf subjektives Bewusstsein und dessen allgemeinste Abstraktionsform, die Logik, ein wesentlich Intersubjektives. Objektiv ist sie, weil aufgrund ihrer tragenden Struktur ihr die eigene Subjektivität nicht durchsichtig ist, weil sie kein Gesamtsubjekt hat und durch ihre Einrichtung dessen Instauration hintertreibt....][20]. Sozialwissenschaft darf nicht versucht sein, eine etwaige 'szientistische Objektivität' zu erfassen, sondern muss immer auch das subjektive Sein der Gesellschaft in Rechnung stellen. Korrelationen sind deshalb noch lange keine Kausalitäten; sozialwissenschaftliche Aussagen beruhen immer auf multifunktionalen Theorien. Die Astrologie macht hier keine Ausnahme, auch wenn die Planetenläufe berechenbar und ‚funktionabel' erscheinen. Doch sie sind nur eine Projektion von subjektiven Zeitvorstellungen, die sich meist nicht replizieren lassen.

Jeder Satz, nicht nur der von der Mundan-Astrologie konstruierte, enthält eine Erwartung an das Morgen und einen Ausblick in die Zukunft. Wenn wir sprechen, dann verweisen wir indirekt immer an eine uns vor-gestellte Zeit und ein 'Schicksal', das daraus resultiert, dass wir die Gründe für unser Handeln nicht endgültig kontrollieren können. Die astrologische Aussage versucht, die Aufmerksamkeit durch geschickte Variation der Sätze auf die Möglichkeit von Veränderung zu richten – die immer eine Zukünftige und damit wandelbare sein wird. Damit erzeugt sie einen Eindruck von 'Allwissen', dem sie gleichzeitig immer auch entgegenwirken muss, um in ihren Aussagen die persönliche Relevanz zu behalten. Diese Doppeldeutigkeit spiegelt sich auch in dem dichotomen Aufbau der astrologischen Matrix mit den doppelten Polaritäten zwischen den Sternzeichen und Planeten, die immer mindestens zwei Deutungsebenen zulassen.[21]

---

20 Theodor Adorno u. a.: Der Positivismusstreit in der deutschen Soziologie, Luchterhand, Neuwied u. a. 1969, S. 43.

21 Schon in der antiken Astrologie ist beispielsweise ein Planet immer zwei Zeichen zugeordnet, der Saturn hat Wassermannqualitäten aber auch Steinbockqualitäten und welche der beiden zum Tragen kommt, hängt immer vom 'Lauf der zu erzählenden Geschichte' ab.

Die Astrologie hat die Zeit als Referenten und Kommunikations-Medium und strebt damit die 'Beherrschung des Zeit-Chaos' an, was natürlich schwierig ist, da die Welt sich jeden Moment mit uns und unserer Wahrnehmung ändert und damit auch die Paradigmen, die zu Urteilen über das, was wir als Zeit begreifen, führen. Horoskopdeutungen können sich (und müssen sich geradezu) innerhalb desselben Satzes scheinbar widersprechen. Aktive und passive Anteile können nicht gleichzeitig Würdigung erhalten; der ganze Aufbau des astrologischen Systems besteht aus Gegensätzen, die stillschweigend in Synthese gebracht werden müssen. Es gibt für die Astrologie Vorsehung nur innerhalb ihrer Operationen und ob diese mit der Außenwelt korrespondiert, ist mehr oder weniger davon abhängig, was der Klient in der Lage ist, für sich anzunehmen. Es scheint deshalb manchmal so wirkungsvoll, weil Astrologie für sich beansprucht, der 'Außenzeit' einen objektiven Charakter (durch die Planetenläufe) zuzuweisen und gewissermaßen deren Deutungshoheit zu besitzen im Sinne von: Mit Sonne und Uranus muss es ja Revolution geben.

Doch auch wenn Astrologen ihre Aussagen über die Referenz-Zeit der Planeten im Sonnensystem in der Projektion auf das menschliche Schicksal zu kontrollieren versuchen, so werden sie nie aus der selbstreferentiellen Schleife des 'selbstgemachten und mit Zufälligkeiten überhäuften Schicksals' heraustreten können: Genauso wenig wie das System Wirtschaft Armut, Hunger und Misserfolg abschaffen kann und das Rechtssystem Unrecht. Die Vorgabe von Zeitbestimmungen ruft den Wunsch nach Deutung hervor und nicht mehr. Wir interessieren uns automatisch dafür, wenn jemand die ‚Außenzeit' beschreibt, da wir in der Differenz unserer Erwartungshorizonte solche Anker gebrauchen können. Die Astrologie hilft bei der Beobachtung des Beobachters, indem sie Regeln und Gesetzmäßigkeit unserer Sprache bewusst macht und Lern- und Merkhilfen insbesondere für emotional besetzte Werteauseinandersetzungen gibt.[22]

Jede Zeit hat ihre speziellen Wertvorstellungen (mit den Entsprechungen in den Ereignissen) und Veränderungen, so dass viele den begleitenden Wertewandel nicht in Echtzeit vollziehen können. Daraus folgt die Notwendigkeit

---

22 Wissen wird immer wichtiger - Die Hälfte aller momentan erscheinenden Publikationen in China sind z.B. Lehrbücher.

der Aushandlung. Der arabische Frühling, Chinas rasanter Aufstieg, weltweite Flucht und Vertreibung, Klimaveränderung, Obamas Gesundheitskasse und der Umbau des amerikanischen Sozialsystems, Deutschlands und Japans Rückkehr in den ‚Schoß der internationalen Familie' und die neuen Bewegung um Attac, Occupy, Wikileaks, Commons, Grundeinkommen, Veganer u.v.m. haben spannende Entwicklungen in Gang gesetzt. Während die ‚Alten' noch in Kategorien des Nationalstaats denken, schweben die ‚Jungen' (sind auch dies Wertbegriffe?) in einer ‚Virtuellen Realität', in der alles mit allem verwoben ist und die Grenzen zerfließen. In diesen Gruppen ist Pluto schon im Wassermann angekommen; die Dezentralität verhindert Fremdeinflüsse und Verwässerung. Mit dem Kapitalismus passen sie ‚wertetechnisch' nicht wirklich gut zusammen, denn dieser verlangt ‚geldwerte Fakten'. Postfaktisch wird allerdings der neue Underground-Sozialismus nicht mehr lange aufzuhalten sein.

Statt von Heideggers ‚Seinsvergessenheit' als Ausdruck eines mit der Technik verlorenen Ursprungs, könnte man von einer ‚Allgegenwart' sprechen, in der kein Ereignis mehr verloren geht. Es gibt kein Vergessen mehr, aber damit wird auch alles irgendwie gleich. Die damit verbundenen Probleme eines verbindlichen Wertesystems, das alle einschließt, erfordern einen neuen Generationen- und auch einen neuen Gesellschaftsvertrag, in dem die Vorstellungen, unter denen wir Menschen gemeinsam leben wollen, neu festgeschrieben sind.[23]

Ich lege hier wie in allen meinen Büchern nur eine lose Form von Gedanken vor, deren Systematisierung wohl Jahre des mühsamen (und brotlosen) Weiterforschens mit sich bringen wird. Es besteht aus zwei Teilen; einer theoretischen Überlegung über den Rahmen, in dem Astrologie als Wissenschaft funktionieren kann, und einen praktischen Teil, in dem der Zusammenhang von Emotionen und Wertevorstellungen in unserer Sprache durch eine astrologische Matrix aufgezeigt wird. Die Zitate sind eher Anregungen zum Weiterlesen, die Beispiele aus den Geisteswissenschaften nur eklektische Bruchstücke, um das Denken anzuregen. Ich habe Passagen aus Wikipedia übernommen, wenn sie mir nicht besser formulierbar erschienen. Es besteht kein Anspruch auf eine wissenschaftliche Arbeit im universitären Sinn. Ich

---

23 Max Weber, Wirtschaft und Gesellschaft, 1972, Einleitung

bin froh, den Faden überhaupt eine so lange Zeit über verfolgt haben zu können. Mein Dank geht im Besonderen an Birgit Franke, die nicht nur Korrekturgelesen hat, sondern auch meinen Zwillingsmond mit Informationen und Lesestoff gefüttert, und die bisher überzeugendste Formulierung für den X-Faktor des Lebens gefunden hat. Time goes by... so slowly...

Wenn Nessus im Quadrat zur Oort'schen Wolke steht...

Alles was geschieht, geschieht zum ersten Mal

Niklas Luhmann

Astrologie lässt sich zunächst nicht so richtig zwischen Geistes,- Sozial,- und Naturwissenschaft einordnen. Ist sie Kunst, ist sie 'harte Wissenschaft' oder ist sie ein ‚Wissen vom sozialen Miteinander'? Am ehesten stimmt sie vielleicht mit der Definition von Max Weber von Soziologie überein. [...Soziologie (...) soll heißen: eine Wissenschaft, welche soziales Handeln deutend verstehen und dadurch in seinem Ablauf und seinen Wirkungen ursächlich erklären will. 'Handeln' soll dabei ein menschliches Verhalten (einerlei ob äußeres oder innerliches Tun, Unterlassen oder Dulden) heißen, wenn und insofern als der oder die Handelnden mit ihm einen subjektiven Sinn verbinden. 'Soziales' Handeln aber soll ein solches Handeln heißen, welches seinem dem oder den Handelnden gemeinsten Sinn nach auf das Verhalten anderer bezogen wird und daran in seinem Ablauf orientiert ist'...][24]. In dieser Definition lässt sich auch Astrologie als etwas beschreiben, das den Menschen in seinem Verstehen beschreiben will, seine Handlungen aus Bezügen herleiten will, die, über Milieus, wirtschaftliche Kasten, religiöse Ursprünge und gesellschaftliche Machtsysteme hinaus, als Vorlage für unabhängiges, soziales Handeln dienen können und den Menschen in der individuellen Problematik des aktuellen Handlungs-Bezug verstehen wollen. Dies schließt

---

[24] Max Weber, Wirtschaft und Gesellschaft, 1972, Einleitung

natürlich auch die Astrologie mit ein, deren Aufgabe es aus der Historie ja ist, Kategorien anzulegen, die den Menschen nicht auf Klischees reduzieren, sondern seine Individualität im Horoskop betonen.

Ihre Dynamik entfaltet die Astrologie auch heute vor allem dort, wo spirituelle Bedürfnisse unterdrückt werden und sie denen, die sich ausgeschlossen, ungeliebt und mittellos fühlen, das Gefühl einer geistigen Heimat gibt. Das Bedürfnis nach Orientierung in Verbindung mit altem, überliefertem Wissen macht angesichts der Änderungen in unserem Zusammenleben Sinn. Östliche Spiritualität aber ist nur ein Umweg für den westlichen Menschen, zu seinen eigenen Wurzeln zurückzufinden. Westliche Astrologie sollte die Sprache der westlichen Erkenntniswege erlernen, der Wissenschaftstheorie, der sozialwissenschaftlichen Methodik, der Kommunikationstheorien, der Phänomenologie, des Poststrukturalismus, der Systemtheorie, des Existentialismus, der philosophischen Anthropologie, des spekulativen Realismus u.v.m. – Positionen, die ihrem Arbeiten entgegenkommen und helfen, die komplexen Verbindungen von Wahrnehmung und Informationsverarbeitung in unserer modernen Zeit systematisch mit sinnvollen Hilfestellungen auf dem persönlichen Weg zu verbinden.

Welche Theorie aber soll man jetzt dem astrologischen Paradigma der Vorsehung zu Grunde legen, dass der Lauf der Sterne unser Leben auf der Erde beeinflusst? Es gibt hierzu verschiedene Meinungen, die sich für mich in fünf Grundtypen zusammenfassen lassen:

A) Die Ansicht, dass der statistische Beweis noch nicht gelungen ist, dass er aber folgen könnte und damit die Astrologie als seriöse Wissenschaft anerkannt ist. Es wird weiter in Richtung Quantenphysik, Chaostheorie und Wahrscheinlichkeitsrechnung argumentiert, von der die meisten praktizierenden Astrologen allerdings wenig Ahnung haben. Es werden Spekulationen über physische Zusammenhänge zwischen Sternen, Quantenphysik und Genen angestellt, als ob der Mensch dadurch nicht offensichtlich noch unfreier gemacht wird, als er in der technologisierten, auf mechanische Wirkungen reduzierten Welt schon ist. Manchmal wird auch gesagt, dass die Zusammenhänge so komplex sind, dass eine einfache Lösung unmöglich ist. Diese Antwort ist natürlich im wissenschaftlichen Sinne unbefriedigend: Der Versuch der Findung eines Beweises entfernt uns vom eigentlichen Kern der astrologischen Arbeit, der Beschreibung der Bezüge und des hermeneutischen Verstehens. Je mehr wir den Blick auf vermeintliche Beweise richten, desto mehr rückt der quantitative Faktor der Sozialforschung in den Hintergrund. Die Modelle der Naturwissenschaft sind auf eine Anwendung bezogen, die sie messen sollen. Es gibt aber bisher keine Maßstäbe für psychische oder physische Qualitäten, die von den Sternen abhängig sind. Selbst wenn solch ein Zusammenhang bestehen würde, würde ein weiteres Problem bestehen: Die Tatsache, dass die Astrologie nicht einheitlichen Axiomen folgt, ja, dass fast jeder Astrologe ein anderes System benutzt und somit keine Vergleichbarkeit von etwaigen Beweisen möglich ist. Es liegt in der Individualität des Astrologen selbst begründet, wie er zu seinen Aussagen kommt.[25]

Der eine rechnet mit Asteroiden und Halbsummen, der andere mit Combinen und Harmonics, der dritte mit Solaren und Progressionen, der vierte mit Triplizitäten und Hamburger Punkten, der fünfte mit sabischen Symbolen und Tertiärdirektionen, der sechste mit 7er Rhythmus und Gruppenschicksalspunkten, der achte mit 'arabischen Punkten' und Mondhäusern, der neunte mit Neumondhoroskopen und Finsternissen und der zehnte mit Personaren (Orban) und Dispositorenketten. Ohne eine streng definierte Grundlage kann man keine vergleichenden, wissenschaftlichen Tests machen. Solange jeder Astrologe ein anderes System verwendet, kann man nicht mal beweisen, dass ein Astrologe 'treffsicherer' ist, als ein anderer. Für eine relevante statistische Untersuchung müssten ein paar hundert Astrologen das identische System verwenden und zu Aussagen kommen, die aufeinander übertragbar sind. Das dürfte schon in der Praxis scheitern, da Astrologen von Natur aus 'selbstbezogene' Menschen sind und nur ihren eigenen Zahlen trauen. Um sie zu überreden, dauerhaft ein einziges System zu benutzen, müsste man schon einen sehr starken Anreiz bieten. Es ist gerade die Vielfalt der Methodik, die die Stärke der Astrologie ausmacht und die Einzigartigkeit der Analyse.

---

25 Diskussion um statistische Denkfehler: Niehenke gegen Sachs, http://www.astrologiezentrum.de/aktuelles/akte/akte1.html

Es gibt allerdings eine Annahme, die es im kleinen Rahmen der Chaosforschung weiter zu verfolgen lohnt: Die Kosmobiologie. Mehrere Generationen von Astrologen haben sich daran gemacht, Phänomene der Natur wie das Wetter, Naturkatastrophen oder andere Umweltveränderungen zu beobachten und mit astronomischen Konstellationen zu vergleichen. Auch wenn dort keine Beweise im Sinne strenger Kausalitäten erbracht worden sind, so gibt es viele inspirierende Anregungen und neue Blickwinkel für verwandte Fächer, die sich mit komplexen, systemischen Phänomenen beschäftigen.

B) Die Idee, die in der Philosophie des Idealismus und des radikalen Konstruktivismus durchklingt. Die Sicht auf unsere Welt, die uns vollkommen unerschließbar (aber nichtsdestoweniger real) ist, entsteht aus einem Vorstellungsapparat, der Phänomene deutet, die dieser Apparat selbst erfunden hat. Wirklichkeit kann nur im Diskurs entstehen und wer diesen beherrscht, der ist ‚Herr über die Wahrheit'. Motive und Absichten können für den Konstruktivismus grundsätzlich nur indirekt aus dem Feld der Sprache erschlossen werden und nicht durch die Überprüfung einzelner Sprecher. Wer es schafft, Astrologie als Überzeugungsinstrument einzusetzen, dem 'gehört' auch die Wahrheit.[26] Dieses Modell erscheint auf den ersten Blick unwiderlegbar und läuft auch nicht in die Falle, etwas 'beweisen' zu müssen. Doch ist es auf Dauer nicht befriedigend, weil es nicht reicht zu sagen: Unserer astrologischen Welt ist es egal, ob sie echt oder konstruiert ist. Für die Astrologie ist es genau diese Frage nach der 'Konstruktion', die über Für und Wider entscheidet. Ob unser Schicksal aus den Sternen ableitbar ist und was von unserer Willensfreiheit übrig bleibt, wenn wir an eine wie immer geartete Vorhersehung glauben, ist die zentrale Frage, die Astrologie beantworten muss, wenn sie sich von anderen Methoden der 'Vorsehung' unterscheiden will. Die Frage nach der Konstruktion bringt unweigerlich die weitere Frage nach der 'Konstruktion der Konstruktion' auf. Wenn die 'Wahrheit' allein eine von Menschen erfundene wäre, und nichts 'reales' (kritischer Rationalismus) ansonsten existieren würde, dann wäre das Grundanliegen der

---

[26] Diesem Impetus folgte auch Christoph Weidners Argumentation in der lesenswerten Auseinandersetzung in der Zeitschrift Meridian: 'Astrologie - eine nützliche Fiktion?' 3/2005

Astrologie gefährdet, eine objektivierende Ebene der Zeitbestimmung und ihrer (machtbringenden) Deutungen zu liefern.

Es stellt sich weiter die Frage: Wozu überhaupt komplizierte Astrologie? Denn dann könnte man den Lauf des Schicksals auch aus Kaffeesatz und Vogelflug erklären. Der Konstruktivismus erklärt nicht, warum wir die komplexe Berechnung eines Horoskops benötigen und warum sich aus dem Lauf der Sterne eine Verbindung zum Schicksal der Menschen ergibt. Astrologie wäre im Zusammenhang des Konstruktivismus eine rein spekulative Projektion von menschlichen Bildern auf den Himmel. Dies war auch die Theorie, der C.G. Jung gefolgt ist und die in der Philosophie des symbolischen Interaktionismus einen umfangreichen philosophischen Hintergrund besitzt. Symbole sind danach die eigentlichen Träger von Information. Wir geben der Zeit einfach ein Bild. Ein Großteil ihrer Beliebtheit nimmt die Astrologie aus der geheimnisumwitterten Mystik, die sie umgibt, und die Motive sind ohnehin damit verbunden, ihr nach Möglichkeit eine Aura des 'Verbotenen' zu verleihen, auch wenn das wiederum den meisten nicht bewusst ist.

Damit wäre für die Astrologie aber nicht wirklich etwas hinzugewonnen. Wenn die Symbole der Astrologie nur Bilder für das sind, was wir auf vielfältige Weise als Zeit bezeichnen, dann entfällt die Notwendigkeit einer genaueren Bestimmung der Wirkung der Sterne, dann gibt es keine Referenz-Zeit, in der etwas objektiv vergleichbar wäre, und dann wäre die Mechanik der Astrologen (bzw. die Analogiebildung zu den Konstellationen am Himmel) überflüssig. Das Augenmerk würde sich zwar mehr auf die kulturellen und soziologischen Unterschiede in der Auffassung der Zeit richten und wäre nicht so gebunden an das persönliche 'Schicksal'. Doch wäre damit auch dem persönlichen Bezug die Grundlage genommen, vor allem dem evidenten Zeiterleben und den damit verbundenen Überzeugungen einer Planbarkeit und Voraussehung.

Wenn die Astrologie plötzlich großen Einfluss gewinnen würde, und in machtbasierten Diskursen eine Rolle spielte, würde die Idee, dass wir sie einfach nur als 'nützliche und historisch sich durchsetzende Fiktion' gebrauchen und genauso gut auch irgendetwas anderes nehmen könnten, keine schlüssigen Erklärungsansätze für das ‚Funktionieren' bieten. Es bleibt die Frage, warum die Deutung eines Horoskops dann so evidente

Eindrücke hinterlassen kann. Denn gerade das bezweifelt die Astrologie ja, dass die Welt eine reine Projektion unserer Wahrnehmung ist. Sie sucht nach 'wirklichen Zeichen' einer äußeren Schöpfung und ihrem Einfluss auf uns. Die Verneinung einer 'Welt' mit dem Hinweis darauf, dass die Welt nur symbolisch verstehbar ist und niemals direkt, würde die 'direkte Schau', wie sie der Astrologe anstrebt, der wundersame und so seltene Einblick in die Konstruktion der Schöpfung verloren gehen. Da 'alles sowieso nur konstruiert' ist, zählen kein Wert und keine Regel und die Astrologie wird damit zu einem Erfüllungsgehilfen existentialistischer und nihilistischer Weltbilder.

C) Der nächste Ausweg, die Frage der geschlossenen Methodik zu umgehen, wäre der 'anthropologische' oder auch 'sozial-ökologische' Ansatz, dessen Argumentationskette z.B. auch Patrick Curry folgt. Der Mensch sei als Kulturmensch seiner ursprünglichen Verzauberung der Welt verlustig gegangen und stellt diese nun mittels 'moderner' okkulter und magischer Praktiken wieder her. Astrologie wäre sozusagen ein Erfüllungsgehilfe bei der Rückkehr zur 'guten alten Welt'. Abgesehen davon, dass Curry mit dieser Theorie die Mythen der modernen Welt selbst entzaubert, ist sie nur bedingt nachvollziehbar und befördert für die Astrologie ein weiteres Problem, das des Anspruchs der 'Verzauberung' der Welt.

[…The influence of Aristotelian natural philosophy – in this case, incorporating the Platonic hypervaluation of the cosmic but augmented by an emphasis on the power of the motion of the planetary spheres as causes of time and motion – has been almost equally enormous, and much the same emphasis has been carried over into modern science. Despite the departure from perfect Platonic circles initiated by Kepler, it was also immensely boosted by the Copernican revolution displacing the Earth from the centre of the solar system, thus deepening and hardening the split between what we 'know' and what we experience – and between a hypervalued faculty thinking on the one hand (already morphing into scientific rationality) and feeling and sensing on the other. This process not only facilitated a transition from original wonder to prediction and, by implication, control; it endowed whoever could successfully claim to interpret the meaning of the heavens with enormous rhetorical power. Not surprisingly, then, given the cosmic pole of their subject-matter, astrologers were seduced by the prima facie plausibility of making such a claim themselves. To put it another way, in dominant mainstream intellectual discourse time has progressively replaced moment and space has replaced place. (See George Ritzer, The Globalization of Nothing (Thousand Oaks: Pine Forge Press, 2003).This is perceptible, in astrology, in the way it has retained the overarching concern with time while dispensing with place almost completely. (But note that it has not been able to do away with qualitative time, i.e. moments.) The overall effect has been to severely obscure the centrality of the Earth to astrology...]²⁷.

War Astrologie wirklich in den sozialen (Macht)-Strukturen von Priesterwissen, Zeitbeherrschung und Beschreibung 'kosmischer Ordnung' verwickelt - mit dem unanfechtbaren Anspruch der Zentralität des irdischen Mittelpunktes allen Seins? Es gibt kein abschließendes Urteil darüber. Die Überlagerung von religiösen Dogmen und Astrologie macht die historische Bewertung unzweifelhaft kompliziert.[28] Wer Astrologie als 'Naturverbundenheit' beschreiben möchte, bekommt das Problem, diesem Anspruch auch genügen zu müssen und sich in Konkurrenz zu anderen Bewegungen zu begeben, die auf ökologischem und alternativem Gebiet Ähnliches anstreben. Die provozierte Zurschaustellung einer ‚besseren' Zukunft erschwert unnötig den Zugang zur neutralen Analyse, die die eigentliche Stärke der Astrologie ist. Der vorgeblichen Entzauberung der Welt durch Technik und Rationalismus mit wissenschaftlich orientierter Astrologie zu begegnen ist wie das Hornberger Schießen oder Münchhausens Versuch, sich selbst am Schopf aus dem Sumpf zu ziehen. Auch scheint mir die Welt gar nicht so sehr entzaubert zu sein, Astrologie, Magie, Geomantie, freie Energie usw. haben weiterhin ungebrochen Anziehungskraft und inspirieren Millionen von Menschen zu eigenständiger Forschung und Selbstreflexion. Astrologie gehört zu dem Zauber dazu und dieser Zauber war nie weg. Man muss keinen Extrazauber beschwören und in Richtung Kritik des Eurozentrismus gehen, um

---

27 http://www.patrickcurry.co.uk/papers/GroundingtheStars.pdf Patrick Curry vertritt in diesem Papier auch die interessante These von Weber, dass Prophetie, Okkultismus usw. moderne Formen sind, Religion zu erhalten.

28 Wie auch in der Diskussion um Madame Teissiers Diplomarbeit an der Universität Sorbonne http://www.nytimes.com/2001/06/02/arts/02ASTR.html

Astrologie zu begründen. Denn Naturvölker haben auch keine 'bessere' Astrologie. Im Gegenteil, Astrologie ist ein Zeichen hohen, zivilisatorischen Standards und erfordert komplexe Instrumente der Beobachtung und des Vergleichs.

D) Ein vierter Weg wird in der sogenannten ‚klassischen Astrologie' versucht. Sie zieht ihren Anspruch auf Gültigkeit aus der Praxis der Stundenastrologie. Mit ihrer Hilfe werden gezielt Fragen auf ähnliche Weise beantwortet und damit ein starker Eindruck von Determiniertheit eines ‚Wissens', erzeugt, das seit Jahrtausenden bestehen soll. Diese Vorstellung löst sich allerdings schon mit der Tatsache auf, dass auch ‚klassische Astrologen' keiner einheitlichen Methode folgen. Der eine rechnet mit dem siderischen, der andere mit dem tropischen Tierkreis, der eine nimmt die neuen Planeten mit hinein, der andere nicht. Der eine wendet die Stundenastrologie von Sidon an, der andere von Lilly und der dritte von van Slooten usw.

Der Begriff ‚klassische Astrologie' wurde überhaupt erst von Menschen geprägt, die sich selbst der ‚psychologischen Astrologie' verschrieben haben und die diesen Begriff negativ in der Weise von ‚unseriös' verwenden und darauf hinweisen, dass sie sich selbst keine Prognosen in die Zukunft erlauben würden. Dazu mehr im nächsten Punkt. Es entwickelte sich daraufhin jedenfalls tatsächlich eine Bewegung, die sich unter dem Banner der ‚klassischen Astrologie' vereinte und viel altes Wissen wieder zugänglich gemacht hat. Die Stundenastrologie ist eigentlich der Kern der astrologischen Arbeit. Denn sie bezieht zu jedem Moment den tatsächlichen Stand der Sterne mit ein. Doch dann entstehen ein paar Probleme. Das erste ist die Verwendung des siderischen Tierkreises, der sich zum tropischen durch die Jahrtausende verschiebt.

Das Problem ist sehr komplex und zieht sich wie ein roter Faden durch die letzten 2000 Jahre. Um es hier kurz zu machen: Der heute (und möglicherweise auch vor vielen Jahrtausenden) gebräuchliche Tierkreis ist der tropische, der sich aus einer Projektion der Jahreszeiten auf den Tierkreis ergibt. Der Tierkreis fängt mit dem Zeichen Widder unabhängig von der Bewegung der Sterne (bzw. der Rotation der Erde, die diese Rückwärtsbewegung in ca. 25.700 Jahren einmal verursacht), immer um den 21. März herum an während der Frühlings-Tag-und-Nachtgleiche. Ein anderes System zu verwenden stiftet nicht nur höchste Verwirrung, sondern macht eine Vergleichbarkeit von eventuellen ‚Effekten' unmöglich. Denn die Referenz der Planeten ist ja der Hintergrund des Tierkreises und ihre Bedeutung. Einzige Ausnahme: Wenn man die Horoskope nur in Bezug auf die Fixsterne deutet, was durchaus möglich ist. Dann kann man sogar Horoskope aus verschiedenen Jahrtausenden miteinander vergleichen ohne das Problem der jeweiligen Gültigkeit eines Tierkreises zu haben. In Indien wird dies so praktiziert; allerdings vor dem Hintergrund von Mondhäusern, die wieder eine Wissenschaft für sich darstellen.

‚Die Alten' verursachten in ihrer ‚Suche nach dem richtigen Tierkreis' zum Teil erhebliche Konfusion, was damit zu tun hat, dass vor ca. 2000 Jahren der siderische mit dem tropischen Tierkreis deckungsgleich war. Bzw. deckungsgleich gemacht wurde. Denn es gibt keinen Referenzpunkt, an dem man so eine Übereinstimmung mit Sicherheit festmachen könnte. Der ‚Anfang der Zeitalter' ist vollkommen beliebig, bzw. auf etliche verschiedene Arten ermittelbar. Aber auch das passt zum Paradigma der Astrologie, die die Methodik zum Programm macht. Jeder Astrologe muss einfach das für sich passende Setting erschaffen. Wir halten also fest, dass es so etwas wie eine ‚klassische Methode' nicht gibt.

E) Und als letzter Versuch einer Erklärung steht die ‚psychologischen Astrologie' und ihr Auffassung, Astrologie als eine rein therapeutische Arbeit anzusehen. Dann braucht man keinen weiteren Fragen nach Beweisen des Zusammenhangs zwischen Oben und Unten nachzugehen.[29] Denn dann zählt allein der therapeutische Nutzen. Die Reinkarnationstherapie braucht genauso wenig zu beweisen, dass es ein Leben vor dem Tode gibt, wie die Musiktherapie beweisen muss, dass ein Mensch musikalisch ist, um therapiert zu werden. Die hunderte von therapeutischen Ansätzen die es gibt, sind fast alle gleichermaßen erfolgreich, sobald sie einmal praktiziert werden. Sobald eine Methode auch angewandt wird, funktioniert sie und das scheint vor allem an der Person des Therapeuten

---

[29] Auch hier gibt es natürlich wieder Ausnahmen, die jegliche therapeutische Intervention ablehnen und die Sache als eine Art ‚eigentliche Psychologie' und einer Art ‚ideale Konstruktion' betrachten wollen, die in der Verfasstheit der menschlichen Psyche selbst begründet ist. Damit wären wir dann aber wieder in der Nähe von Punkt B.

zu liegen und an dem vertrauensvollen Setting mit den Klienten. Es ist die Beziehung zwischen Therapeut und Klient und der Glauben an die Wirkung des 'Instrumentes', die für den Effekt der Heilung sorgt. Es gibt keine Therapie ohne Methode. Die systemimmanenten Widersprüche der jeweiligen Methode können weder vom Therapeuten noch vom Klienten erkannt werden – egal um welche Methode es sich handelt.

Die ‚psychologische Astrologie' hat nicht unwesentlich dazu beigetragen hat, die Astrologie zu dem zu machen, was sie heute ist und geholfen, sie in viele gesellschaftliche Bereiche zu verlinken. Sie hat auch uns Astrologen ins Bewusstsein gebracht, wie sensibel der Umgang mit Menschen ist, die Missbrauch und Traumata erlitten haben und wie leicht Begriffe aus der psychischen Welt solche Wunden wieder aufreißen können. Wer Menschen berät, sollte eine entsprechende Ausbildung besitzen und wissen, wo seine Grenzen sind und was er für Hilfsmaßnahmen in Anspruch nehmen kann, um gefährdete Klienten weiter zu verweisen. Wir haben Jahrzehnte hinter uns, in denen die therapeutische Begleitung quasi zur Alltagswelt gehörte und in allen Bereichen von der Seelsorge und die Sozialhilfe über die Begleitung von Burnout, Depressionen und Borderlineerkrankungen im Job bis hin zu den präventiven Maßnahmen in den Bereichen extrem beanspruchender Berufe normal geworden ist. Selbsthilfegruppen und private Gesprächskreise ergänzen diese Angebote und diese Entwicklung ist natürlich nicht an der Astrologie vorbeigegangen, deren Ansinnen ja schon immer die Verbesserung der Kommunikation und des menschlichen Miteinanders war.

Wäre Astrologie eine Therapie, dann hätte sie sicherlich schon längst ihre Reputation als diese. Astrologie hat einen eigenen Zugang zur Psychologie; sie geht diesem jungen Fach ja auch voraus. Eine Begründung der Astrologie durch moderne psychologische Techniken kehrt im Prinzip die Historie um, denn die Psychologie erschien als Lehrfach, als die Astrologie verschwand. Doch Geschichte kehrt nicht wieder. Die Astrologie und die Psychologie von heute sind neue Lehren mit gänzlich anderen Voraussetzungen als ihre Vorgänger. Eine Verwandtschaft zur Psychologie besitzen viele Fächer, von der Medizin über Jura bis hin zu den Sozial- und Geisteswissenschaften, weil psychologische Grundkenntnisse oder 'Menschenkenntnis' praktischer Berufserfahrung entsprechen. Auch in der Wirtschaftslehre macht die Psychologie inzwischen einen großen

Anteil aus. Man kann heutzutage kaum falsch liegen, wenn man ein Fach auf psychologische Voraussetzungen stützt. Doch Astrologie hat eine weit in die Historie reichende, in jeder Gesellschaft verwurzelte, traditionelle Legitimation, die mit einer bestimmten Art von Kommunikation und Anbindung an mythologische Begrifflichkeit verbunden ist. Sie ist im Alltag vieler auch heute lebender Menschen lebendig und verweist auf einen gemeinsamen Ursprung, der sich der Analyse entzieht. Auch deshalb würde die Psychologie sich zu Recht verwehren, die Astrologie als eines ihrer Fächer zu sehen. Ihre Aufgabe ist die Kontrolle der Methodik, während Astrologie Methodik selbst hinterfragt.

Als Nebenfach kann eine ‚psychologische Astrologie' sicherlich für diejenigen funktionieren, die eine entsprechende Ausbildung und therapeutische Fähigkeiten nachweisen können. Ähnliches gilt für die Astromedizin. Daraus eine übergeordnete Methodik abzuleiten, scheint allerdings nicht ratsam. Astrologie ist nicht Therapie, sondern Selbstreflexion; Überprüfung der Instrumente, die überhaupt zur Selbsterkenntnis führen. Wenn wir anfangen, Astrologie als therapeutische Methode zu definieren, bekommen wir ein Problem, das vielleicht größer ist, als das der Überprüfbarkeit ihrer Determinationsforderung. Wir würden die Unabhängigkeit des Standpunktes der Planetenbewegungen als objektive Referenzzeit zu einem subjektiven Erleben aufgeben müssen und postulieren, dass die Sterne selbst irgendwie an der 'Heilung' beteiligt wären. Darüber hinaus ist eine therapeutische Bindung des Klienten an den Astrologen nicht erwünscht. Sie würde die Vielfalt der Aussagemöglichkeiten auf ‚krankhafte Symptome' reduzieren und das Horoskop selbstbezüglich als Erfüllungsgehilfen der therapeutischen Absicht einsetzen. Wesentlicher Bestandteil jeder astrologischen Deutung ist jedoch die Hinterfragung von Beziehungsstrukturen, auch die zu Therapeuten oder anderen Menschen, die Einfluss auf unser Leben haben.

Keiner der fünf vorigen Theorieansätze scheint also vielversprechend zu sein. Eine Wissenschaft, ein technisches Kommunikations-System, das seine Brauchbarkeit überprüfen will, braucht aber ein Paradigma, über das es sich begründen und abgrenzen kann. Mitgliedschaft in einem Berufsverband, anerkannter Rechtsschutz, Weiterbildungsmöglichkeiten usw. entwickeln sich heutzutage grundsätzlich aus einer wissenschaftlich-akademischen Absicherung. Es fehlt nicht nur an relevanten Untersuchungen in einer nennenswerten Größenordnung, die die praktische Arbeit darstellen und einen Vergleich des eigenen Weltbilds mit dem anderer Fächer ermöglichen, sondern es fehlt eine grundlegende Hypothese, die überhaupt einen Zusammenhang zu gängigen wissenschaftlichen Theorien herstellt und eine Ordnung in die bisherigen Untersuchungen bringt.

Wenn es in der Astrologie nur darum ginge, das vermeintlich vorherbestimmte Schicksal zu deuten, dann braucht es keine wissenschaftliche Untermauerung. Denn das wäre das Ende der Wissenschaft oder zumindest der humanistischen und rational logischen Wissenschaft, wie wir sie kennen. Wenn das menschliche Leben vom Lauf der Sterne abhängt, wären alle anderen Wissenschaften überflüssig, die hierfür kein Modell haben! Diese Frage zu reflektieren, geht aber in den Bereich der Philosophie. Es besteht die Möglichkeit, dass es um etwas Anderes geht, dass der heutige Mensch in seiner Reflexion über sich und das Universum in der Astrologie keinen abschließenden Hintergrund gefunden hat, und in der offenen Zukunft Spielraum für Gedanken ist, die über das momentane Weltbild hinausgehen.

Qualitative Sozialforschung

Wir haben die Wahrheit gesucht, wir haben sie nicht gefunden. Morgen reden wir weiter.

Sokrates

Im wissenschaftlichen Sinne hat Astrologie also noch nicht begonnen zu existieren, da sie keinen Theoriediskurs entwickelt hat, auf dem eine vergleichbare Praxis aufbauen könnte.[30] Insofern gibt es noch keinen zeitgemäßen ‚Astrotypus', der von anderen signifikant unterscheidbar wäre und durch den

---

30 Für junge Menschen könnte es ein Weg sein, die Astrologie zusammen mit in einem sozialwissenschaftlichen Schwerpunkt zu studieren und mit Methoden der Narrationsanalyse und systemischen Beratung anwenden zu lernen.

auf den antiken Typus zurückzuschließen wäre. Dies liegt auch daran, dass das bis in das 20. Jahrhundert hinein vorherrschende monokausale Weltbild des ‚rational Machbaren' nur schwer mit astrologischer Praxis zu vereinbaren ist. Mithilfe quantitativer Strukturanalysen sind jetzt aber im Zusammenspiel mit den boomenden Neurowissenschaften die Voraussetzungen für multikontexturale Theorien gegeben, die es ermöglichen, astrologische Phänomene mit Modellen der Sozialwissenschaften wie Typologisierungen, Schichtbildung, Entwicklungsnormen usw. in Längs- und Querschnittsstudien zu verbinden.[31] Damit kann im Einzelfall eine Anbindung an verschiedene sozialwissenschaftliche Teilgebiete erfolgen, wenn diese qualitativ gut vorbereitet sind. Wissenschaftliches Arbeiten bedeutet Regelmäßigkeiten zu beobachten, eine Theorie darüber zu formulieren, ein Modell zu erstellen und dieses an der Realität zu überprüfen.

In der Anwendung qualitativer Methoden ist das Konzept der Intersubjektivität von besonderer Bedeutung, da sie die Voraussetzung zum Verständnis von Bedeutungen 'andersartiger' Kulturen im speziellen Fall der Ereignisse ist. Der Astrologe untersucht gewissermaßen immer 'innewohnende Kulturkritik' mit, da er die problematische Situation des Klienten innerhalb seines Milieus verstehen will. In diesen könnten Ereignissen oder Sachverhalten andere Bedeutungen zugewiesen werden, als im Umfeld des Astrologen. Es ist demnach entscheidend, einen Zugang zu dieser anderen Kultur zu haben und ihren Erfahrungs- und Interpretationshorizont zu teilen. Quantitative Verallgemeinerungen spielen eine vorbereitende Rolle; es ist zunächst wichtig, ob der Klient ein ‚typisches' und der Situation seiner Kultur angemessenes Verhalten zeigt. Dann aber geht es vor allem um die individuellen Unterschiede in der Auffassung der Bedeutungen von Symbolen oder Zeichen, die einen aktualisierenden Spielraum eröffnen. Heutzutage werden die gewonnenen Erkenntnisse durch die weltweite Vernetzung über soziale Medien für Dritte sofort nachvollziehbar und können so in Kriterien der

---

31 Z.B. die Grounded Theory, die hermeneutische Wissenssoziologie, die objektive Hermeneutik, die qualitative Inhaltsanalyse, dokumentarische Methoden und qualitative Typenbildung, die alle den Anspruch vertreten, dokumentier- und intersubjektiv diskutierbare Verfahren zur Verfügung zu stellen. Es gibt softwaregestützten Textanalysen, die auch Quantifizierungen ermöglichen (Mixed Methods), codifizierte Methoden, wie die Narrationsanalyse, rekonstruktive Sozialforschung, Diskursanalyse, partizipativen Feldforschung und gezielt ins Feld eingreifenden Aktionsforschung, die allesamt ‚astrologisierbar' sind.

Objektivität, d.h. rational nachvollziehbar und kulturübergreifend, beschrieben werden.[32] Die Untersuchung des Einzelfalls ist gewissermaßen ‚live' und ‚im direkten sozialen Kontext' möglich und ‚Merkwürdigkeiten' sogleich abklärbar.

Qualitativen Sozialforschern wird manchmal vorgeworfen, dass die erhobenen Daten willkürlich sind, weil sie nicht mit einem einheitlichen Standard erhoben werden. Zudem wird die geringe Fallzahl kritisiert, die aufgrund der Masse der erhobenen Daten beispielsweise in Interviews nicht so groß sein krank, wie bei rein quantitativen Erhebungen. Die Anhänger von qualitativer Sozialforschung betonen hingegen die Wichtigkeit von hermeneutischen Methoden und die Erfassung gerade eben nicht-standardisierter Phänomene. Sie argumentieren, dass wesentliche Phänomene der Gesellschaft gar nicht erfasst würden, wenn man immer dasselbe messen würde. Zudem schafft jede Methode, egal ob qualitativ oder quantitativ, ein spezifisches Wissen, das von unhinterfragbaren Voraussetzungen ausgeht. Eine positivistische Sicht, die eine Trennung von Wissen und Kontext für gegeben hält, lässt außer Acht, dass das Wissen in ebendiesem Kontext erst entsteht.[33]

Rein statistische Erhebungen helfen also nur bedingt weiter, um die Arbeit des Astrologen zu unterstützen. Es ist trotz vieler Versuche nicht ein einziges Mal ein statistischer, replizierbarer Beweis für ihre Deutungsmuster erbracht worden und doch sind die Versuche dazu faszinierend und lehrreich.[34] Jede Fragestellung muss gerade in der Astrologie gleichzeitig auch auf die Lebenspraxis und den herrschenden Zeitgeist bezogen werden. Jupiter ist nicht gleich Jupiter. Seine ‚Wirkung' kommt dann zur Entfaltung, wenn er durch die Fragestellung gewissermaßen ‚gerufen' wird. Quantitative Untersuchungen von Planetenbezügen sollten den konkreten Umweltbezug mit einbeziehen und in den individuellen Kontext des für den Klienten wesentlichen

---

32 Siehe auch: Ines Steinke, Kriterien qualitativer Forschung, 1999, Weinheim, Juventa

33 Philipp Mayring, 'Die qualitative Wende. Grundlagen, Techniken und Integrationsmöglichkeiten qualitativer Forschung in der Psychologie.' In W. Schönpflug (Hrsg.), Bericht über den 36. Kongreß der Deutschen Gesellschaft für Psychologie in Berlin (S. 306 - 313). Göttingen, Hogrefe, 1989

34 Hans Jürgen Eysenck, David Nias, Astrologie - Wissenschaft oder Aberglaube? List Verlag, 1987. Eysenck sieht Gauqelins Studien noch als Ausnahme, doch später gab dieser selbst Ungenauigkeiten zu.

Ereignisses stellen. So sind zwar nur eng begrenzte Aussagen möglich, die für den Einzelnen aber eine umso höhere Bedeutung haben können.

Die Methode der Auswertung selbst kann völlig unterschiedliche Ergebnisse zeitigen, wie das Simpson-Paradoxon zeigt: Die Bewertung verschiedener Gruppen fällt unterschiedlich aus, je nachdem ob man die Ergebnisse der Gruppen kombiniert oder nicht.[35] Dies gilt auch für die ‚Wirkung' der Planeten. Der Jupiter kann in Schauspielerhoroskopen ein anderes Thema berühren als in Politikerhoroskopen. Und er kann zur Zeit einer politischen Krise andere Ereignisse anzeigen als in Zeiten von Frieden. Bzw. zeigt er überhaupt nichts an, sondern hilft auf einer symbolischen Ebene einem einzelnen Menschen, etwas für den Moment für sich zu verstehen. Es geht nicht darum, zu beweisen, dass die Sterne eine Wirkung auf uns haben, sondern unsere Rolle in derartigen Behauptungen und die Wirkung auf den Klienten zu verstehen.[36]

Die Einteilung von Menschen in vorgeformte Charaktere ist deshalb problematisch, weil sie auf Menschen zurückgreifen muss, die bereits aus der Norm gefallen sind, und damit die Klischees der Gesellschaft verstärkt. Sie kann deshalb immer nur in einem streng begrenzten Rahmen wie etwa den Kategorien der Medizin, Sozialarbeit, Psychologie oder auch der Astrologie von Nutzen sein. Rollentypen sind keine reinen Abstrakta, sondern immer auch ein Politikum. Ich kann niemand adäquat beraten, wenn ich nicht einbeziehe, dass das Bild, das ich von einem Menschen habe, vor allem durch meine eigene Brille gefärbt ist. Wenn ich denken würde, dass das Schicksal des Menschen wirklich unveränderbar an die Vorgabe seines Sternzeichens gebunden wäre, könnte keine Entwicklung und individuelle Anpassung von beobachteten ‚typischen Verhaltensformen' mehr stattfinden. Die Hoffnung, die letztendlich Verstehen erzeugt, ist immer die auf eine Änderung der Denkkategorien und dem Finden eines neuen, persönlichen Ansatzes. Die Änderung ist unverbrüchlich angelegt und der Zufall Methode. Die Sternzeichen und Planeten sind Merkhilfen, die uns an die Begrenztheit unseres

---

35 https://de.wikipedia.org/wiki/Simpson-Paradoxon

36 Ein Anfang wäre erstmal eine grundlegende Auswertung von Beratungen der letzten 20 Jahre. Welche Themen werden angesprochen? Wer nimmt sie in Anspruch? Wieviel Zeit nimmt sie in Anspruch? Usw.

Begreifens mahnen sollen. Ihre 'Wirkung' beruht allein auf der momentanen Unmöglichkeit, den Rahmen verändern zu können, den Mitmenschen in einem anderen Licht zu sehen und seiner persönlichen Rollenausgestaltung zu folgen. Wenn sich jemand ‚typisch' verhält, ist dies immer auch ein Anzeichen für Fremdbestimmung.

Würde sich z.B. statistisch herausstellen, dass ein Quadrat von Mars und Pluto zu einer erhöhten Wahrscheinlichkeit für körperliche Einschränkung führen müsse, so hieße das nicht, dass dieser Aspekt wirklich so wirkt, sondern dass die Fragestellung und der Kontext zu einer Merkmalsverschiebung geführt haben und eine fragwürdige Problematik beim Untersucher selbst andeuten könnte.[37] Denn Planeten bewirken nichts. 'Abweichung' zeigt im Gegenteil an, dass Merkmale oberflächlich kategorisiert und vorbewertet wurden. Die Konstellationen helfen, individuelle und kollektive Fehlurteile und Rollenklischees sichtbar zu machen. Sie laden aber auch dazu ein, billige Diagnosen zu erstellen, um einen schnellen Effekt zu erzielen. Die Hauptarbeit des Astrologen liegt darin, sich mit wachsender Erfahrung von vorschnellen Reaktionsmustern zu befreien. Die Klienten finden dann Vertrauen, wenn der Astrologe in der Lage ist, Klischeebilder als kritische Herausforderung für persönliche Entwicklung greifbar zu machen und das auch an eigenen Beispielen zu demonstrieren.

Rollen sind Ausführungen von verschiedenen Akten, die eine Funktion innerhalb eines Systems haben. Das Ziel des Lebens besteht allerdings weniger aus der Bewältigung von oft auch unfreiwilligen ‚Rollen' wie Behinderter, Esoteriker und Flüchtling, sondern vor allem aus der Möglichkeit, das eigene authentische Sein zu entdecken und zu leben.[38] Die Rolle ist nur ein Vehikel. Man kann sich nicht ‚selbst spielen'; Identität entsteht jeden Moment aus dem Verhalten zu einer bestimmten Situation, deren Weiterentwicklung nur bedingt vorhersehbar ist. Rollen hingegen sind resistent gegenüber Veränderungen und überdauern ihre Erfinder oft über Generationen. Insofern ist das Einnehmen einer Rolle nur solange hilfreich, wie es das individuelle

---

[37] Anders herum kann es hilfreich sein, eine kurzfristige Theorie über die ‚Wirkung' von Mars/Saturn-Konstellationen aufzustellen, mit dieser zu arbeiten und von ihr zu Lösungsansätzen für das gestellte Problem zu kommen.

[38] Georg Simmel, Über soziale Differenzierung, S.131

Ziel nicht untergräbt. Daraus ergibt sich im Umkehrschluss, dass vor allem jene Menschen Rollen spielen, die auf der Suche nach individuellen Entfaltungsmöglichkeiten sind.[39] Das Ausführen jeder Rolle zeigt ein Potential an, das in uns schlummert und durch das das innere Anliegen nach Außen gebracht werden kann.[40] Unter dem Druck der gesellschaftlichen Verhältnisse ist es immer schwierig, dem 'Anderen' in uns Raum zu geben, und sich dem 'Unbekannten' angstfrei zu nähern. Doch die dunklen Bereiche einer Biographie sind oft die interessantesten und die damit verbundenen Rollen die entwicklungsträchtigsten.

Je konkreter dieses 'Andere' durch die Lebensumstände hervortritt, desto wahrscheinlicher wird auch die Findung des eigenen Platzes, der Aufgabe und des persönlichen Lebenssinns. In einer 'anonymen Gesellschaft', was konkret nichts anderes ist, als eine Gemeinschaft oder Institution, der wir neu begegnen oder in der wir uns nicht zeigen können wie wir sind, haben wir zunächst wenig Chancen, mit unseren persönlichen Ansichten beizutragen und damit von den anderen persönlich wahrgenommen zu werden. Je mehr wir uns aber heimisch und angenommen fühlen, desto mehr können wir die Rolle mit uns geneigtem Stil füllen und der Lebenswelt unsere 'andere Seite' zeigen; Möglichkeiten der Anknüpfung schaffen in intimen Dingen, die zunächst nur Andeutung bleiben und später dann zu tieferem Verstehen führen. Es braucht den geschützten Rahmen, um diese Seiten versuchsweise zu präsentieren. Die Rolle kann schließlich auf völlig neue Weise ausprobiert werden.[41]

Die Astrologie versucht Muster des Zusammenlebens 'nachzustellen' und aus der Palette ihrer Symbole abzubilden. Das Horoskop stellt gewissermaßen ein idealisiertes Setting des Lebens dar, dessen Rollenpotential es zu entwickeln gilt. Doch jedes Muster ist anders und abhängig von dem Kontext des

---

39 Was besonders dann verwirrend ist, wenn sie die Rolle des gesellschaftsabgewandten Revoluzzers spielen.

40 Die Rolle ist nie von der aktuellen Bewertung zu trennen. Die Bewegung 'Hooligans gegen Salafisten' macht nur aus einem aktuellen Kontext Sinn, falls so etwas überhaupt Sinn macht.

41 Werdende Eltern erleben ihre neue Rolle beispielsweise häufig ohne sich bewusst zu sein, wie tiefgreifend die Veränderungen sind. Sie werden von der Rolle sozusagen weggetragen und müssen sich auf völlig neue Weise mit ihrem Umfeld auseinandersetzen.

Systems und seiner Beschreibung der 'Archetypen'. Um von den Konstellationen am Himmel auf die 'Muster' des Menschen zu schließen, braucht es Unterscheidungsrichtlinien über die Objektivität des Geschehens und seiner Bedeutung für uns. Es ist in der Sozialwissenschaft wichtig, wer die Frage stellt und wie er sie stellt, da es nicht um eherne Naturgesetze geht, sondern um multivariable Echtzeitgeschehnisse.[42] Die Beschreibung des Musters eines 'faulen Charakters' etwa kann für einen Sportler eine Bestätigung für sein effizientes Handeln sein, während es für den Sachbearbeiter beim Arbeitsamt ein Ausschlusskriterium ist. Der Sinn des 'faulen Charakters' ist in beiden Fällen ein anderer als die Bedeutungsvorgabe, und eine gut gestellte Venus gibt uns noch keinen Hinweis auf die Umsetzung der ‚Genussfähigkeit'. Die Bedeutung der ‚Sterne' entsteht in konstruktivistischer Manier erst durch unsere Frage und den Kontext, in dem die Frage gestellt wird. Es gibt keinen vorher in ihnen liegenden Sinn in ihren Symbolen.[43]

In ihrem Heilsanspruch, den sie als beratendes Fach hat, ist der Wunsch nach einem ‚ganzheitlichen Universum' groß und verführt dazu, das Funktionieren des ‚Therapeutikums' mit der Beweisführung über die Arbeitsweise zu vertauschen, weil der Lauf der Planeten eine so wunderbare Geschichte erzählt. Das Problem an den 'Rechenkünsten' der Astrologie ist, dass sie keine einheitliche Methode besitzt, auf deren Grundlage der Vergleich stattfinden könnte, und jede Verknüpfung a priori unzulässig ist für einen

---

[42] Die Befragung ist neben der biographischen Auswertung und Langzeiterhebungen das Hauptinstrument der Soziologie. Dabei kommt es häufig vor, dass ganz unterschiedliche 'Messergebnisse' erzielt werden, je nachdem wie und wer fragt, ganz im 'Sinne des Erfinders'. Deshalb werden neuerdings multivariable Vergleichsmethoden in die Untersuchung selbst mit einbezogen, so dass sich die stereotypen Einteilungen und der ‚Psychologenslang' möglichst nur wenig abbildet. Arbeitsfähige Aussagen ergeben sich nur unter der Einbeziehung kontrastierender Untersuchungen und erweiterter Fragestellungen.

[43] Hier stellt sich die berechtigte Frage, warum Horoskope dann überhaupt 'funktionieren'. Klienten haben Evidenzerlebnisse mit computergenerierten Horoskopen. Wenn die Matrix der Sterne nicht die Muster des Geborenen abbildet, was löst dann den Wiedererkennungseffekt aus? Ich sehe hier zwei Hauptfaktoren, einmal die Sensibilisierung des Fragenden zu dem Zeitpunkt. Ohne diese Sensibilisierung bleiben die Aussagen bedeutungslos. Die Sensibilisierung macht quasi 'hellhörig' für das Erkennen der eigenen Muster. Zum anderen sind unsere Sprache und unsere Vorstellung durch Jahrtausende währende astrologische Musterverwendung vorgeprägt, auch die Mutter, die nicht an Astrologie glaubt, wird ihr Kind bewusst oder unbewusst anders erziehen, wenn sie hört, dass Widder Bewegung brauchen und Jungfrauen Sauberkeit lieben.

wissenschaftlichen Anspruch. Die Versuchung ist z.B. groß, Astrologie als Datenquelle für statistische Spielereien zu gebrauchen. [...Astrology is not a 'pure' science that can postulate neat and precise scientific laws such as E = mc².....][44]. Doch einfache Variablenverknüpfungen verbieten sich von selbst; ein Aufzeigen von statistischen Korrelationen würde eine unzulässige Vereinfachung der komplexen, individuellen Sachverhalte bedeuten, die niemals monokausal sein können.

[...Man kann sich gewaltig täuschen, wenn man einfach den Zusammenhang zweier Faktoren untersucht, ohne zu bedenken, dass Gene und Umwelt sich gegenseitig beeinflussen. Dies soll an einem Beispiel erläutert werden: Ein Wissenschaftler behauet, dass große Menschen besser rechnen können als kleine. Dies beweist er anhand einer hohen Korrelation (eines starken rechnerischen Zusammenhangs zwischen Körpergröße und in Zentimetern und der Rechenfähigkeit. Was er dabei verschwiegen hat: Er hat die Untersuchung an Kindern durchgeführt. Klar, dass Dreizehnjährige besser rechnen als Achtjährige. (...) Er hatte eine dritte Variable unterschlagen, nämlich das Alter. Hätte er das Alter herausgerechnet, wäre er wahrscheinlich auf eine Korrelation von Null gestoßen. (...) Mit einem raffinierten statistischen Verfahren kann man allerdings den eigenen Beitrag eines jeden Ursachenfaktors errechnen. Mit einer so genannten logistischen Regression kann man sämtliche Zusammenhänge miteinander verrechnen...][45]. Statistische Erhebungen können immer nur die Basis für weitergehende Interpretationen sein, niemals ein Beweis. Es fehlt die grundlegende Theorie, auf der Aspektbilder und Planetenkonstellationen beruhen sollen. Wenn Gunter Sachs in seiner Aufsehen erregenden Studie feststellt, dass Stiere Essen eher als Hobby angeben, als andere Sternzeichen, dann wird die Frage nicht beantwortet: Warum tun sie das?[46]

Sachs entwickelt keine Theorie über Ursache und Wirkung und so bleibt der Verdacht, dass Stiere dies gar nicht zweckgerichtet tun, sondern gemäß den Pauschalurteilen über ihr Sternzeichen antworten, oder dass es Zufall war oder mit etwas Drittem korreliert, das die Studie gar nicht erfasst hat.

---

44 http://cura.free.fr/xx/19sirma2.html

45 Borwin Bandelow, Celebreties, Vom schwierigen Glück, berühmt zu sein. Rowohlt, 2007

46 Gunter Sachs, Die Akte Astrologie, 1997

Es fehlt das Modell, dem die Wirkung folgen soll. Die Astrologie hat sich von den Heilsbildern des Mittelalters emanzipiert, doch kommt gleich die nächste Hürde mit psychologistischen und szientistischen Begrifflichkeiten. Die Deutung verliert sich noch allzu oft in Spekulationen und Begründungen von 'esoterischen Naturgesetzlichkeiten', 'therapeutischen Merkmalsverschreibungen' und 'sinnerfülltem Religionsersatz'. So wie die Astrologie im Mittelalter dem Dogma der Kirche entgegentrat, operiert sie nun munter im Feld der klinischen Psychologie, um sich ihrer parapsychologischen und okkulten Ausformungen zu entsorgen. Solange sie aber nicht den Schritt weiter zu einer eigenständigen kritischen Astrologie innerhalb der sozialwissenschaftlichen Theorien geht, wird sich an ihrem mittelalterlichen Heilsanspruch zukünftig nichts verändert haben.[47] Soziologische Theoriebildung zeigt kritisch das Verhältnis zwischen Individuum und Gesellschaft auf und versucht vom Ganzen in das Einzelne gehend neutral zu beschreiben, was in sozialen Interaktionen passiert.

Der Skeptiker schreibt: [...So heiraten etwa Wassermann-Frauen besonders häufig Wassermann-Männer. Fische werden gerne Lehrer. Und Steinböcke handeln mit Drogen oder werden Maurer. Allerdings verwechselte Sachs in seiner Interpretation schlicht Signifikanzen mit ursächlichen Zusammenhängen. Ganz simples Beispiel: Ohne großen Aufwand könnte man statistisch 'beweisen", dass eine Glatze das Einkommen verbessert. In Wahrheit haben Höherverdiener häufig schon ein höheres Lebensalter erreicht – und neigen daher eher zur Kahlköpfigkeit. (...) Oder auch planvolle Absicht: Landwirte werden nach Sachs Erhebungen überzufällig oft als 'Schütze', 'Steinbock', 'Wassermann', 'Fische' oder 'Widder' (also von Ende November bis Ende April) geboren, hochsignifikant selten hingegen als 'Stier', 'Zwilling', 'Krebs', 'Löwe', 'Jungfrau' oder 'Waage' (also von Ende April bis Ende Oktober). Kosmische Reize? Oder vielleicht doch nur eine sinnvolle Geburtenplanung? Denn die Landwirtschaft muss sich an den Zyklen der Natur ausrichten, und somit ist die 'richtige' Zeit, um Kinder zu bekommen, eher der ruhige Winter als der arbeitsintensive Sommer. ... Beispielsweise wurde das Buch für den 'Zwilling' seltener verkauft, als der Bevölkerungsanteil der Zwillinge (21. Mai bis 21. Juni) es erwarten ließe. Das ist aber mitnichten ein

---

47 Was natürlich nicht die damalige Leistung der Astrologie schmälern soll, die in engem Bezug zu den ersten Entwicklungen der Wissenschaften stand. Der Astrologie verwandte Systeme sind beispielsweise die Alchemie, aus der die Chemie hervorgegangen ist, die Geomantie und die Naturheilkunde.

Beweis für das geringe Interesse von 'Zwillingen" an Astrologie. Betrachtet man nämlich die Verkaufsstatistik der Astrobuchreihe genauer, stellt man fest, dass es zwei augenfällige Abweichungen vom Durchschnitt gibt: nach unten etwa in der Jahresmitte und nach oben etwa im Herbst. Denkbar ist zum Beispiel, dass das Verlegenheitsgeschenk zum Geburtstag des Partners/ der Partnerin in der dunklen Jahreszeit eher ein Astro-Büchlein ist, während im beginnenden Sommer zum Reiseführer oder Strandschmöker gegriffen wird. (Zit. nach Konrad Schlude)...][48].

Jeder Aspekt, jede Besetzung von Zeichen und Häusern hat ihre eigene Bedeutung auf der Ebene, auf der sie betrachtet wird. Es gibt auch kein Ziel, zu dem ein Aspekt strebt und einen 'Bewusstseinswandel verursacht'. Jeder Versuch, eine derartige Dynamik in astrologische Aspekte hinein zu interpretieren, muss zu Zirkelschlüssen führen und zu einer Bestätigung der Hierarchie zwischen 'wissendem' Berater und 'unwissendem Patienten'. Entwicklung entsteht von allein dort, wo wertfreies, empathisches Zuhören stattfindet, das Entwicklung auf beiden Seiten zulässt. Davon abgesehen gehen wir immer mit einer Wertung an ein Horoskop heran und werden nur das finden, was wir finden wollen. Im Rahmen der Grenzen einer fachlichen Beratung ist es trotzdem möglich, eine gewisse Handlungsfreiheit zu finden, die immer auch mit einer Kritik an den vorgegebenen Rollen verbunden ist. Wo Anteile nicht gelebt werden, ist es naheliegend, nach Mechanismen zu suchen, die diese Anteile unterdrücken und zu Kompensation und Ausweichhandlungen führen.

Um brauchbare Fakten für Entscheidungen zu erhalten, müssen wir unser Wahrnehmungsproblem, das wir haben, mit sozialen Vorgängen immer mitdenken und gesellschaftsrelevante Deutungen in jeder Situation neu beurteilen lernen. Wenn ich jemandem einen übersteigerten Geltungsdrang aus Sonne/Uranus oder eine Beißhemmung aus Mond/Saturn attestiere, dann sind dies nicht nur ‚Hinweise' für den Betroffenen, sondern auch eine Zuschreibung an sein Umfeld. Rollenzuweisungen helfen, Auseinandersetzungen zu kanalisieren und in kontrollierbare Bahnen zu lenken. Sie führen falsch verstanden aber zur Ausbildung von Stereotypen und zur Unterdrückung von freien Assoziationen. Jedes entworfene Rollenbild sollte auch eine

---

48 http://blog.gwup.net/2011/01/08/und-wieder-mal-die-akte-astrologie/

Portion Freiheit enthalten, in der der Akteur nonkonforme Verhaltensweisen ausprobieren kann und versuchen, andere von Weiterentwicklungen seiner Rollenversion zu überzeugen.

Beispiel: Ein im Sternzeichen Krebs Geborener, der im Moment nicht in der Lage ist, sein Bedürfnis nach Geborgenheit oder Mitgefühl zu leben, wird die gegenteiligen Eigenschaften zeigen - Abgrenzung und Rationalisierung. Sie sehen aus wie Anteile des Steinbocks, sind aber tatsächlich Schatten des Krebs-Seins. Wir ‚Deuter' werden durch Schattenanteile auf die falsche Fährte gelockt, so wie auch der in seiner Umgebung als 'Gehemmter' abgestempelte Mensch immer weitere 'Fehlurteile' auf sich zieht, falls er sich nicht gegen den Rahmen seiner Rolle wehrt. Das Horoskop hilft uns, derartige Heuristiken aufzuspüren, denn ein Krebs, der sich übermäßig abgrenzt und rationalisiert, hat offenbar Probleme, sein Bedürfnis nach Geborgenheit und Mitgefühl auszudrücken. Die 'Erlösung' des Themas geschieht nicht durch das Rumbohren in 'unerlösten' Zuständen, sondern im Schaffen von Klarheit bezüglich der eigenen Gefühle. Die Veränderung der Perspektive kann natürlich als eine Art Erlösung empfunden werden. Sie bedeutet aber auch zusätzliche Arbeit.

Offensichtlich versuchte Astrologie schon immer, das monokausale Denken von Ursache und Wirkung zu durchbrechen und stattdessen parallele und vernetzte Informationen auf mehreren Ebenen zu verarbeiten. Doch ist dies schwer durchschaubar. Sie gab vor, soziale Gesetzmäßigkeiten und herrschaftsrelevante Führungsstrukturen zu reflektieren, ging aber gleichzeitig in subtiler Weise von der Autonomie des Individuums aus; das vor Repressionen der Staatsmacht und drohendem Identitätsverlust geschützt werden musste. [49]Von Mechanismen des Systems, die nur schwer zu hinterfragen waren. Der Astrologe entzieht sich wahrscheinlich schon immer einer Einordnung in ein bekanntes Schema, da er dies im Sinne seiner Klienten ständig zu dekonstruieren bestrebt ist. Damit ist er anfällig dafür, Stereotype und nicht belegbare Verhaltens¬verschreibungen zu reproduzieren. Und weil er selbst keine endgültige Entscheidung für sich zwischen dem Weltbild

---

49 Kocku von Stuckrad, Geschichte der Astrologie: Von den Anfängen bis zur Gegenwart, Beck, München 2003

der rational-technischen Eliten und dem 'gesellschaftlichen Konsens' treffen kann und darf, muss er mit seiner Swidderrolle leben.[50]

Astrologie ist genauso wenig irrational wie alle anderen Versuche, den Menschen als Ganzes in einer Umwelt beschreiben, die komplex ist und Reduktion verlangt. Eine Synthese von intuitiven Ansätzen und rationaler Analyse, Mythologie und Wissen, Therapie und ‚freier Beratung' ist nie leicht. Der Ausschluss der Astrologie aus dem allgemeinen Lehrbetrieb seit dem 18. Jahrhundert führt zwar dazu, dass es kaum nennenswerte wissenschaftliche Schriften gibt, die astrologisch inspiriert sind. Trotzdem sind ihre Denkmuster in einer breiten Bevölkerungsschicht weiter vorhanden und lassen sich dann sozialwissenschaftlich beschreiben, wenn es die entsprechenden charismatischen Persönlichkeiten gibt, die sich mit Astrologie ernsthaft auseinandersetzen. Neben der schriftlichen Überlieferung und universitären Lehre besteht weiter ein 'Volkswissen' und eine mündliche Tradition lebendiger Mythologie, von der Astrologie ein Teil bleibt. Diese als soziologische Praxis wiederzubeleben wird möglicherweise einen Teil des Sinnverlusts der Moderne ersetzen können, wenn denn die Astrologie in die Lage versetzt wird, den 'Nerv der Zeit' zu treffen.

Der Astrologe hilft zu lernen, diese Fragen zu präzisieren, zu ordnen und in den Kontext des wirklichen Bedürfnisses zu bringen. In der Beratung erscheint das eigentliche Thema paradoxerweise selten explizit, es schwebt quasi als Metathema darüber und weist trotzdem unmissverständlich auf den Punkt des Widerspruchs, weil sich der Klient oft selbst mit Astrologie beschäftigt und die eigenen blinden Flecken und Schatten in der Sprache des Horoskopes beschreiben gelernt hat. Die historische Funktion der Astrologie ist die einer Entscheidungshilfe bei Fragen allgemeiner Ethik. Weniger für 'normale' Menschen, die fragen, ob sie ein Torfdach oder ein

---

50 Die No-free-Lunch-Theoreme oder auch Nichts-ist-umsonst-Theoreme sind eine Reihe von Sätzen aus der Theorie der kombinatorischen Optimierung, die sich auf Suchverfahren und ihre universelle Anwendbarkeit beziehen. Die Bezeichnung stammt von der amerikanischen Redensart There ain't no such thing as a free lunch, auf deutsch sinngemäß: 'man bekommt nichts geschenkt'. Die Aussage der No-free-Lunch-Theoreme ist, dass, wenn man die Menge aller mathematisch möglichen Probleme zugrundelegt, alle Suchalgorithmen im Durchschnitt gleich gut (oder gleich schlecht) sind. Ein Suchverfahren kann implizite Annahmen über die Art des zu lösenden Problems enthalten, und nur für die Klasse von Problemen, auf die diese Annahmen zutreffen, ist das Verfahren besser als andere. Wikipedia 2010

Ziegeldach wählen sollen, sondern eher für Persönlichkeiten des öffentlichen Lebens, die etwas zu entscheiden haben, was gesellschaftliche Bedeutung hat. Menschen, die selber auch andere Menschen beraten und dadurch auf einer anderen Ebene etwas über das Lernen bzw. Lehren aufzugreifen versuchen. Diese Entscheidungen fallen nicht aufgrund von 'Informationen' oder 'besserer Einsicht', sondern über das Herausfinden der Mechanismen von Entscheidungsprozessen und dem Nachspielen der Ansichten der Umwelt, um herauszufinden, was der andere denkt und welchen Wertmodellen er folgt. Der Astrologe ermöglicht uns zu erkennen, wie eine hypothetische Umwelt auf uns reagiert und wie sie entscheidet, mit unseren Entscheidungen umzugehen.

Kritische Astrologie

Ei ich frag nicht nach eurer Astrologia, ich kenn mein natur und erfar es.

Martin Luther

Die Technik der Astrologie erschafft paradoxerweise die Erwartung einer Determination, wo sie den gewohnten Raum verlässt – nur das Unerwartete interessiert uns ja auch für unsere Zukunft. Was sowieso passiert, wollen wir nicht wissen. Für den Effekt des 'Sehens des Ungesehenen' benutzt Astrologie einen linguistischen Mechanismus, der das Unvorhergesehene wahrscheinlich macht, indem die Deutung in einen Modus schaltet, der eine gewisse Linie verfolgt, die durch die Wiederholung gegebener Narrationen vorhersehbar ist.[51] Wenn die Aussagen allgemein und überdeterminiert genug sind, dann entsteht so der Eindruck eines Zusammenhangs. Epistemologisch gesehen beruht jede Erkenntnis sowieso auf einem vorangehenden Verstehen. Erkenntnis ist abhängig vom historischen Kontext, aus dem heraus wir die Wirkungen der Ursache ‚erforschen'. Wenn die Astrologie es schafft, allge-

---

51 Dies bezeichnet man als den Barnum-Effekt

mein das Interesse philosophischer Hinterfragung auf sich zu ziehen, kann sie die Methoden selbst zeitgleich zur Erklärung heranziehen. Sie beschreibt dann sozusagen das Zustandekommen unserer Werturteile, indem sie die Sprache der Instanzen in übertriebener Weise nachahmt, die die Vorgaben für Werturteile machen, um sie dann Stück für Stück zu reduzieren. Dazu muss der Astrologe sich aber jeweils aus dem eigenen ‚Weltmodell' lösen und sich auf etwas Neues einlassen. Das macht ihn angreifbar für Vorwürfe der Beliebigkeit. Denn er ändert in diesem Prozess regelmäßig die Grundlagen seiner eigenen Annahmen, so dass ihre Paradigmen möglicherweise nicht mehr mit dem wiederzuerkennen sind, was vorher einmal war.

Zum Glück brauchen wir keiner der fünf Methoden, die im letzten Kapitel vorgestellt wurden, zu folgen und es bleibt dauerhaft auch eine sechste Möglichkeit, dass sich nämlich gar nichts ändert und Astrologie einfach so als Nebenfach mitläuft und damit den entscheidenden Vorteil der Unabhängigkeit frei nach dem Goethespruch genießt: ‚Ist der Ruf erst ruiniert, lebt sich's gänzlich ungeniert.' Schade wäre dies angesichts ihres Potentials natürlich schon ein bisschen.[52] Die Hoffnung in diesem grandiosen Glasperlenspiel ist, dass wir es wenigstens einmal selbst spielen, einmal der Schöpfer unserer eigenen Wirklichkeit sein können. Es ist die letzte Freiheit, die uns bleibt. Gleichgültig ob jemand einer Gangsterbande oder dem Weltsicherheitsrat der Vereinten Nationen angehört, ob er Wissenschaftler ist oder Mystiker, ob er sein Leben der Familie widmet oder dem Beruf. Er wird als Suchender nicht aufhören, den Mustern seiner Überzeugung nachzugehen. Die soziale Wirklichkeit ist zu komplex, um sie mit einigen wenigen Regeln zu erfassen. Doch gibt sie immer wieder Anknüpfungspunkte, an denen wir unsere eigene Identität entwickeln können.

Es scheint den Wunsch im Menschen zu geben, Gewissheit über sein Schicksal zu erlangen und nach Evidenzen Ausschau zu halten, die einen Hinweis darauf geben, was uns 'morgen zustoßen' wird. Gerade weil dies so absurd ist, ist es so auffällig, wie viele Menschen sich doch nach 'Symbolen' und 'Zeichen' der Zukunft sehnen und ihr Leben nach der Vorsehung gestalten. Es ist eine Art Ritual, dass wir zu wissen glauben, was geschehen wird, damit

---

52 Vielleicht waren es immer schon ‚Verrückte', die sich mit ihrer eigenen Verrücktheit beschäftigt haben.

wir uns in der Gegenwart bewegen können. Wenn Klienten wissen wollen, ob sie nächstes Jahr ein Haus erben werden, dann ist so eine Frage allerdings selten real gemeint. Es ist eine Prüffrage an das System Astrologie und das Selbstverständnis des Beraters über seinen blinden Fleck. Es ist ein Spiel, das auf Vereinbarungen mystischer Sprache beruht und symbolische Bedeutung in Situationen von Krisen gewinnen kann. Damit wird die Astrologie für immer in dem Dilemma bleiben, dass Menschen ihre Paradigmen auf eine deterministische Weise verstehen. Zeit ist eine Form der Anschauung, die von der Gegebenheit des Subjekts ausgeht. Es gibt keine objektivierbare Geschichte, die wir nicht selbst durch unser Dasein beeinflussen würden.

Dieser Umstand hängt mit einer metaphysischen Frage zusammen, die nicht ganz trivial ist und darauf hinausführt, dass die Astrologie aus Gründen ihrer Fragestellung, bzw. der 'Operationalisierung des Schicksals' keine geschlossene Methodik besitzen darf, zumindest nicht in dem Sinne der Forderung der Systemtheorie nach Heteronomie, Autopoiesis und Selbstreferenz. Eine Methode ist umso höher zu schätzen, als sie mit möglichst wenigen Determinanten auskommt und möglichst universell anwendbar, also quer durch alle Kulturen in ihren Grundlagen verstehbar ist. Ein Horoskop in Indien wird nicht wesentlich unterschiedlich zu einem im Westen oder in Südamerika gedeutet werden, obwohl ihre Arbeitsmethoden komplett unterschiedlich sein mögen. Dies kann möglicherweise nur deshalb funktionieren, weil die Methoden einen gemeinsamen, psycho-linguistischen Nenner haben, der in einer Art Urcode menschlicher Sprache verankert ist. Die Eigentümlichkeit der kulturell gewachsenen astrologischen Systeme rund um den Erdball könnte auf einer psycho-linguistischen Matrix basieren, die den Austausch des Wissens aller Völker begleitet hat und durch die Mythen aufrechterhalten wurde. Wahrscheinlich erscheint mir, dass der Kern astrologischer Arbeit einen Aspekt berührt, der unser kritisch-sprachliches Handeln beeinflusst und der zunächst immer Widerstände erzeugt, weil jede sich erneuernde Denk-Methode ein sich selbst hinterfragen bedingt, bevor sie in eine Synthese gebracht werden kann.

Der Innovationsschub durch eine Untersuchung unterschiedlicher astrologischer Traditionen in den verschiedenen Kulturen wäre vor allem auf einer Ebene von vergleichenden Sprachwissenschaften und grammatischen Modellen vorstellbar, die nach einer Einheitlichkeit von Werturteilen und Ausdruck von Bedürfnissen suchen. Hier würde sich die Frage nach einer

'Determination' oder Willensfreiheit automatisch anders stellen. Denn jeder Mensch wäre an der Herstellung eines universellen ‚Kontexts sozialer Systeme' beteiligt und Schöpfer der Wirklichkeit in einem neu definierten Sprachbild, das den sich in seiner Identität neu erschaffenden Menschen in seinen eigenen Werturteilen zeitgleich hinterfragt. Wertbilder wären dann Ausdruck persönlicher Eigenschaften und nicht länger Vorwände für Weltanschauungen. Diese Vorstellung ist natürlich eine Utopie.[53] Denn das Menschsein beruht auf gemeinsamen Vorstellungen einer Zukunft, die uns daran hindern, beliebige Wertkonstrukte in die Tat umzusetzen.

Da es in der Astrologie auch um Entscheidungshilfen geht, kann man prinzipiell nur den beraten, der in der Lage ist, das Gesagte kritisch zu reflektieren und seine Entscheidung selbst zu vertreten. Ein Beispiel: Zu glauben oder 'wissen', dass man 'ein Löwe' ist, bedeutet nicht, auf eine bestimmte Handlungsebene festgelegt zu sein (nach der Art psychologischer Verschreibungen von 'Andersartigkeiten', Neurosen, Ängsten, Zwängen, die beim Löwen gerne als 'Narzissmus' und 'übersteigertes Ego' gedeutet werden), sondern zu erfahren, dass man im Kontext des Anderen auf eine bestimmte Art erscheinen kann, ohne dass dieser sich dessen bewusst sein muss. Durch die vorgegebene Matrix der 12 Sternbilder, Planeten und Häuser lässt sich der Kontext 'Löwe' im 'Familienbrett' gemeinsam 'weiterspinnen'; aktueller Ausgangspunkt zur Orientierung des Selbst ist für den Löwen mehr als für die anderen der Bezug zu sich selbst; das Selbst ist hier aber ein anderes, als das der phänomenologischen Betrachtung, ein Wortspiel mit der Natur des Ego und des 'wahren Selbst', Dieser Bedeutungsraum erscheint mit jedem Bezug neu, das Ego des Löwen ist aus Sicht der Jungfrau ein anderes, als aus Sicht des Widders.[54] Im 'Löwe-Kontext' ist immer auch ein Machtspiel enthalten, da der Selbstbezug, bzw. das Ego der anderen Sternzeichen sich immer am Löwen 'misst', dem dieses Attribut dadurch natürlich in seiner ständigen Verstärkung erhalten bleibt. Der Löwe ist dadurch ein Löwe, weil er andere

---

[53] Niemand kann vorhersagen, wie die Welt in zwanzig Tagen, geschweige denn in zwanzig Jahren aussehen wird. Vielleicht leben wir dann alle auf dem Mars und der Venus und kämpfen von dort gegeneinander.

[54] In Bezug auf Widder entwickelt der Löwe Präsenz, um der Zielstrebigkeit des Widders ein Gegenüber zu geben, in Bezug auf die Jungfrau und ihr klares Denken und Analysieren sucht der Löwe 'Natürlichkeit' und 'Menschlichkeit' zu schaffen. 'Der Löwe' als Symbol der Astrologie exisitiert also nur in einem Bezug zu etwas anderem.

in Bezug auf ihre Attribute, die mit dem 'falschen' Selbst zu tun haben, auf so unterschiedliche Weise anzieht. Und er möchte wissen, wie seine Macht auf andere wirkt, ohne dabei seine eigene Macht wirklich bewusst sehen zu können.

Um zu verstehen, wie Astrologie funktioniert, muss man untersuchen, wie sie in der Geschichte, vor allem vor und nach dem Zeitpunkt der Trennung von Religion und Wissenschaft gearbeitet hat. Ihre Rolle in der arabischen Welt zu ihrer Blüte um 800 - 1200 und wiederum in der Renaissance von 1500 - 1700 ist sehr gut beschrieben, wenn auch nur wenige Bücher aus dem arabischen, maurischen, kastilischen, hebräischen, lateinischen usw. ins Englische übersetzt sind. Welche Voraussetzungen waren gegeben, dass Astrologen bei Entscheidungsfragen dabei sein konnten? In welchem Zusammenhang standen sie mit anderen divinatorischen Techniken? Welche Rolle spielte sie innerhalb religiöser Praxis und anderer Mysterienkulte? Solche Fragen wären zu untersuchen. Des Weiteren auch, was mit der Astrologie nach der Renaissance passierte und wie sich ihre Techniken in Zusammenhang mit dem Abgleiten in die ‚niederen Sphären' der Freimaurerei und des ‚New Age' veränderten. Eine weitere Frage wäre: Wer hat die Sprache der Astrologie gesprochen? Durch was ist die Astrologie ersetzt worden? Wie sehen die modernen Entscheidungshilfen in den Fragen aus, die klassisch die Astrologie bearbeitet hat? Gab es einen Bruch? Wie sieht der aktuelle Bezug der Astrologie zu anderen Systemen aus? Und vor allem: Wie kann man die astrologischen Aussagen qualitativ vergleichen?

Das dialektische Auflösen der abstrakten Symbolmatrizen ist die ursprüngliche Übung des Hegelschen Geistes, der sich selbst allein als in der Auflösung begriffen erkennen kann, indem er die Welt gleichzeitig erschafft, die er verneint, und sie, bzw. sich selbst somit in einen Prozess des Widerspruchs bringt. In dem System seines Denkens entzieht sich der Geist dem Problem der Determination und Vorherbestimmung durch die ständige Neudefinierung seines ICH, so dass er niemals mit seinem Denken fertig wird. Wie kann ich Menschen zu selbstständigen Individuen 'erziehen', wenn ich sie allein durch die Brille einer systematischen Wissenschaft betrachte? Diese Problematik geht vielleicht am besten aus den Worten des Bielefelder Institut-Nachbarn von Niklas Luhmann, dem Sozialforscher Norbert Elias hervor: [...Die gesellschaftlichen Abläufe gehen über längere Zeiträume hin betrachtet blind und ungesteuert vor sich – blind und ungesteuert wie ein

Spielverlauf. Die Aufgabe der soziologischen Forschungsarbeit ist gerade, dem menschlichen Verständnis diese blinden, ungesteuerten Vorgänge näher zu bringen; die Aufgabe besteht darin, sie zu erklären und eben damit Menschen die Orientierung in dem durch ihre eigenen Handlungen und Bedürfnisse herbeigeführten und zunächst undurchschaubaren Verflechtungswege ebenso wie eine bessere Steuerung dieser Vorgänge zu ermöglichen. Aber wie ehemals der Übergang von geozentrischen zum heliozentrischen Weltbild eine spezifische Art der Distanzierung verlangte, so verlangt auch der Übergang von einem Gesellschaftsbild, in dem man selbst und die eigene Gruppe nicht mehr das Zentrum bildet, auch einen spezifischen Akt der Distanzierung. Hierin liegt die Schwierigkeit. Die Unterscheidung zwischen einer solchen soziologischen Distanzierung und einem weltanschaulichen oder ideologischen Engagement, das kurzfristige Gegenwartsprobleme und Ideale in den Mittelpunkt des Gesellschaftsbildes treten lässt, ist für viele Menschen heute noch im Denken wie im Handeln unvollziehbar…][55].

Mit der Frage nach 'Beweisen' für die Astrologie schneiden wir unweigerlich ein ethisches Thema an. Sollten die Sterne wirklich über unser Schicksal bestimmen, dann hätten wir ein Problem mit der Willensfreiheit des Menschen. Das 'Funktionieren' der Astrologie würde letztendlich bedeuten, den Menschen auf Reflexe und Instinkte zu begrenzen, die durch die Sterne vorgegeben sind. Und das ist offensichtlicher Unsinn. Das Problem liegt also woanders. Es gibt unbestreitbar den Wunsch des Menschen, etwas über seine Zukunft zu erfahren, gesellschaftliche Strömungen zu erfassen, Entscheidungswege nachzuvollziehen und persönliche Motive anderer Menschen zu ergründen. Indem wir diesem Wunsch nachgeben, geben wir einen Teil unserer Freiheit auf. Wir gehen aus dem Vertrauen heraus, dass das, was passiert, das Richtige ist und suchen mit dem Verstand nach Lösungswegen, die wir nach Vorgabe der Informationen nachzuvollziehen versuchen. Indem wir Ziele (wie z.B. auch das der Freiheit oder der Zielstrebigkeit selbst) formulieren, legen wir Handlungswege fest und damit auch einen Teil unseres Schicksals, das wiederum dadurch für andere berechenbar wird, indem es innerhalb bekannter Mechanismen und Strategien festgelegt wird.

---

55 Norbert Elias, Soziologie 1976, S. 206, aus Anette Treibel, 'Die Soziologie von Norbert Elias'

Je mehr wir erreichen wollen, desto mehr müssen wir uns auch den Regeln der bekannten Strukturen einfügen. Organisation bedeutet, kollektives Handeln zu verstehen und seine einzelnen Akteure zu fördern, ohne sie in ihrem 'freien Willen' zu beschränken. 'Freier Wille' heißt ja auch Wille zur Freiheit, eine abstrakte Vorstellung, Freiheit zu bewahren in dem Wissen, dass das Leben einen unweigerlich in Konflikte führt, wo er Zwang und Druck ausüben will. In dem Dilemma zwischen Macht und Ohnmacht kann sich das Individuum für die scheinbare Macht des eigenen Willens entscheiden und gegen jede Vernunft scheitern. Aufgehalten wird es durch das Eingebundensein in funktionierende, soziale und religiös bestimmte Strukturen, die eine Übertretung der Schamgrenzen sanktionieren. Diese gesellschaftlichen Strukturen sind von einer Verständigung über eine etwaige Zukunft abhängig; das meinte Kant, als er sagte, dass die Frage. 'Was soll ich tun?' immer auch abhängig ist von der Frage: 'Was darf ich hoffen?' Ein evidentes Erleben der Wirklichkeit hängt mit dem Bewusstsein der Grenzen zusammen, die ich nur über andere und deren Vorstellung der ‚Rahmung' erfahren kann. Gleichzeitig sind diese Grenzen aber auch Mauern zwischen Menschen, die immer wieder eingerissen werden müssen.

Wertewandel

> *And if, in the changing phases of man's life*
> *I fall in sickness and in misery*
> *my wrists seem broken and my heart seems dead*
> *and strength is gone*
> *and my life is only the leavings of a life:*
> *and still, among it all, snatches of lovely oblivion,*
> *and snatches of renewal odd, wintry flowers upon the withered stem,*
> *yet new, strange flowers such as my life has not brought forth before,*
> *new blossoms of me*
> *then I must know that still I am in the hands of the unknown God,*
> *he is breaking me down to his own oblivion*
> *to send me forth on a new morning, a new man.*
>
> D.H. Lawrence, Shadows

Wertvorstellungen sind wichtig für unsere Motivation und Orientierung. Viele unserer Aussagen enthalten explizite und implizite Vorstellungen, wie man sich zu verhalten hat und was die vermeintlich richtige Einstellung zu einer Sache ist. Der in diesem Zusammenhang verwendeten Begrifflichkeit liegt eine universelle Matrix zugrunde, wie wir später sehen werden. Doch werden die Wortbedeutungen zu verschiedenen Zeiten unterschiedlich gehandhabt. Der eine Mensch versteht unter Freiheit unter Umständen etwas ganz anderes als der Andere. Jede Epoche hat einen Wertewandel und die damit verbundenen Umbrüche zu bewältigen. Eine der Aufgaben der Astrologie ist die Bewertung und der Vergleich der damit verbundenen ‚Zeitqualitäten'. Was ist darunter zu verstehen? Planeten ziehen ihre immer gleichen Bahnen über den Himmel und bringen wiederkehrende Muster in immer neuer Abwandlung hervor. Die Astrologie nutzt die dadurch gezeichneten Bilder für ihre Deutungen, um einen Zusammenhang zwischen Psyche und Weltgeschehen zu konstruieren, auch wenn deren Ereignisse nicht kausal miteinander verbunden sind. Bilder, die für die Bildung von Wertmaßstäben wichtig sind, weil jeder ein Produkt des Zeitgeists und seiner Mythen ist.

Urtugenden wie Tapferkeit und Ehrgeiz spielen heute weniger eine Rolle als vor 100 Jahren noch. Ganz out sind momentan 'religiöse' Tugenden der Enthaltsamkeit und Innenschau. Heute sind es eher die ‚fortschrittlichen' Werte, wie Toleranz, Emanzipation, Mitbestimmung und alle Formen der Selbstbestimmung und Selbstverwirklichung, die erwünscht sind und gefördert werden. Tugenden der Heimatliebe/Fleiß/Disziplin treten in den Hintergrund und werden vom Linksintellektuellen Spektrum als 'Sekundärtugenden' bezeichnet. Doch es ist offensichtlich, dass sich Tugenden nicht an Ideologien halten und Fleiß sowohl bei konservativen, als auch progressiven Gruppen seine Rolle hat. Dabei können die Tugenden auch innerhalb derselben Zeit und derselben 'Benutzergruppe' unterschiedliche Bewertungen erfahren. So ordnen sich immer neue 'Cluster' von bevorzugten Tugenden in jeder Kulturströmung. Orientierungslosigkeit und Ratlosigkeit bezüglich der Etablierung verinnerlichter Werte entstehen dort, wo die Institutionen, die die Gesellschaft zu ihrem Überleben eingerichtet hat, nicht mehr ihre Funktion erfüllen und Menschen ihre erworbenen Begabungen nicht mehr gezielt einbringen können. Mit dem Übergang der Postmoderne zur ‚Neuen-Welt-Ordnung' entsteht ein komplexer und für Außeneinflüsse zunächst sehr sensibler ‚Wertemix', der lebenslanges Lernen notwendig macht, um die neuen Paradigmen zu verstehen.[56] ‚Innere Überzeugungen' müssen transformiert werden und an die veränderten Bedingungen angepasst werden. Nicht jedem fällt dies gleich leicht.

‚Westliche Werte' als Ausdruck von Emanzipation und Selbstbestimmung waren eine Zeitlang weltweit bei der Jugend ‚in'. Heute gibt es wieder konservativere Tendenzen und ein Wiedererstarken religiöser Werte. Damit verbunden ist ein Bewusstsein für Natur und Umwelt, regionale Selbstversorgung und Erinnerung an Heimat, was in der Phase zuvor eine Art No-Go war. Ähnlich wie in der Phase der Romantik werden Gedichte gelesen und in Form von Poetry Slams live rezitiert. Die Kleidung ist dunkel und elegant unauffällig; man will sich nicht in den Vordergrund drängen. Dies bildet einen starken Kontrast zu den Idealen und Präsentationsformen der 68er und ihren schrillen Ausdrucksweisen. Im Wechsel dieses Wertewandels hat auch ein Wechsel der Umgangsformen stattgefunden, wie er möglicherweise in der Menschheitsgeschichte einmalig ist. Kinder werden nicht mehr geschlagen und in ihrem Selbstausdruck gefördert. Die Eltern sind wesentlich älter als jemals zuvor in der Geschichte. Dadurch, dass es pro Familie oft nur ein oder zwei Kinder gibt, wird die Weltbevölkerung bald sinken und dadurch vermindert sich auch der Überlebensdruck. Ausbildung, Studium und wissenschaftliches Arbeiten sind Selbstverständlichkeiten und so hat der Populismus nunmehr nur noch geringe Chancen, zur Massenbewegung zu werden.

Als Astrologen wollen wir wissen, wer wir selbst vor dem Wertekanon dieser Zyklen sind und welche Rolle für uns mit unseren speziellen Überzeugungen darin möglich ist. So richten wir unsere Aufmerksamkeit auf wiederkehrende Phänomene und Epochen, die die Gesellschaft hervorbringt. Durch die Jahrhunderte und Jahrzehnte kommt es zu Wiederholungen von Abläufen, beispielsweise alle 500 Jahre zu einer Konjunktion der beiden äußersten Planeten, Neptun und Pluto, die sich in der jeweiligen Umwälzung mindestens einer Gesellschaft zeigt, die neue Impulse für die Menschheit setzt. Um 1900 begann die Moderne mit der Verstädterung,[57] um 1400 starteten die Renaissance und der Humanismus, um 900 war die Blütezeit der arabischen Kunst

---

56 Und ein neuer Messias wird nicht kommen. Bzw. wird seine Botschaft so ganz anders klingen, als wir es uns ausmalen.

57 Um 1800 lebten etwa 3 % der 1 Milliarde Menschen in Städten, 2050 werden es über 70 % sein.

und Wissenschaft, auf die das christliche Mittelalter aufbaute, um 400 n. Chr. kam es in Indien zu einer Kulturrevolution, das Christentum entstand in Europa. Um 100 v. Chr. fand das römische Reich zu seiner Größe und um 600 v. Chr. entstand das, was als ‚Achsenzeit' bekannt geworden ist. Mit Konfuzius, Laotse, Buddha, Zaratustra, Sokrates und Pythagoras und ihren Schulen traten rund um den Globus Denkansätze in Erscheinung, auf deren Schultern wir stehen und die bis heute unsere Gesellschaft prägen.[58]

Mit jedem Wertewandel bilden sich damit einhergehend neue Strukturen der Interaktion zwischen Mensch und Umwelt heraus, die neue Zieldefinitionen notwendig machen. Aus dem Scheitern an verschiedenen Aufgaben treten bestimmte Themen hervor, die von der jeweiligen Generation als besonders wichtig empfunden werden. Zuvor nicht bedachte Nebenwirkungen müssen integriert werden und Mängel behoben werden, die durch die Veränderungen hervorgerufen werden. Die damit verbundenen Werte erscheinen in einem anderen Kontext als zuvor. Während der Phase der Industrialisierung sind z.B. der Umweltschutz und das Thema Nachhaltigkeit zu einem wichtigen Gut geworden. Die Aufgaben erscheinen in einem ganz anderen Licht als noch 100 Jahre zuvor in der dörflich geprägten Gesellschaft. Nun, im Informationszeitalter, geht es um einen gleichberechtigten Zugang zu den Daten und Wertschöpfungsprozessen. Der Wertewandel kann allgemein als ein Anpassungsprozess an sich verändernde Umweltbedingungen aufgefasst werden, der sich im einzelnen Menschen vollzieht. Soziale und ökonomische Gründe spielen dabei genauso eine Rolle, wie persönliche Vorlieben. Was morgen ‚von Wert' ist, ergibt sich aus dem Wechselspiel von Fremd- und Selbstzwängen.

[…Durch eine immer differenziertere gesellschaftliche Funktionalisierung entstehen auch immer speziellere Abhängigkeitsverhältnisse unter den Mitgliedern einer Gesellschaft. Aufgrund dieser Abhängigkeiten wird es für den Einzelnen immer wichtiger, sein Verhalten an den gesellschaftlichen Vorstellungen, wie man sich gesellschaftlich richtig oder 'gut' zu verhalten hat, auszurichten. Tut er/sie dies nicht, schaden die Konsequenzen, ihm/ihr selbst am meisten. Dies beschreibt Elias als Fremdzwang. Vor allem über den

---

58 In den nächsten 30 Jahren haben wir also die einmalige Chance, bei diesem Wechsel dabi zu sein und uns selbst darin und unsere Rolle zu entdecken.

Erziehungsprozess im familiären Bereich, aber auch in der unmittelbaren Umgebung, werden diese Fremdzwänge, also die gesellschaftlichen Normen und Werte, dem Einzelnen anerzogen, und bilden in ihrer Summe, das 'Über-Ich', welches als Gewissen des Menschen beschrieben werden kann. Der Einzelne reguliert sich in seinem Verhalten selbst, da er nicht gegen einen Zaun aus schweren Ängsten verstoßen möchte. Fremdzwänge werden durch die Erziehung in Selbstzwänge transformiert und die Folge ist eine immer größer werdende Affektkontrolle. Das bedeutet, dass der Einzelne durch diese beschriebenen Selbstzwänge immer mehr versucht, spontane, emotionale Impulse, die er/sie empfindet, zu kontrollieren, so dass es nicht zu einer tatsächlichen Handlung entsprechend dieser Affekte kommt. Dabei ist 'der Selbstzwang', den sich hier der Einzelne auferlegt, der Kampf gegen das eigene Fleisch, nicht weniger intensiv und einseitig, nicht weniger radikal und leidenschaftsdurchtränkt als sein Gegenstück, der Kampf gegen Andere...]⁵⁹.

Funktionssysteme, Leitdifferenzen und Kontingenzbegriffe

Humor ist der Knopf, der verhindert, dass einem der Kragen platzt

Joachim Ringelnatz

Niklas Luhmann sah den Schwerpunkt der Moderne in der Ausdifferenzierung der gesellschaftlichen Funktionssysteme. Bis in das 18. Jahrhundert hinein waren Politik, Religion, Militär und Rechtsprechung eng miteinander verwoben und keine eigenständigen Systeme. Erst mit demokratischen Systemen entstand eine operationelle Geschlossenheit; d.h. Recht war nur noch für die Rechtsprechung zuständig, Politik für die Politik und Religion für die Religion. So wurde der Machtanhäufung und Beliebigkeit mancher

---

59 http://de.wikipedia.org/wiki/Soziologie_der_Emotionen

klerikaler und weltlicher Fürsten ein Riegel vorgeschoben.[60] Doch gleichzeitig ging mit diesen neuen Institutionen auch die gewohnte Welt verloren – sie erfordern ein ständiges Austarieren der Zuständigkeiten und das Sichtbarmachen der Paradoxa, die sie produzieren.

Denn ein solches System kann mit von Foerster und Luhmann nicht sehen, was es nicht sieht. Dadurch, dass es anhand eines Codes allein zwischen zwei Zuständen unterscheidet, kann es diese Unterscheidung selbst nicht als Problem behandeln. Das Recht entscheidet beispielsweise selbstorganisiert über Recht und Unrecht. Es kann aber nicht sagen, ob es Recht ist, über einen Fall zu verhandeln oder Unrecht. Deshalb lässt es sich von anderen Systemen wie der Politik und Wirtschaft beobachten und versucht von ihnen über Fälle zu lernen, die es selbst nicht entscheiden kann (typische Beispiele systemübergreifender Fragen sind der Atomausstieg, Umweltschutz, europäische Zuständigkeitsbereiche, doppelte Staatsbürgerschaft usw.). Die systemimmanente Invisibilisierung der mit derartigen Fragen verbundenen Widersprüche ermöglicht Fortsetzung. Denn genau diese Redundanzen und Irritationen ermöglichen weitere Kommunikationen, die das System wiederum stabilisieren. Denn das Sichtbarwerden der ‚anderen Seite' eines Systems, des blinden Flecks, fordert zur Optimierung seiner Operationen auf. Greift man allerdings gewaltsam von außen in derartige Systeme ein, verlieren sie ihre Funktion, so wie ein fremdbestimmter Mensch sein Selbstbewusstsein verliert.

Die Systeme halten sich dadurch gegenseitig in der Waage, dass sie es zulassen, zeitweilig Einzelfunktionen durch andere ersetzen zu lassen. Die Politik entscheidet dann erstmal allein über den Atomausstieg und regelt die damit verbundenen Rechtsansprüche, so gut es in ihrer Macht steht. Dabei tauchen dann häufig von Luhmann als Kontingenzbegriffe bezeichnete Werte auf. Von der Justiz wird ‚Gerechtigkeit' gefordert. Doch bei der Justiz geht es nicht um abstrakte Gerechtigkeit, sondern um Rechtsprechung nach klar verfassten Regeln. Jeder Mensch hat eine andere Auffassung davon, was Gerechtigkeit ist, und so ist dieser Wert ein Anhaltspunkt, weil er uns ‚Laien'

---

60 In der arabischen Welt besteht heute noch diese Vermischung und viele Entscheidungen kann man nur aus Kenntnis der regionalen Verhältnisse verstehen und aus der Verfahrensart der Sharia, die die Grunddifferenz von ‚Gut und Böse' im Einzelfall auslegt.

einen Begriff davon gibt, welches psychische Äquivalent von den Verfahrensweisen der Politik und Justiz angesprochen wird.

Denn jeder hat in sich als psychisches System einen ‚Legitimationsapparat', der derartige Regelanwendungen anwenden gelernt hat. In der Justiz geht es also vordergründig um die Unterscheidung von Recht und Unrecht, hintergründig aber auch darum, Beschreibung von Wertbegriffen wie Verantwortung, Reife, Nüchternheit, Disziplin, Legitimität usw. für die Allgemeinheit greifbar und verhandelbar zu machen. Derartige Werte, oder mit Luhmann ‚Kontingenzbegriffe', können nicht wie die rechtspositivistische Unterscheidung von Recht und Unrecht ‚objektiviert' werden, sondern müssen unter der Berücksichtigung besonderer Umstände und der Persönlichkeit abgewogen werden, z.B. durch Psychologen, Gerichtsmediziner, Zeugen, Polizisten usw. Verdrängte und unbewusste Anteile werden hier besonders gut am ‚Gegenwert' deutlich. Zur Verantwortung gehört auch die Toleranz, zur Disziplin die Solidarität, zur Legitimation die Improvisation. Niemand kann einfach so ‚Dienst nach Vorschrift' machen. Zu beurteilen, wann und wieweit jemand seine Befugnisse oder den Wertekanon anderer überschritten hat, ist letztendlich also eine Sache der ‚Verhältnismäßigkeit' und Erwartungen an einen Idealtypus.

Psychische und soziale Systeme sind nach Luhmann weder miteinander noch untereinander direkt verbunden. Wir können nicht in das Gehirn anderer Menschen schauen und Gesellschaft kann nicht andere Gesellschaften erkennen. Sie können sich jeweils nur über Symbole und Sprache verständlich machen. Und nach Luhmann müssen diese Systeme auch getrennt sein, um anschlussfähige Kommunikationen hervorzubringen. Denn wenn wir ‚Gedanken lesen' könnten, bräuchten wir uns nicht mehr auszutauschen. In der Astrologie haben wir ein System, das schon sehr früh in der Lage war, derartige Kommunikationen zwischen verschiedenen Systemen von außen zu beobachten. Jedem der 10 Planeten entspricht eine Gruppe von Kommunikationssystemen, die sich durch dieselbe Leitdifferenz auszeichnen.

Merkur steht beispielsweise für die Systeme der Bildung, Philosophie und Pädagogik. Seine ‚offizielle' Unterscheidung ist die in gute und schlechte Noten, von der Klassenarbeit bis zur Promotion. Selektiert wird, was zum Wissenszuwachs beiträgt. Doch kann auch die Pädagogik nicht sehen, was sie nicht sieht und ob ihre Unterscheidung im gegebenen Fall sinnvoll ist oder nicht. Generationen von freien Schulen und Reformpädagogik zeugen davon, dass es zumindest einige sinnvolle Ausnahmen gibt. Denn auch dort wird trotz des Schwerpunktes auf sozialer Kompetenz logisch gedacht, wird elegante Rhetorik betrieben und differenziertes Lernen möglich gemacht. Verständigen können sich diese einzelnen Pädagogen außerhalb der vorgegebenen Normen sowieso nur über Kontingenzbegriffe wie Lerneifer, emotionale Intelligenz oder ‚social skills'. Sie haben eine innere Vorstellung davon, wie es praktisch auch anders funktionieren kann, doch müssen sie diese innerhalb der gängigen Leitunterscheidung des Bildungssystems formulieren. Wer keinen Abschluss erwirbt, für den ist der weitere Bildungsweg normalerweise vorbei.[61] In Band I der Astrologischen Soziologie und in ‚Zeitvorstellungen und Identität' habe ich die Leit-Unterscheidungen der 10 Hauptplaneten aufgeführt:

Kopplung	Psychische Funktion	Kommunikations-Systeme	Leitdifferenz
Merkur Zwilling	Mentalisierung Repräsentationen	Pädagogik, Philosophie, Literatur, Lernkreise, Weiterbildung, Sprache	repräsentativ beliebig
Venus Stier	Bedürfnisverschiebung Sublimierung	Gebrauchskunst, Kultur, Wellness, Mode, Clique	vertraut fremd
Mars Widder	Antriebsüberschuss Spannungsentladung	Sport, Management, Militär, Ballerspiele, Aktivisten	ausagierend blockiert
Neptun Fische	Rückbindung Kontinuum	Wertegemeinschaft, Religion, Esoterik, Spiritualität, Gemeinschaftsszene	transzendent immanent
Uranus Zwillinge	Individuation Entwicklung	Selbstständige Unternehmen und Berufe, Abenteurer, Pioniere, Gründer, Aufklärung	selbstständig abhängig
Saturn Steinbock	Normen-Habitus Internalisierung	Justiz, Controlling, Organisation, Verwaltung	(Regel-) gerecht chaotisch

---

61 Es gibt natürlich einige wenige Autodiakten wie meine Wenigkeit, die sich doch irgendwie hineingeschummelt haben, doch dürfte die Relevanz solcher Idealismen nur sehr gering sein.

Kopplung	Psychische Funktion	Kommunikations-Systeme	Leitdifferenz
Jupiter Schütze	Werte-Habitus Überzeugung	Politik, Wirtschaft, NGO's, Hilfsgruppen, Aktivisten	nützlich (ideal) nutzlos
Pluto Skorpion	Hintergrunderfüllung Differenzierung	Soziologie, Psychologie, Astrologie, Anthropologie	sozial asozial
Lilith Waage	Ausdrucksfunktion Externalisierung	Therapie, Spontantheater, GfK, Experimentalfilm, Ausdrucks¬kunst, Comedy, Poetry Slam	ausdrucksstark langweilig
Chiron Jungfrau	Objektivierung Rationalisierung	Wissenschaft, Didaktik, Logik, Programmierung, Medizin	wahr falsch
Sonne Löwe	Gewissen, Über-Ich	Jet-Set, Eliten, Führungseinheiten, Leitung	keine, bzw. in/out
Mond Krebs	'Andersartigkeit', Es	Geheimdienste, Randgruppen Geheimgesellschaften, Obdachlose	keine

Während die Operationen der äußeren, sozialen Systeme durch ihre Kommunikation beobachtbar sind, können wir die inneren, psychischen Systeme und ihre Werte durch ihr Abbild der äußeren Beispiele sichtbar machen, ohne dafür Theorien in Anspruch nehmen zu müssen, die auf Ausgleichshandlungen zwischen Systemen beruhen. Parsons hatte als erster festgestellt, dass die fortschreitende interne Differenzierung eines Systems zur zunehmenden Abstraktion seiner Wertgrundlagen führe, welche die differenzierten Subeinheiten des Systems übergreifen. Die abstrahierten Wertgrundlagen vertreten die Einheit des Systems automatisch auch nach außen.[62] Mit Luhmann können wir die Kommunikationen sozialer Systeme beobachten und durch strukturelle Kopplungen auf psychische Funktionen übersetzen. Dazu zählt nicht nur die Sprache, sondern auch nichtsprachliche Weitergabe von Informationen durch Gestik, Haltung oder Metaphorik. Ihre 'Innenwelt' wird dort sichtbar, wo sie in Interaktion mit anderen Systemen treten. Das System des Rechts (Saturn) kann etwa in Austausch mit dem System des Managements

---

62 Talcott Parsons (Hg.), Social Systems and the Evolution of Action Theory, 1971, S. 279 ff

(Mars) kommen, und darüber etwas über seine Antriebsmotivationen und sein Normenverhalten erfahren. Der Mensch, der seine Identität sozial konstruieren muss, entsteht im Zusammenspiel psychischer und sozialer Systeme, die mit ähnlichen Leitdifferenzen beschrieben werden.

Jupiter beispielsweise steht für die Systeme, die nach der Unterscheidung von ideal Nützlichem und Unnützem unterscheiden. Dies ist die Politik, die Wirtschaft, als auch Organisationen, die sich der konkreten Verbesserung der Welt verschrieben haben (arithmetisch vereinfacht als zahlungsfähig oder zahlungsunfähig). Diesen Institutionen oder Kommunikationssystemen im Außen entsprechen psychische Systeme des Bewusstseins. Jupiter steht für den ‚politischen' Werte-Habitus, der sich im Laufe unserer Erziehung entwickelt und ausdifferenziert. Wir erwerben mit der Zeit eine systematische Vorgehensweise in Bezug auf nützliche Werte, aus denen wir ein für uns funktionierendes Weltbild formen.[63] Saturn hingegen steht für die Normen und Gepflogenheiten einer Gesellschaft, die dann regulierend eingreifen, wenn der Wertekanon auseinanderdriftet (Rechtssystem). Er unterscheidet, ob Regeln eingehalten werden oder nicht. Auf der Ebene der psychischen Systeme entspricht dies der Funktion der Internalisierung von Verhaltensnormen, aufgrund derer wir in der Lage sind, in unsicheren Situationen klare Regeln zu formulieren.

In der Systemtheorie spricht man von einer Ausgangsunterscheidung System-Umwelt, da jedes System nur durch eine Grenzziehung der Reichweite eigener Operationen zum System wird oder sich durch diese Differenzierung (Unterscheidung) als System differenziert. Diese Ausgangsunterscheidung hat noch nichts mit Beobachten zu tun, sondern ist die Basis von allem anderen. Soziale und psychische Systeme können durch Unterscheidung von Sinn auch beobachten. Diese spezifische Operation bezeichnet entweder die eine oder andere Seite. Die Politik gehört zur Außenwelt der Justiz, kann aber Leitunterscheidungen aus ihr in das eigene System holen, ohne sich dabei in dem Moment selbst beobachten zu können. Ob etwa eine politisch motivierte Rechtsentscheidung selbst rechtens ist, kann in diesem Augenblick

---

[63] Neptun hingegen entspricht den religiösen Institutionen, die nach transzendenten Erfahrungen in Abgrenzung zu 'weltlich-profanen' Genüssen suchen und für das psychische System der Rückbindung an ‚höhere Werte', die schon immer ihre Gültigkeit besaßen und dann eingesetzt werden, wenn der Zeitgeist pervertiert wird.

der Entscheidung (Beobachtung 1. Ordnung) nicht operationalisiert werden. Nachträglich ist das aber etwa durch einen Revisionsprozess, der die erste Entscheidung beobachtet durchaus möglich (Beobachtung 2. Ordnung). Der Revisionsprozess wiederum ist im Augenblick dieser Entscheidung aber wiederum für sich eine Beobachtung 1. Ordnung.

Mit diesem ‚Re-entry' hat das Rechtssystem die Unterscheidung von Recht/Unrecht auf eigene, zeitlich zurückliegende Operationen noch einmal auf sich selbst angewandt. Eine ‚Einheit der Differenz' ist Resultat der Reflexion von Systemen, wenn diese sich selbst in Unterscheidung zur Umwelt als Ganzes beobachten (Beobachtung 1. Ordnung). Zur Beobachtung 2. Ordnung könnte es werden, wenn das System in der Lage ist, das Ergebnis der ersten Beobachtung zeitlich später noch einmal zu beobachten. Das Rechtssystem ist auf der Basis vergangener Entscheidungen in der Lage, eine Konkretisierung von künftigen Rechts/Unrechts-Unterscheidungen vorzunehmen und Tendenzen aufzuzeigen – oder es lässt es bleiben. Als ausdifferenziertes und vertrauenswürdiges Gesellschaftssystem ist es dadurch ausgezeichnet, dass die Entscheidung dafür allein ihm selbst obliegt. Und dass es sich nicht in Entscheidungsfunktionen anderer Systeme einmischt, wenn diese innerhalb der Gesetze selbst zur Lösung in der Lage sind.[64]

Verstehen, Erklären und Aus-Handeln

Das Schizophrene versinkt in demselben Wasser, in dem das Mystische mit Vergnügen schwimmt.

Joseph Campbell

Das Verstehen der Mitwelt erfolgt in erster Linie über die Erfüllung der direkten Bedürfnisse und dem damit einhergehenden Aushandeln von Werten.

---

[64] Beispiele wären Verbote rechtsextremer Parteien, EU-Konflikte, Verbraucherschutz, das Lebenshilfebewältigungsgesetz usw.

Dieses muss ich verstehen und erklären können. Denn das Ausleben der Ansprüche des Einen rüttelt grundsätzlich an den Tugenden des Anderen. Wirtschaftliches Handeln ist niemals abgekoppelt von Sozialpolitik. Es bedarf einer mitlaufenden Kommunikation. Wenn diese unterbrochen wird, wie in Zeiten von Krisen, entsteht ein Vakuum von Sinnnverlust, in dessen Folge irrationale Gefühle von Macht und Ohnmacht das Wertegefüge verändern. Als Garant von Wohlstand und Sicherheit haben Politik und Ökonomie ein gewisses Primat im Zusammenleben von Menschen. Doch müssen die damit verbundenen Fragen nach sozialer Gerechtigkeit und dem Erhalt der Ressourcen für zukünftige Generationen geklärt werden. In der industriellen Entwicklung gibt es einen Bedeutungsverlust traditioneller Berufs- und Leistungsorientierung. Neue Lern- und Erziehungsstile, veränderte Geschlechtsrollenbilder sowie eine verstärkte Umweltorientierung sind die Folge.[65] Es ist jedoch immer nur ein kleiner Teil, der sich für derartige Veränderungen aktiv einsetzt.

Dementsprechend muss der Rest motiviert werden, die mit den Aushandlungen verbundenen Motivationen zu verstehen und für sich in aktive Beteiligung umzusetzen. Dabei wird nicht erwartet, dass es zu einer grundlegenden Antwort beispielsweise auf die Diskrepanz zwischen Gewinngenerierung und Umweltschutz kommen kann. Wer sich jedoch mit den Zielen einer Organisation identifizieren kann, dem fällt es leichter, diese Differenz für sich zu schließen.[66] Dabei darf er seine Prinzipien nicht verleugnen. Identifikationsfiguren spielen auch hier eine große Rolle. So wie wir uns an den Eltern und Lehrern in der primären und sekundären Sozialisation orientieren, so sind weisungsbefugte Personen der Wirtschaft und Politik für uns in der Ausbildung von ‚erwachsenen' Werturteilen unersetzlich. Sie sind die Multiplikatoren und Distributoren, die stellvertretend für alle ein Weltbild in der Gesellschaft verankern, das den Werten der Zeit entspricht. Wer ihnen folgt, kann an ihrem ‚Er-Folg' teilnehmen. Wer außen vor bleibt, der wird auch nicht die ‚Tugenden' entwickeln können, die die ökonomisierte Gesellschaft antreiben.

---

65 H. Klages und P. Kmieciak, Wertwandel und gesellschaftlicher Wandel. Zur Sozialpsychologie alternativer Lebensformen, Frankfurt, 1979

66 Oliver Stengel, Suffizienz. Die Konsumgesellschaft in der ökologischen Krise, 2011

Während der Industrialisierung wurde es allgemein immer wichtiger, dass Arbeiter sich mit den Zielen ihrer Firma identifizieren konnten, auch wenn sie keinen direkten Einfluss auf die Firmenphilosophie mehr hatten. Es bleiben dieselben Fragen zu klären: Umgang mit Integration, die Einhaltung von Standards, die Verbesserung von Bildungsangeboten, die der veränderten Umwelt gerecht werden, die soziale Verteilung, sowie das Thema Sicherheit und der Nachhaltigkeit. Wo vorher der Feudalherr stand, vor dessen Übergriffen man sich zu schützen hatte, indem man zusammenhielt, waren es nun die Industriebarone, die dem ‚einfachen Mann' das Fürchten lehrten. Religion zur Bedürfniskontrolle war nicht mehr notwendig, da der Hebel der Konsumerfüllung ausreichte und Selbstversorgung nicht mehr nötig war (und damit auch kein zusätzlicher ‚religiöser Gruppen-Kitt').

Arbeiterbewegungen übernahmen die Aufgabe, zwischen den Zielen der Unternehmer und Arbeiter zu vermitteln. Der sogenannte Freudomarxismus spielte dabei die treibende, intellektuelle Rolle. Marx und Freud waren sich einig darin gewesen, dass das Individuum sich aus den Zwängen der Strukturen nur dann befreien kann, wenn es ein positives Verhältnis zu sich selbst gewinnt. Für Marx bestand die Lösung daraus, dass Arbeiter selbst die Verantwortung für ihre Produktion übernehmen. Freud sah damit gleichzeitig auch eine Notwendigkeit zur sexuellen Emanzipation. Heute wissen wir, dass beide zu viel erwarteten. Der Mensch ist weder in der Lage, die Herrschaftsverhältnisse zu beenden, noch die Gleichberechtigung zwischen Frau und Mann herzustellen. Die damit verbundenen Wertvorstellungen der sogenannten 68er Generation verblassen langsam vor dem neu heraufziehenden Zeitalter des alles kontrollierenden ‚Big Brother'.

In der 'Kritischen Theorie' von Horkheimer/Adorno wird betont, dass Dialektik immer eine negative sein muss, weil Vernunft eine Auslegungssache ist und Aussagen nicht davon unabhängig sind, wer sie trifft.[67] Es gibt immer zwei Seiten der Medaille und die andere Seite wird nur dann sichtbar, wenn wir uns den Konsequenzen stellen, die die Betrachtung der anderen Seite mit sich bringt. Dazu müssen wir sie negieren und in Frage stellen können. In einer Zeit, wo gleichzeitig verlangt wird, an seinem eigenen Mythos zu stricken, sich werbetechnisch bestmöglich zu verkaufen und gleichzeitig die

---

[67] Hügli/Lübcke, Philosophie im 20. Jahrhundert, 2002, S. 326, Kritische Theorie

Irrationalität von ‚spekulativen Weltbildern' in sich zu unterdrücken, entsteht bei jungen Menschen ein Identitätsproblem. Für welche der beiden Seiten sie sich entscheiden – sie werden sich nicht nachhaltig sicher sein können, solange ein gemeinsames Narrativ des ‚neuen Menschen' nicht gefunden ist. Die einen rufen nach den 'alten Werten' und preisen ihre Dogmen als ‚Schutztribute' an, während die anderen sich alles offen halten wollen. Dieses Dilemma wird durch den beidseitigen Anspruch auf Rationalität verstärkt. Doch diese Art ‚Aufklärung' wird, wenn man Adorno folgt, schnell zur selbstbewussten Vernunftherrschaft, in der die Befreiung als Akt ihrer selbst als ein Fortschritt begrüßt wird, ohne den ursprünglichen Bezug herzustellen. So wird sie selbst zu einem Dogma, deren Widersprüche sich im Diskurs nicht mehr schließen lassen.

Diese Dynamik, die auch in der hermeneutischen Tradition von Dilthey, Husserl, Gadamer, Ricoeur u.a. beschrieben ist, ist ein gutes Beispiel für die Grenzen einer astrologischen Beratung in Zeiten der Postmoderne.[68] Im Horoskop erscheint nach wie vor nicht ‚der Mensch', sondern die mögliche Differenz des vom Zeitgeist 'entworfenen' Individuums und seiner möglichen Abweichung von diesem Bild. Die Deutung ist ein Angebot an Veränderung, die mit dem Problem verbunden ist, bei Erfüllung als 'Abweichler' und Aufwiegler' verstanden zu werden. Der Berater muss klar machen: Das Horoskop legt uns nicht einseitig auf Handlungsschemen fest, sondern zeigt gleichzeitig Alternativen auf und deren Konsequenzen. Es gibt auch keine Hinweise auf Charaktermerkmale oder Krankheitsdispositionen, geschweige denn Neigungen wie Homosexualität oder Kriminalität. Dies sind alles rollenbedingte Klischees, die in gesellschaftlicher Dynamik wechselnde Umdeutung und Fremdbewertung erfahren und wenig mit der Erfahrung des Individuums selbst zu tun haben - Rollen einer Generation, in die ich geboren werde, und einer Zeitströmung, der ich mich nicht entziehen kann. Frauen haben sich beispielsweise stark emanzipiert und üben ganz andere gesellschaftliche Funktionen aus, als noch vor fünfzig Jahren.

Die Astrologie zeigt uns die Begrenztheit unserer Entscheidungsfähigkeit innerhalb der Rollen des Zeitgeists und die erschreckende 'Normalität' unseres

---

[68] In der Hermeneutik geht es um das Verstehen der von der menschlichen Handlung hervorgerufenen Widersprüchlichkeit und die Rückkehr an den Ausgangspunkt, an dem sich die Meinungen trennten.

Verhaltens, auch der Teile, die uns individuell vorkommen. Insofern kann die Astrologie nur eine kritische sein, deren Aussagen sich grundsätzlich hinterfragen lassen müssen. Es geht nicht um die Betonierung der Grenzen mit Vernunftgründen, sondern im Gegenteil um die Auflösung der Barrieren und Fallstricke des Denkens. Der Augenblick des Erkennens der Begrenzung der Wahrnehmung und Selbsttäuschung ist ein 'magischer Moment' im zwischenmenschlichen Dasein, er stellt die Weiche zwischen Freiheit und Abhängigkeit. Und diesen Moment gilt es auch innerhalb des Duktus zu bewahren, in den die Astrologie gerät, wenn sie sich der heutigen Wissenschaft nähert.

Ein neuer Generationenkonflikt kündigt sich an, da es keine Vollbeschäftigung mehr gibt und die Rentensysteme nicht mehr so funktionieren, wie sie geplant waren. Die feststellbaren Unterschiede der Einstellung manifestieren sich deshalb nicht so sehr zwischen Arm und Reich als zwischen Alt und Jung. Junge Repräsentanten des Wirtschaftssystems können sich zunehmend selbst nicht mehr mit den Zielvorstellungen ‚der Alten' identifizieren[69] (Stichwort Generation Praktikum, Flopgeneration, Digital Natives). So wird die Organisation der Gesellschaft zunehmend als aufoktroyiert empfunden, was sich durch das Aufkommen von Gegenbewegungen wie Attac, Occupy, Wikileaks, Podemos, Transition Town, Gemeinwohlökonomie, Tauschringen, Solawi u.v.a. bemerkbar macht. Es geht offensichtlich um ein neues ‚Weltbild', doch kann dies (noch) nicht formuliert werden. Denn der Kapitalismus nimmt nur ‚materiell relevantes' auf und gerade diesen reinen Geldbezug lehnen die neuen gesellschaftlichen Bewegungen ab. So finden ‚ihre Werte' keinen Eingang in die Medien und ernten Unverständnis bei denjenigen, die sich für ‚gute Bürger' halten. Diese Dynamik hat eine Vorgeschichte.

Der vielbeschworene Paradigmenwechsel hakte vor allem daran, dass die technischen Eliten selbst keine Vision hatten, wie sie den Spagat zwischen Gewinnerzielung und ökologischem Fußabdruck bewältigen wollten. Die Menschheit teilte sich wie von Geisterhand in zwei Gruppen – die hinter dem Stacheldrahtzaun, die Zugang zu den technischen Errungenschaften haben und diejenigen, die von den Resten leben mussten. Nur zweihundert Jahre zuvor lebten die Menschen mit den technisch beschlagenen Handwerkern

---

[69] Wobei diese ‚Alten' paradoxerweise selbst gerade der Hippiezeit entwachsen sind.

und Kaufleuten in einem Dorf und konnten sich direkt austauschen. Mit der Industrialisierung entstand an dem Punkt, wo der Diskussionsbedarf über die Form des weiteren Zusammenlebens am größten war, eine undurchdringbare Wand babylonischer Sprachverwirrung, die ein Zusammenleben unter gemeinsamen Werten schwierig erscheinen ließ. Jeder meinte, dass seine Vorstellungen die richtigen sein müssten. Die einen wollten die Erde retten, die anderen die freie Marktwirtschaft. Die einen meinten, dass Computer gefährlich seien, die anderen sahen in ‚Big Data' ein unverzichtbares Werkzeug für effiziente Organisation. Die einen wollten regionale Selbstbestimmung, die anderen eine Weltregierung. Doch die beste technische Versorgung nützt nichts, wenn man sich nicht verständigen kann. So wurde Englisch von der Wissenschaftssprache zur Universalsprache. Durch die maschinelle Übersetzungsmöglichkeit wurde direkte Kommunikation der ‚Spezialisten' wieder möglich.[70]

Künstliche Intelligenz wird auch den Menschen noch intelligenter machen. Nicht so sehr, weil er Zugang zu noch mehr Wissen bekommen wird, sondern weil er darüber nachdenken wird, was ihn als Menschen ausmacht und wie er sich von künstlichen Intelligenzen unterscheidet.[71] Die damit verbundene Sinnkrise wird ein Nachdenken anregen, wie wir Menschen miteinander und dem Planeten leben wollen. Krisen sind allgemein Chancen auf bessere und funktionierende Wertmodelle. Gleichzeitig ist es in Krisen aber auch besonders schwierig, dem anderen auf Augenhöhe zu begegnen und seine Bedürfnisse zu erkennen und zu respektieren. Astrologie versucht, die Gesellschaftsverhältnisse in einen größeren Zusammenhang zu stellen und persönlich variierende Perspektiven aufzuzeigen. Da sich Geschichte auf gewisse Weise wiederholt, lohnt ein Blick in vergangene Perioden, um sich selbst neu kennenzulernen. Das ‚späte Rom' kann uns heute beispielsweise erschreckend aber auch lehrreich nahe sein, wie auch die ‚Roaring Twenties'.

---

70 In der Zukunft wird es wohl darauf ankommen, dieses Englisch (und andere Fremdsprachen) gut sprechen zu können und nicht nur faul übersetzen zu lassen. Denn man will ja immer auch den Menschen hinter der Kommunikation erfahren.

71 Wenn Bots in den Medien Fehlinformationen verbreiten, ist es essentiell zu wissen, ob ich einem Menschen oder einer Maschine gegenüberstehe.

In den nächstes Kapitel werden zwei kurze Beispiele gegeben, wie Mundan-Astrologie arbeitet und mit welchen Perioden sie ‚rechnet'; einen allgemeinen und einen ‚einmaligen' Zyklus, die für die momentane Zeit eine Bedeutung haben. Ich will an ihnen darstellen, wie die Kenntnis des Umlaufs der Planeten, bzw. deren ‚Übersetzung durch die grammatische Wertematrix', unser Verständnis für die eigenen und die Überzeugungen anderer vertiefen kann und wie wir zu Voraussagen darüber kommen können, welche Wertvorstellungen in der Zukunft von Wichtigkeit werden könnten (auch wenn diese meist nur in einem persönlichen Rahmen der Deutung interessant sind).[72] Der Mensch hat das Bedürfnis, innerhalb der unterschiedlichen Wertbegriffe seiner Zeit Orientierung und einen persönlichen Wertmaßstab zu finden. Auch deshalb verfolgt er seit Beginn der Zivilisation astrologische Aufzeichnungen, deutet die Konstellationen und stellt sie in einen kontinuierlichen Diskurs.

Graphik 1 Der Tierkreis

Der Jupiter/Saturn-Zyklus

Jeder Tag hat einen Moment, der dem Teufel entzogen ist.

William Blake

---

[72] Man kann Voraussagen als ein ‚Spiel' ansehen, indem es um Verbesserung von Wertanalysen geht. Dazu gehört aber dann auch ein kritischer Umgang mit den eigenen Ansätzen und eine nüchterne Nachbearbeitung.

Die erste Konstellation, die ich stellvertretend für viele andere der Astrologie vorstellen will, ist der Zyklus der beiden Planeten Jupiter und Saturn,[73] der ca. 800 Jahre währt, und alle 200 Jahre ein neues Werteverständnis ‚hervorzubringen' scheint, je nachdem in welchem Element die Konjunktion der beiden Planeten zusammenfällt.[74] In fast jeder dieser 200-jährigen Phasen gibt es zusätzlich eine Konstellation mit dem Planeten Pluto im Zeichen Steinbock und dem Saturn im Zeichen Schützen (ca. 250 Jahre lang), die ein besonderes Ereignis zu markieren scheint. Die beiden Zyklen überschneiden sich so und spielen für die Interpretation des Werteverständnisses der jeweiligen Epoche eine große Rolle, indem sie eine allgemeine Ausrichtung nach dem Element vorgeben (Jupiter/Saturn) und ein Datum anzeigen, das mit der besagten Konstellation von Saturn und Pluto exakt zum vorhergesagten Datum eintritt und das Bild der jeweiligen Epoche prägt.[75]

Im Jahr 1267 entstanden die ersten Bauhütten und läuteten die Phase der Gotik ein. Katharer und Freimaurer wehrten sich gegen kirchlichen Dogmatismus und brachten damit die Inquisition auf den Plan, 1516 entwarf Luther die Grundzüge seiner Reformation und beschwor damit die Gegenreformation herauf. 1779 steht zwischen der amerikanischen Unabhängigkeitserklärung und der französischen Revolution als Wegmarke in die Moderne. Und 2014 erleben wir mit Jupiter und Saturn in Luftzeichen wieder ähnliche Denkverbote durch den Neoliberalismus und extreme Dualität der Denkmodelle wie 800 Jahre zuvor. 2014 ist ein Schlüsseljahr zwischen der vorangegangen Epoche der Industrialisierung (1800–2000) und dem beginnenden Informationszeitalter.[76] Der Kapitalismus, der in dem vom Element Erde geprägten Abschnitt von 1800–2000 für Sicherheit und funktionierende Wirtschaftsstrukturen gesorgt hat, kippt nun im vom Element Luft geprägten Abschnitt von 2000–2200 in ein Dogma um, das andere Denkweisen

---

73 http://kepler-institut.at/jupitersaturn.htm

74 Die Konjunktion bewegt sich im Trigon-Sprung in 10 Konjunktionen rückwärts für die 4 x 200 Jahre durch den Tierkreis (exakter 794,3 Jahre) im Jahr 1186 im Element Luft beginnend, dann zu Wasser, Feuer und Erde wechselnd, um im 20. Jahrhundert wieder im Element Luft zu landen.

75 siehe Alexandra Klinghammer, Astrologie Heute, Nr. 115

76 Die beiden Konstellationen kreuzen sich ca. alle 1200 Jahre, das letzte Mal um das Jahr 782, als mit Karl dem Großen das moderne Europa entstand und auch die Kulturen der Inder (Adi Shankara, Erfindung der Zahl 0) und Araber neue Wege gingen.

unterdrückt und wie die Inquisition in der Zeit der Bauhütten unversöhnlich erscheinende Gegensätze zeitigt.

Jede ‚Revolution' ruft ihre Gegenwerte auf den Plan. Im Zeichen Luft geht es um das ‚richtige' Denken und die Herrschaft über die 'Ideenwelt'. Was damals die katholische Kirche war ist heute der Kapitalismus. Das jeweilige Werteverständnis jeder Zeitepoche gründet sich auf der Dynamik der Spiegelung 'verkehrter Werte', die in übertriebener Weise ausgelebt pervertieren und das eigene Wertesystem nivellieren. Die notwendige Synthese der Antagonisten kann nur durch die praktischen Erfahrungen der damit verbundenen Ablösungsprozesse erfolgen, die die Sicht auf wesentliche Werte lenken, die in der ‚neuen Zeit' funktionieren können. Da wir meiner Meinung nach 2045 in das Zeitalter des Steinbocks treten,[77] werden diese Werte sehr stark von unserer Fähigkeit abhängen, uns in lokalen Strukturen zu organisieren, die vor allem das Bedürfnis des Menschen nach Geborgenheit erfüllen (Gegenzeichen Krebs). Für großartige Gedankengebilde ist dann weniger Platz, dafür umso mehr Raum für authentischen Kontakt unter allen Menschen auf der Welt.

Jahrhundert	Ju/Sat-Konj.	Thema Gegenthema	Wertesysteme	Pluto Steinb. Saturn Schütze
8.–10.	Feuer 769	Kosmopolitismus Scharia	Hayyan, Battani, As-Sufi, Yunus, Al Haittham, Al Biruni, Ishaq, Al Razi, Ruschd, Kindi, Albumasar, Ali ben Ragel (11.Jh.)	782 Arabische Blüte
10.–12.	Erde 1007	Landreform Investiturstreit	Salier, Staufer, morgenl. Schisma, Scholastik, Romanik, Kreuzzüge	1014 / 1043 Hochmittelalter
12.– 4.	Luft 1186	Bauhütten Inquisition	Geistigkeit, Ideen, Ideale, Stände, Orden, Frührenaissance, freier Handel, Gotik	1267 Minne
14.– 6.	Wasser 1365	Humanismus Gegenreformation	religiöse Gefühle, soziales Miteinander, Völker-Verbindung, medizin. Verständnis	1516 Renaissance
16.–18.	Feuer 1603	Gleichberechtigung Restauration	Revolution, Begeisterung, Antrieb, Forschung, Entdeckung, Lust auf Bildung	1779 Aufklärung

---

77 Siehe Andreas Bleeck, Was ist Mythos? – Astrologie 2.0, Synergia 2014

Jahr-hundert	Ju/Sat-Konj.	Thema Gegenthema	Wertesysteme	Pluto Steinb. Saturn Schütze
18.–20.	**Erde** 1802	Liberalismus Nationalismus	Wachstum, Erdung, Nachhaltigkeit, Sicherheit, Bodenständigkeit, Marx, Darwin	2014 Industrialisier.
20.–22.	**Luft** 1980	lokale Selbstbestimm. Neoliberalismus	Denkfreiheit, sex. Revolut, Methodenvielfalt, Kommunikationstechniken, Mitbestimmung	2014 Informations-zeitalter

Das **8.–10. Jahrhundert** bezeichnet die arabische Blüte. Die in Europa zwischenzeitlich verlorenen Schriften der Griechen werden übersetzt, eine umfangreiche Himmelsmechanik entwickelt, neue mathematische Berechnungsmethoden, ein komplexes Rechtssystem, Forschungen auf dem Gebiet der Chemie, Geographie, Musik und Philosophie. Das beherrschende Element ist das Feuer (erste Konjunktion von Jupiter und Saturn in diesem Element war schon 769). Man brannte gewissermaßen für Wissen und Kultur. Ausgehend von der Gründung der Stadt Bagdad im Jahr 762 entstanden überall in der arabischen Welt Zentren für Kunst, Kultur, Wissenschaft und Forschung. Die führende Stellung dieser Zeit ist noch heute an der arabischen Vorsilbe al- bei grundlegenden Fachbegriffen wie Algebra, Alchemie und Alkalien oder den Sternen- und Zahlennamen erkennbar. Auch die Astrologie spielt darin eine große Rolle und befruchtete mit Mondhäusern, arabischen Punkten und anderen Berechnungsmethoden auch ihre westliche Schwester.

Es folgen die dunklen Jahrhunderte der Kreuzzüge im 10. – 12. Jahrhundert. Die Errungenschaften des Islams erweckten natürlich Begehrlichkeiten in Europa. Unter dem Vorwand, das ‚heilige Land' zurückerobern zu wollen, brachte man das Wissen an sich und baute das ‚neue Europa' nach dem Vorbild der Antike, bereichert um arabische und indische Weisheit, wieder auf. Konjunktionen von Jupiter und Saturn fanden in Erdzeichen statt. Es ging um ein neues Bodenrecht; Klerus und Adel rangen im sogenannten Investiturstreit um die Oberhoheit über das Land. Gleichzeitig bildete sich der dritte Stand der unabhängigen Kaufleute und Handwerker heraus, der über die lokalen Strukturen bestimmte. Gregor VII. verbot dann Laieninvestitur, Priester-Ehe und Simonie, d.h. den Verkauf kirchlicher Ämter, Zeremonien oder Gegenstände, und setzte den Papst als obersten Herr der Christenheit ein. Das löste den sogenannten Investiturstreit aus (1075–1122), in dessen Zentrum die Frage stand, wer berechtigt wäre, Bischöfe oder Äbte in ihre Ämter einzusetzen. Der König war daran interessiert, diese nach der Leistung von Handgang, Treueid und Ring und Stab als Symbole ihrer geistlichen Autorität selbst ins Amt einzusetzen. Kirchenfürsten hinterließen aufgrund des Zölibats keine Nachkommen und so konnten die Landesherren kirchliche Ämter nach dem Ableben der Bischöfe erneut vergeben. Daraufhin kam es seitens Heinrich IV. zu einem Kirchenbann und Gregors Gang nach Canossa.

Das Hochmittelalter vom 12. – 14. Jahrhundert war die Blütezeit des Rittertums, des Lehnswesens und des Minnesangs. Die Bevölkerung begann begünstigt unter anderem durch landwirtschaftliche Fortschritte und die mittelalterliche Warmzeit zu wachsen, Handel und Gewerbe nahmen zu und zahlreiche Städte prosperierten. Es kam zu einer neuen kulturellen und wissenschaftlichen Entfaltung, wobei Bildung nun nicht länger ausschließlich dem Klerus vorbehalten war. Die Zeit wird vom so genannten Rosenkrieg zwischen England und Frankreich um die Vorherrschaft in Westeuropa dominiert. Das neue Element heißt Luft. Nach zwei Jahrhunderten ‚stickiger Erde' öffnet man sich an den Höfen für neue Denkweisen. Dante, Petrarca, Botticelli, Boccaccio und andere Meister der Frührenaissance geben einen Vorgeschmack auf die ‚Moderne'. Meister Eckhart, Franz von Assisi und viele andere wagen ein selbstständiges Denken. Eine neue Figur entsteht - der Höfling, wie er von Norbert Elias ausführlich beschrieben worden ist. Er ahmt Verhaltensweisen des Adels nach, ohne sich mit dem Habitus zu identifizieren und wählt aus, was ihm brauchbar erscheint. Die Kirche bangt um ihre gerade erst errungene Vorherrschaft und geht unerbittlich gegen alle Andersdenkenden vor. Katharer, Bogomilen, Waldenser, Husianer und andere Sekten werden verfolgt, wo sie sich den Lehren der Kirche wiedersetzen. Dazwischen entsteht die Bewegung der Bauhütten (exakt mit Saturn in Schütze und Pluto in Steinbock im Jahr 1267), die vor allem architektonisches Wissen sammelt, aber auch geheime Lehren des Ostens. Sie bauten die Kathedralen der Gotik und bildeten die Keimzelle dessen, was später als Freimaurerei den Durchbruch zur Demokratie in Amerika und Frankreich vorbereiten hilft.

Im 14. – 16. Jahrhundert lässt sich der Fortschritt, der durch das ‚neue Denken' erzeugt wurde, nicht mehr aufhalten. Doch erhält er zusätzlich ein ‚seelisches' Element. Mit Jupiter und Saturn in Wasserzeichen geht es neben aller Aufklärung und Humanismus immer auch um ‚echte Gefühle', ‚wahrhafte Berührung' und ‚wirkliche Spiritualität'. So entsteht in der Renaissance ein seltsames Nebeneinander von wissenschaftlich nüchternem Arbeiten und esoterischen Gedankenflügen – mit Michelangelo, da Vinci, Dürer, Shakespeare, Tizian, Nostradamus, Erasmus und anderen die wohl fruchtbarste Zeit der Menschheitsgeschichte seit der ‚Achsenzeit' um 500 v. Chr. Der Buchdruck veränderte das komplette Geistesleben, da das Wissen plötzlich einer breiten Gesellschaft zugänglich war. Es war eine Zeit, in der sich die Astrologie auf dem Höhepunkt ihres Wirkens befand. Der Eintritt von Saturn in das Zeichen Schütze fand mit Pluto in Steinbock im Jahr 1516 statt, ein Jahr bevor Martin Luther seine Thesen in Wittenberg anschlug, das Schlüsseldatum der Reformation, die Europa in ihren Grundfesten erschüttern sollte. Wyclif in England und Jan Hus in Tschechien predigten schon um 1400 eine ‚offene', menschennähere und undogmatischere Theologie, in deren Zentrum die soziale Gerechtigkeit stehen sollte. Reformation und Gegenreformation peitschten die Menschen schließlich durch einen Wertekanon, der die Gefühle auf beiden Seiten in Wallung brachte und im Dreißigjährigen Krieg gipfelte.

Ganz andere Werte spielten dann im 16.–18. Jahrhundert eine Rolle; das Element Feuer treibt die Revolutionen gegen die Macht von Kaisertum und Papst auf ihren Höhepunkt. Das Schlüsseljahr 1779 fällt in den Zeitraum der Vorbereitung der französischen Revolution und der amerikanischen Unabhängigkeitserklärung. Der Forscherdrang wächst, die 'neue Welt' in Amerika macht das Ausprobieren neuer Gesellschaftsformen möglich. Immer neue Länder werden entdeckt und ausgebeutet. Entsprechend wächst der Widerstand gegen Unterdrücker und die Sehnsucht nach Freiheit und Aufklärung bestimmt die Gesellschaft. Am besten ist die Begeisterung des Elementes Feuer in der Musik dieser Zeit aufspürbar. So hölzern der Barock auch auf uns heute wirken mag; der Faszination der Bach'schen Fugen, der Sonaten Mozarts, Händels Verspieltheit, Haydns Elegien, die Empfindsamkeit Telemanns und anderer, die die Goethes, Hölderlins und Schillers zu Höchstleistungen inspirierten, konnte sich niemand entziehen. Gegensätze und Spannungen wurden mit den neuen Tonarten Dur und Moll so ausgedrückt, so dass das Gegeneinander leidenschaftlicher Bewegtheit und aus dieser sich erhebend der Gewinn der höheren Einheit sichtbar wurde. Im Gegensatz zur chorischen und beruhigenden Polyphonie des Mittelalters hebt sich der instrumental begleitete Einzelgesang bis heute heraus. Allgemeines Kennzeichen des Barocks ist die Tendenz, die Grenzen zwischen den einzelnen Kunstgattungen, Architektur, Skulptur und Malerei, zu verwischen und nach Einheit strebende Formelemente der Renaissance zu übersteigern. In der Architektur werden schwingende, konkave und konvexe Formen, Kuppeln, Säulengruppen, Giebel und Fensterbekrönungen mit ornamentalem Schmuck kreiert, die den Eindruck von Kraft und Veränderung hervorrufen. Versailles, das Prunkschloss Ludwig XIV., wurde das Vorbild für eine Vielzahl von Schlossbauten und geometrisch gestalteter Garten- und Stadtanlagen.

In der Phase der Erdung im 18. – 20. Jahrhundert kommt es zur Industrialisierung. Der Wunsch nach Sicherheit und Nachhaltigkeit kann nur teilweise durch Überproduktion befriedigt werden; heftige Auseinandersetzungen um die Aufteilung der Ressourcen der Erde sind die Folge, weil viele Menschen und Völker übervorteilt werden oder sich benachteiligt fühlen. Das zugehörige Element ist nach der Zeit der Kreuzzüge wieder die Erde. Es geht um Stabilität, Absicherung und Grenzziehung. Die ‚neue' Moderne beginnt quasi in ihrer konservativsten Ausbildung von Nationalismus und Merkantilismus. Gleichzeitig wird aber auch die Grundlage für das demokratische Rechtssystem gelegt, in dem die Rolle der Justiz und der Legislative klar abgegrenzt ist. Große Konzerne können sich allerdings darüber hinwegsetzen und eine eigene Gerichtsbarkeit installieren, die das errungene Mitbestimmungsrecht der Arbeiterschaft stark schrumpfen lässt. Das Wirtschaftssystem stabilisiert sich durch das Prinzip der ‚unsichtbaren Hand'. Indem jeder für sich den größten Vorteil sucht und das für ihn günstigste Produkt, bleiben die Preise stabil und die Produktionskosten niedrig. Die resultierenden Umweltzerstörungen sind teilweise verheerend. Staaten praktizieren das sogenannte ‚Deficite spending', um die Wirtschaft in Krisenzeiten anzukurbeln. Durch den Zinshebel können die Zentralbanken den Geldfluss regeln. Beide Instrumente versagen dann Anfang des 21. Jahrhunderts in der großen Wirtschaftskrise, als die Zinsen dauerhaft auf null gehen und Staaten unrettbar verschuldet sind.

Die mit diesen Epochen verbundenen Begriffe und Bilder drücken immer auch bestimmte Wertvorstellungen aus, mit denen wir mehr oder weniger konform gehen. Auch ich habe natürlich eine bestimmte Sichtweise, die das Geschehen selektiert. Andere würden abweichende Schwerpunkte setzen. Unstrittig ist wohl, dass um die Jahrtausendwende und speziell in den Jahren

2008 – 2017 eine Wende erfolgte. Ray Kurzweil prognostizierte bereits 1998, dass sich eine neue Form der Intelligenz noch vor Ablauf des zweiten Jahrzehnts herausbilden würde, da die Rechenkapazität der Computer die Leistung des menschlichen Gehirns übersteigen würde. Er sah eine Spirale aus Zeit und Chaos, die an einem bestimmten Punkt um das Jahr 2020 zusammenläuft und eine andere Form von Intelligenz hervorbringt.[78]

Da die Ordnung in einem evolutionären Prozess exponentiell wächst und die Zeit sich ebenfalls beschleunigt, wachsen die Erträge (die Zeit in einem geschlossenen Universum läuft währenddessen durch die Entropie immer langsamer ab). Rechenleistung ist ein Maßstab für diese Ordnung und tatsächlich können vernetzte Quantencomputer schon heute unter Aushebelung des Moor'schen Gesetzes Rechenleistungen vollbringen, die erst zwanzig Jahre später vorgesehen waren. Gleichzeitig verändert sich aber auch menschliche Intelligenz durch die weltweite Vernetzung aller Menschen durch das Internet. Da dieses Buch in diesen Jahren geschrieben wurde ist es schwer zu sagen, was das Symbol sein wird, das die Nachwelt an den entsprechenden Wertewandel erinnert. Vielleicht wird es noch geboren werden, vielleicht wird es aber auch aus den zahlreichen Bemühungen der '68er Generation' herausgefiltert, den Demonstrationen von Occupy, den Enthüllungen von Wikileaks, der BGE-Bewegung oder auch den Geschehnissen um den arabischen Frühling.

Das Element der nächsten 200 Jahre ist die **Luft.** Sie möchte jenseits von Denkschranken und festgezurrten Strukturen wirken. Wie in der Zeit der Minne werden die freien Künste einen Aufschwung erleben und der direkte und offene Kontakt unter den Menschen wird wichtig sein. Dies alles unter dem Banner einer ‚Weltordnung', die ihre eigenen Gesetzmäßigkeiten aufstellen wird und genaue Vorgaben für Verhaltensanpassungen macht. Zwischen beiden Reichen wird es kaum Berührung geben und so ist dieser starke Dualismus des Geistes, der im Element Luft und im Symbol der Schwerter im Tarot angedeutet ist, nur durch Gemeinschaften in kleinen Räumen aufzulösen, die sich als Gleichgesinnte zusammenschließen. Wir werden ein Gesicht für die Maschinerie und eines für den Nächsten haben müssen. Die über allem stehende ‚Norm' wird ihre Abweichungen im ‚dark net'

---

78 Ray Kurzweil, Die Intelligenz der Evolution, KiWi, S. 64

und anderen virtuellen Welten finden.[79] Man kann auch sagen: Wir haben das Selberdenken in den letzten 800 Jahren Stück für Stück an das ‚System' abgegeben und sollten noch einmal ideologiefrei von vorne anfangen, uns darüber klarzuwerden, wie wir so zusammenleben können, dass die Ressourcen des Planeten auch kommenden Generationen zur Verfügung stehen.

Chiron/Uranus und die 68er Revolution

Wir sind verantwortlich für das, was wir tun, aber auch für das, was wir nicht tun

Voltaire

Um das Jahr 2024 werden alle äußeren Planeten in ein anderes Zeichen wechseln und das ‚neue Zeitalter' manifestieren. Neptun wird eine neue Reise im Zeichen Widder beginnen, Pluto in das Revolutionszeichen Wassermann treten und Uranus uns als technischer Überflieger in den Zwillingen endgültig eine virtuelle Realität bescheren, die unsere Vorstellungen radikal verändern wird. Wir können uns nur wenige Jahre davor kaum vorstellen, was das für uns alle bedeutet. Doch es gibt ein paar Anhaltspunkte, was die Denkweise derjenigen betrifft, die dann die Entscheidungen zu treffen haben. Es sind die Babyboomer und Kriegsenkel, die in den Jahren einer besonderen Konstellation geboren wurden.[80]

Jedes Planetenpaar bildet seinen eigenen Zyklus. Ein für die Zeit der Industrialisierung interessanter ist derjenige von Chiron und Uranus, der von 1899 bis 2042 dauert und als eine Besonderheit eine dreißigjährige Opposition ausbildete (Quadrate 1942 und 1997).[81] In der Zeit der Opposition zwi-

---

79 Das Verdrängte erscheint nach Freud in Ersatzhandlungen, deren Logik sich nicht so einfach erschließt.

80 siehe auch Andreas Bleeck, Astrologie ohne Dogma, Astronova 2013 und Astrologie Heute Nr. 147

81 Bedingt durch die extreme Elipsenbahn Chirons.

schen 1953 und 1985 sind die meisten der heute verantwortlichen Politiker, Unternehmer, Juristen usw. geboren und sie werden in Rückkopplung mit der ‚Industrie 4.0' die Weichen für das weitere Schicksal des Planeten stellen. Es ist deshalb interessant, ihren persönlichen Werdegang genauer anzuschauen und die Horoskope auf das Quadrat von Uranus und Chiron im Jahr 1997 hin zu deuten, in dem ein Paradigmenwechsel vollzogen wurde, der bisher nur wenigen Menschen in seiner Tragweite bewusst geworden ist.

Die dazu gehörigen Attribute der ‚Sozialen Archetypen' sind Freizügigkeit (Uranus) und Respekt (Chiron). Von der studentischen Mitbestimmung über die Gleichberechtigung der Frau und der sexuellen Befreiung, über die Umwelt- Tierschutz- und Menschenrechtsbewegungen und die grünen Parteien, bis zu den neuen integralen, systemischen und therapeutischen Methoden von Palo Alto, Esalen, der Frankfurter und Chicagoer Schulen werden neue Wertemodelle definiert und beeinflussen ab da Politik und Gesellschaft. Naturheilkunde, Yoga, Meditation, Lichtarbeiter, Kampfsportarten, Qui Gong, Tai Chi, Zen sorgten für eine ‚Bewusstseinserweiterung' genauso wie Drogen und Kommunen.[82] Systemtheorie, Poststrukturalismus und kritische Theorie lieferten passende Denkansätze für die Postmoderne. Jugendkulte wie Grufties, Punker, Hippies, Raver, Popper, Techno-Freaks, Hip-Hopper, Rapper, Straightedger wurden zu festen Bestandteilen der Identitätsfindung der Jugend. Die Integration von Randgruppen in einer multikulturellen Welt ist die Herausforderung der Zukunft; Sozialarbeit als Kultur schaffende Instanz wird zur Schnittstelle für die Selbstorganisation des Kulturbetriebes.

Gleichzeitig vollzog sich vor allem in der Wirtschaft ein neuer Konservatismus, eingeleitet durch Frau Thatcher in England und den ‚Raegonomics' in den USA, die ganz im Zeichen des ‚neuen Pragmatismus' standen. Parallelwelten von erzkonservativen Richtungen der Wirtschaftseliten entstanden in den Industrieländern, die auf ebenso reaktionär konservative Kreise in Ländern stießen, die sich dem ‚Segen des Kapitalismus' entziehen wollten und von denen manche zu terroristischen Mitteln griffen. Ulrich Beck spricht von der ‚Risikogesellschaft', die ihr Selbstverständnis auf die Abwehr von

---

82 Spiritualität und Esoterik ist ihrer Definition nach nach Einheit strebend und genau deshalb politischen Kräften, linken wie rechten verdächtig, weil diese nach nüchternen Differenzen suchen, die Vorteil versprechen.

Terrorismus, Umweltkatastrophen und Hungersnöten baut. Die in ‚Denkfabriken' geborenen modernen Methoden des sozialen Managements, der statistikbasierten Produktionsoptimierung, der Beachtung von Soft Skills und das zielgruppenorientierte Public Relations wurden Dogmen verhüllt im Gewand der ‚Mitmenschlichkeit' und ‚Vollbeschäftigung'. Konzerne sicherten sich die Rechte an Patenten über Lebewesen und Pflanzen, angeblich um die Welt vor dem ‚Hungertod zu retten'. ‚Big Data' und ‚Big Money' gehen eine Allianz ein, die quasi zum übernationalen Gesetz wurde. So viele Menschen wie nie zuvor auf dem Planeten wurden aus ihrer Heimat vertrieben oder wanderten mangels Chancen aus. Staatenlose Flüchtlinge leben seitdem in ‚Hotspots'; wer Glück hat, schafft es über einen der wachsenden Slums der Schwellenländer hinaus.

Die Opposition von Chiron und Uranus von 1953–1985 hatte ihren Vorläufer in der Konjunktion von 1899 und dem Quadrat von 1942. Beide Daten stehen für revolutionäre Entdeckungen, die die Welt verändern sollten. Auf dem physikalischen Gebiet wurde um die Jahrhundertwende die Relativitätstheorie von Einstein entwickelt, die zum Bau der Atombombe im 2. Weltkrieg führte. In der Geschichte der Psychologie markiert die Jahrhundertwende von 1900 den Beginn der Psychoanalyse durch Jung, Freud und Adler; aber auch die Gestalttheorie, die Phänomenologie, die analytische Philosophie und die Art Nouveau entstanden in diesen Jahren.[83] Die Bewegungen der Lebensreform und des Jugendstils weisen den Weg in die Zeit der 68er mit ihrem Ideal der Naturnähe und dem Wunsch nach Natürlichkeit. Im 2. Weltkrieg (mit dem Quadrat von 1942) wurden vor allem durch die Chicagoer und die Wiener Schule eine neue kybernetische und eine systemische Denkweise etabliert, die die Errungenschaften der 68er vorbereiten halfen. Existentialismus, symbolischer Interaktionismus, logischer Empirismus und der 'Linguistic Turn' führten die Sozialwissenschaften überdeckt von den Schrecken des zweiten Weltkrieg in ein neues Verständnis der Beschreibung von gesellschaftlichen Zusammenhängen.

Das letzte Quadrat im abnehmenden Zyklus war 1997, als im Zuge der Asienkrise neue Bedingungen auf den Märkten geschaffen wurden. Neue

---

83 Um 1900 wurden auch viele der 'Mentoren' der 68er Zeit geboren wie Wilhelm Reich, Fritz Pearls, Theodor W. Adorno oder Herbert Marcuse, deren frühere Schriften erst in dieser Zeit für die meisten entdeckt wurden.

Bewegungen wie Attac, das Weltsozialforum, die Piraten und Occupy gründen sich und schaffen ein Gegengewicht zu den von Konzernen gesteuerten Verlagen und Stiftungen.[84] Anschließend an den Roman Neuromancer von William Gibson (1984, Ende Chiron/Uranus Opposition) entstand eine Philosophie des Transhumanismus, spekulativen Realismus und eliminativen Materialismus, der mentale und seelische Vorgänge als Wirkungen von physikalischen und grundsätzlich mathematisch erklärbaren Phänomenen sieht. Anfang des 21. Jahrhunderts kommt es zu interessanten Neuinterpretationen von Tegmark, Bostrom, Ligotti, Nick Land, Meillassoux, usw. Albrechts Überlegungen zu einer Kosmologie mit veränderlicher Lichtgeschwindigkeit und das ‚Boltzmann-Brain' fallen ebenfalls in diese Zeit. Metzinger denkt über eine ‚Roboterethik' nach. Philosophische Überlegungen, die nahezu unbeachtet von der Öffentlichkeit stattfanden – aber sich schon früh der Frage des Einflusses der Robotik und der Virtual Reality auf das soziale Leben widmeten.[85] Im welchem Verhältnis steht der Mensch zu der von ihm geschaffenen künstlichen Intelligenz und was passiert, wenn sich diese nicht mehr von der Menschlichen unterscheiden lässt? Muss die Frage der Willensfreiheit dann neu gestellt werden? Welche Auswirkung hat dies auf das Denken selbst?

Hinter den Polaritäten steht oft der Wunsch nach Vereinbarung der Gegensätze und daraus entstehen neue Wertemodelle und praktische Ansätze für das Leben als Mensch in einer geistigen Realität, die er nicht einfach so verlassen kann, um nach der 'wahren Welt' zu schauen. Philosophen sind besonders unverdächtig, Folger eine Lobby zu sein und deshalb traut man ihnen am ehesten eine 'wertfreie' Betrachtung der Wissenschaft zu. Solange die entsprechenden Diskussionen aber nicht den Mainstream erreichen, bleiben sie allerdings meist folgenlos. Die lange Dauer der Opposition von Uranus und Chiron hat eine Phase der Menschheit begleitet, in der abstrakte Ideen mit Ausdauer ausdiskutiert wurden und die über die Sozialwissenschaft auch technische Fächer prägten. Zum Quadrat von 1997 blieben nur noch wenige

---

84 Es gibt also im Zyklus von Chiron und Uranus einen direkten Weg von der Lebensreform (Konjunktion) über die Chicagoer und Frankfurter Schule (Quadrat) zur studentischen Revolution (Opposition) und zum abnehmenden Quadrat des Weltsozialformus.

85 Eine Art Superintelligenz ist zumindest vorstellbar, die jede unserer Handlungen erkennt und bewertet und das, was wir bisher als spontane Meinung glauben, gekannt zu haben, vollkommen verändert.

konkrete Ansätze übrig, die sich als brauchbar erwiesen. Auf Lehrstühlen der ganzen Welt wurden linke Professoren ausgetauscht. Die Industrie finanzierte zunehmend Forschungsprojekte, die sich im medizinischen Rahmen umsetzen ließen. In der Industrie 4.0 gehen Biogenetik, Robotersteuerung, chemisches ‚Inhancing' und Mikromaschinenbau fließend ineinander über. Das Ziel wird absehbar. Die Uranus/Chiron Phase wird mit der Konjunktion im Jahr 2042 im Zeichen Löwe dann abgeschlossen werden und eine neue Phase der technisch-sozialen Reflexion beginnt.[86]

Die 68er Revolution lässt sich in vier Phasen aufteilen, die der Bedeutung der Zeichenbesetzung der Opposition entspricht:

50er Jahre: Chiron/Uranus in Wassermann/Löwe

Neue Leitbilder: Individualität durch Wohlstand, Aufbau neuer Idole, Ablehnung von alten Autoritäten, Rockabilly, Beatniks

Konservative Werte: McCarthy, Antikommunismus, Treue zu Führern (Stalin, Mao, Castro, Idi Amin…), Überwinden des ‚inneren Schweinhundes'.

60er Jahre: Chiron/Uranus in Fische/Jungfrau

Neue Leitbilder: kritische Theorie, Marcuse, Fromm, Systemtheorie, Familienaufstellen, Psychedelik, Mystik, Neohinduismus, Zen, alternative Heilmethoden, Rock n' Role

Konservative Werte: intellektueller Konservatismus, Spieltheorie, Libertinismus (Ayn Rand), offene Gesellschaft (Popper, Positivismusstreit), Behaviorismus (Krankheiten und Systemfehler sind 'reparierbar')

~70 – 77: Chiron/Uranus in Widder/Waage

Neue Leitbilder: Aktionsgruppen, Friedensbewegungen, Greenpeace, WWF, Amnesty International, Die Grünen

---

[86] Der Löwe ist der Schatten des dann auslaufenden Wassermannzeitalters und seine Abgründe der ‚falschen Führer' können dann aufgeaarbeitet werden.

Konservative Werte: kalter Krieg, Institutionentheorie, Eiserne Hand des Staates, Tokiorunde des GATT

~77 – 85: Chiron/Uranus in Stier/Skorpion[87]

Neue Leitbilder: Naturheilkunde, Esoterik, Astrologie, Antiatombewegung, Gay Pride, Gay Games (Antwort auf Aids), New Wave, Gothic, Punk, Reggae, NDW

Konservative Werte: Thatcherismus, Reaganomics, Neukeynesianismus, Neoliberalismus

Es prallten Welten aufeinander, wie sie verschiedener nicht sein konnten. Anschaulich wird, was wir später als Prinzip der Planetenmatrix sehen werden: Die Werte des Einen stoßen auf ein unerfülltes Bedürfnis beim Anderen. Der Wunsch des 'Hippies' nach unbegrenzter Freiheit wiedersprach der bürgerlichen Besitzordnung. Und umgekehrt ist das Bedürfnis nach globaler Datenkontrolle der heutigen neoliberalen Grundordnung, die sich aus diesen Jahrzehnten heraus gebildet hat, unvereinbar mit dem Wunsch nach Privatsphäre, der bis in die 90er Jahre hinein das bestimmende Thema war. [88]araus kann man schließen: Die Aufgabe der nächsten Jahrzehnte wird sein, zwischen diesen Polen zu vermitteln und einen Weg zu finden, der globale Steuerung mit lokaler Selbstbestimmung vereint und eine funktionierende Weltgesellschaft etabliert, die dem einzelnen Menschen im Privaten genug Freiraum zur individuellen Gestaltung lässt. Der Computer hat die Medien und das, was wir unter Journalismus verstehen, vollkommen verändert.

Der Druck in der Arbeitswelt wächst, die 'Errungenschaften' der 68er gehen im Mangel an Zeit für Mitmenschlichkeit verloren. Die Frau ist zwar emanzipiert, wird aber nach wie vor schlechter bezahlt und sieht sich nunmehr häufig einer Dreifachbelastung von Job, Kindern und Pflege der Eltern ausgesetzt. Studenten haben theoretisch das Recht der Mitgestaltung ihrer

---

87 Die Opposition war hier nicht mehr exakt.

88 Eine Vielzahl von Menschen weigerte sich bei Datenerhebungen, irgendwelche Angaben über sich zu machen. Nur 30 Jahre später erkennen Computer nicht nur das Kaufverhalten derselben Menschen im Voraus.

Hochschulen, die Verschulung des Studiums macht allerdings Freiräume sehr klein. Homosexualität ist nicht länger ein Verbrechen; öffentlich geduldet wird es dennoch kaum, in nur wenigen Jobs ist ein 'Outing' sinnvoll. Öffentliche Gebäude sind weitestgehend behindertengerecht ausgebaut, doch kommt das Thema Integration und Inklusion in den Köpfen der Menschen nur langsam an. Es liegt an jedem einzelnen Menschen, die Widersprüche dieser Welt im Inneren auszuhalten und bei einem lebbaren Wertekanon zu bleiben, ohne sich von den Auswüchsen des Extremismus anstecken zu lassen.

Die Denkweise des Neoliberalismus übernimmt die führende Rolle und beseitigt in kürzester Zeit alles, was von nationalistischer Ökonomie und protektionistischer Haltung noch übrig ist. Denkverbote ähnlich denen aus der Zeit der Inquisition erfolgen (deren Macht sich durch die Katastrophe der Pest festigte); man kann nur schwer über die Macht der Konzerne sprechen, ohne als rückschrittlich oder reaktionär eingestuft zu werden. Viele Politiker können den Gaben der Industrie nicht wiederstehen. Die 'bürgerliche Mitte' ist das Maß aller Dinge, ohne dass es einen genauen Schnitt zu ihren Rändern gäbe. Die Angst vor Terrorismus und Katastrophen vereint diese bürgerliche Mitte in allen Ländern der Welt und schafft Realitäten der weltweiten Datenkontrolle, der sich kein Mensch entziehen kann. Überwachungssysteme werden vorbeugend eingesetzt, um jede Art von 'Abweichung' im Frühstadium zu erkennen. Es braucht im systemischen Sinne aber den 'Protestler', um einen kritischen Gegenpol aufrecht zu erhalten, der Fehlfunktionen zu minimieren hilft.[89] Die schwer durchschaubaren Strukturen politischer Eliten rufen immer nach Erklärung; wo Informationen länger im Verborgenen bleiben, entstehen Mythen. Verschwörungstheorien erzeugen Redundanzen, die 'offizielle' Erklärungsmuster unterlaufen und das produzierte Halbwissen noch weiter verwirren.[90]

---

89 2010 wurde 'The Protester' (zu Deutsch Wutbürger) von der Times zum ersten Mal zur 'Person' des Jahres gewählt.

90 Aus der Gegenwehr gegen die Inquisition und Heidenausrottung sind die Artussagen entstanden, die Geschichten um den heiligen Gral und dem mysteriösen 'Blut der Merowinger', die ‚göttliche Komödie' von Dante und das Dekamerone von Boccaccio

Der Gegensatz der 'neuen Welt' ist der von weltweitem Freihandel und regionaler Selbstbestimmung. Zwischen diesen beiden Wertepolen müssen individuelle Einigungen gefunden werden und Menschen vor der Ausbeutung überregional operierender Unternehmen beschützt werden. Die Neoliberalisierung ist eine Herausforderung an die Demokratie, da sie die gerade erst mühsam aufgebauten Institutionen der nationalen Parlamente und Rechtsprechung umgeht. Sie entsteht nicht aus einem 'bösartigen Charakter' von Konzernen, sondern aus der Abgestumpftheit des Menschen aus der Konsumwelt und der Überforderung mit neuen Medien und unlösbaren Sicherheitsfragen. In dieser Auseinandersetzung kann der Mensch aber auch zu einem selbstbestimmten und wissenden Individuum heranwachsen, das die Güter der Erde nachhaltig und gleichberechtigt verwaltet. Nie stand ihm so viel Information zur Verfügung, nie gab es vielfältigere Lösungsansätze. Doch genau diese Vielfalt kann auch zu einem Hindernis in der Krisenbewältigung werden. Zu viele Theorien konkurrieren um die 'richtige Zukunftsprojektion' und so entsteht an vielen Stellen Handlungslähmung, so dass die hinter den Handlungen stehenden Werte relativiert werden.[91]

Viele der neuen Wertvorstellungen richten sich auf den Schutz der globalen Ressourcen. Aber was ist wirklich ökologisch sinnvoll? Welche Wirtschaftsform schafft Nachhaltigkeit? Was unterstützt die Kreisläufe der Natur am besten? Auf diese Fragen gibt es noch keine abschließenden Antworten; man weiß nicht, wie sich das Klima verändern wird, wieweit die Meeresspiegel ansteigen werden, wie die Natur auf den schwindenden Regenwald und die Ausdehnung der Wüsten reagiert. Man beobachtet, wie sich Volkspopulationen unter den veränderten Bedingungen verhalten, welche die nachhaltigsten Energiequellen sind und welche Wirtschaftsform für alle die beste ist. 2001 begann das Weltsozialforum als eine Gegenveranstaltung zu den Gipfeln der Welthandelsorganisation (WTO), dem Davoser Weltwirtschaftsforum und den jährlichen Weltwirtschaftsgipfeln der Regierungschefs der G8- und G20-Staaten Alternativen zu schaffen. In der Folge entwickelten sich Attac, Occupy und andere Bewegungen zu weltweit tätigen Bewegungen, die den

---

91 Für die Astrologie allerdings eignen sich Verschwörungstheorien weniger, da sie selbst schon eine extrem hohe Redundanz und Beliebigkeit ihrer Aussagen hat und die Deutung leicht ideologisch diffus wird. Die Stärke der Astrologie liegt in der situationsbedingten und persönlichen Deutung eines konkreten Ereignisses.

Wertekanon der 68er im Blick behaltend auf die neue transhumanistische Welt anwenden versuchen.[92]

Lösungen

Die geschilderten Kämpfe in der Phase von Chiron und Uranus überlappen sich mit der Phase der Luftzeichen des Jupiter/Saturn-Zyklus (siehe Kapitel zuvor). Eine neue Inquisition wie in den Jahren von 1200–1400 droht, weil die Betonung des Denkens diese Art Dualismus im Außen bedingt.[93] Immer wieder wird es zu verhärteten Fronten kommen, immer wieder werden die Bedürfnisse der Gegenseite verletzt werden und die eigenen Werte übersteigert.[94] Nach astrologischem Denken hat das Element Luft eine Ambivalenz in sich, die sich selbst verstärkend zu extremen Polarisierungen führen kann. Dualität gibt es in der Welt nicht, sondern immer nur im Denken des Menschen und die Heilung davon liegt allein in einem persönlichen, ausgeglichenen Weg.

Wie dem auch sei: Auch diese Auseinandersetzungen sind in ein ‚größeres Ganzes' eingebettet. Diese kennen aber kein Mensch und kein Astrologe. Die publizierten Modelle für die Zukunft füllen wahrscheinlich eine kleine Bibliothek. Der beste Algorithmus, der daraus eine Vorausschau treffen würde, würde trotzdem zu 99 % daneben landen. Bedürfnisse und Werte müssen weiter ausgehandelt, und in der konkreten Situation durch Politik, Religion, Wissenschaft und Philosophie im Denken begleitet, umgesetzt werden. Meiner Meinung nach wird ein neues Kulturbewusstsein identitätsstiftend wirken können, das die Unterschiedlichkeit der 12 Regionen

---

92 Der Transhumanismus beschäftigt sich mit den Folgen einer 'Superintelligenz' auf menschliche Gesellschaft.

93 Die Bauhütten entstanden im 13. Jahrhundert als Gegenentwurf zur Kirche und in Konkurrenz zu ihrer politischen Ideologie. Spiritualität kann aber nie politisch sein, sie verwässert und wird zu postfaktischer Beliebigkeit.

94 Auch in anderen Kulturen bringt die 'neue Welt' Werte alte Kräfte auf den Plan, so wie die Gründung von Al-Quaida, den Taliban und der IS, die allesamt starke Anzeichen des Wahhabiterismus zeigen, einer extrem traditionalistischen Strömung aus dem 18. Jahrhundert, die wiederum auf das mittelalter zurückgeht.

der Erde berücksichtigt und eigenständige Organisationsformen zulässt, die den lokalen wirtschaftlichen und religiösen Gegebenheiten entsprechen.[95]

Ein neuer Gesellschaftsvertrag, der allen Menschen ein bedingungsloses Grundeinkommen garantiert und lokale Selbstorganisation fördert, damit die Menschen wieder einen Sinn in ihrem Tun entdecken können, würde neue Kräfte für ein Miteinander freisetzen.[96] Die Betrachtung der Opposition von Chiron und Uranus hilft bei der Aufarbeitung der Geschehnisse des ‚blinden‘ 20. Jahrhunderts. In dem Aufeinandertreffen der beiden Planeten aktivierten sich Analogien ihrer Mythen. Kritisches Denken traf auf freies Experimentieren und Ausagieren, traditionelle Wissenschaft auf unregulierten Geistesblitz, penibles Erbsenzählen auf unbändigen Freiheitsdrang. Die in den Jahrgängen von 1953 und 1986 geborene Generation der ‚Kriegsenkel‘ stand unter einem permanenten Spannungszustand, in dem zwischenmenschliche Handlungen verfremdet wurden und eine Identitätsleere entstand, die zu der großen Kapitalismuskrise Anfang des 3. Jahrtausends führte. Ihre Chimären finden sich in der Mythologie Chirons wieder:

- Chiron wird anstelle von Prometheus (Uranus) an den Felsen gebunden, da dieser nicht in der Lage ist, seine Fehlhandlung einzusehen, den Menschen das Feuer gegeben zu haben. Übertreibung ist ein Zeichen dafür, dass etwas zu kurz kam. Unreflektierter Konsum, Drogenmissbrauch usw. sind Kompensationen für unerfüllte Leidenschaften. So fühlt man sich wie gefesselt, während man für das Fehlverhalten anderer büßt – ohne dieses klar vom eigenen Verhalten abgrenzen zu können.
- Chiron wurde von seiner Mutter bei seiner Geburt verstoßen, weil er von einem fremden Mann und hässlich war. Fehlende Trauermöglichkeiten erzeugen Traumata. In der Leere entsteht eine Wut auf die Welt, die zu irrationalen Handlungsweisen verleitet. Trotz seiner Weisheit und seiner heilerischen Kräfte konnte Chiron diese Wunde nie mit seiner Mutter aufarbeiten.
- Chiron wird verletzt, weil Herkules die Zentauren erst anstachelt, ein Weinfass zu öffnen, um sie dann mit vergifteten Pfeilen von weiterem

---

95 Siehe Andreas Bleeck, Die letzte Freiheit – Mundan-Astrologie, Band I

96 Wir wissen nicht, wie die Zukunft über uns urteilen wird. Möglicherweise werden ganz andere Werte und Ereignisse als entscheidend erkannt werden.

abzuhalten.[97] Unaufgeräumtheit trifft häufig Unschuldige. Wer notwendige Handlungen aufschiebt, lässt oft andere (Schwächere) für die Folgen büßen.

Das Anhören der Bedürfnisse und das Ernstnehmen des Anliegens des Gegenübers ist der Beginn eines Heilungsprozesses, der sich weiter entwickeln und zu anderen, achtsameren Kommunikationsarten führen kann. In der Vereinbarung über gemeinsame Werte stecken die Lösung von allen ideologisch geführten Auseinandersetzungen und die Beseitigung von unüberwindbaren Gegensätzen in Wissenschaft, Religion, Politik und Philosophie. Wir sind Menschen mit einem ähnlichen Nervensystem und ähnlichen Bedürfnissen. Spiegelneurone erlauben uns, den anderen auch in den heftigsten ideologischen Auseinandersetzungen als unsergleichen zu erkennen und da, wo sich Gemeinsamkeiten an Wertvorstellungen entdecken lassen, entsteht auch die Möglichkeit von empathischem Zusammenleben. Dazu müssen wir aber bereit sein, uns in der ‚Realität' des Menschseins zu begegnen und die Traumatas der Geschichte erkennen, die uns im Anderen eine Bedrohung erblicken lassen.

Astrologie ist seit jeher eine Technik, festgefahrene Überzeugungsmuster in das Bewusstsein zu bringen und den Wert des eigenen Daseins aus einer anderen Perspektive zu reflektieren – und sich nicht selbst von Dogmen und überholten Weltanschauungen vereinnahmen zu lassen. Auch der Astrologe kann nicht über die 'gängigen' Wertesysteme der Sprache hinausgehen und muss in der Logik der gegebenen, politischen, religiösen und wissenschaftlichen Verhältnisse argumentieren. Das darin liegende Erkenntnispotenzial beinhaltet die Lösung selbst – allerdings selten so, wie wir sie gerne einmal gehabt hätten. In jeder Auseinandersetzung liegt die Chance, sich selbst neu kennenzulernen und einer anderen Narration den Vorzug zu geben. Das Abstreifen ‚verbrauchter Ideologien' ist ein Akt der Selbstüberwindung, der immer auch die Gefahr des Selbstverrats enthält. Deshalb sollte man niemals

---

97 Siehe auch: Karin Hepperle, Meridian 1 / 2017, S. 51

einen Menschen zu einer Erkenntnis drängen. Man kann als systemischer Berater und Narrationsanalytiker nur Angebote machen.[98]

Voraussetzung ist, dass die Wertvorstellungen geäußert werden und überhaupt bewusst im Sinne eines Wissensstandes sind, der es erlaubt, mitzureden. Auch im letzten ‚Luftabschnitt' von 1200–1400 war es zu einer explosiven Steigerung des Wissens im Zusammenhang mit den Kreuzzügen und der mitgebrachten Weisheiten des Orients gekommen. Doch die 'einfachen' Leute, die gar nicht so einfach waren, wie wir uns das gemeinhin für das Mittelalter vorstellen, hatten nur wenig Möglichkeiten des Zugangs zu diesem Wissen, da der Buchdruck noch nicht erfunden war und die Kirche die neu erworbenen Schätze sorgsam hütete und nur Auserwählten zugänglich machte. Der Volksmund wusste allerdings sehr genau über die Zusammenhänge Bescheid, wie es den Schriften der Mystiker, der Katharer, Waldenser und Freimaurer zu entnehmen war. Auch wenn vieles davon in den Bereich des Mythos fiel, konnte es als Alternative zur 'offiziellen Version' der Kirche eine ‚andere Identität' bewahren helfen.

Konflikte sind immer auch Hilfen bei der Selbstfindung und wertvoll, wo sie konstruktive Lösungen aufzeigen, bzw. Allianzen stiften, die vorher nicht möglich gewesen waren. Wir müssen uns die Welt dialektisch in Gegensätze teilen, um sie als Gemeinsamkeiten wieder zusammenzusetzen; Gemeinsamkeiten mit den Menschen, mit denen wir persönlich gerne mehr Umgang hätten. Dies fängt bei der Partner- und Berufswahl an, geht über die diversen Vereine und Gruppen, in denen wir tätig sind bis zur Gründung einer eigenen Familie, in der wir unsere speziellen Wertevorstellungen weitergeben und kultivieren können. Nirgendwo sind wir frei von Auseinandersetzungen um emotional besetzte Anschauungen über das Richtig und Falsch in der Welt. Astrologie ist eine Hilfe, die damit verbundenen Prozesse zu verstehen und den eigenen Werdegang nachvollziehen zu können. Die mit den Planetendeutungen ‚aufpoppenden' Wertmodelle sind niemals absolut, sondern immer nur im gegenseitigen Verhältnis und situationsbedingt zu verstehen.

---

98 Das Kernthema unserer Zeit ist vielleicht, dass die Menschen mit der Aufklärung groß wurden und ihre Fragen zu den ‚großen Ereignissen' der Weltpolitik (Terrorismus, Überwachung, Pharmazie, Kernkraft, Managergehälter) ihrem Gefühl nach nicht befriedigend beantwortet werden oder sogar als ‚Stänkerei' ausgelegt werden und sie sich fragen, warum sie ‚aufgeklärt' worden sind.

Es ist eine spezielle Kommunikation, die dort greift, wo sich verhärtete Strukturen auflösen und neue Werte ins Bewusstsein kommen können.

Chiron und Uranus in Opposition heißt Auseinandersetzung über die Effizienz der ‚freien Strukturen'. Der Neoliberalismus ist der Höhepunkt des Kapitalismus und des Wachstumsparadigmas. Die Mechanismen laufen von selbst ab, eine Steuerung von außen ist unmöglich. Deshalb wirkt die Politik so hilflos. Es ist trotzdem möglich, sich innerlich auf andere Visionen einzustimmen und für sich neue Ziele definieren. Chiron hilft der Kriegsenkelgeneration, die diese Zeit führt, klar zu denken und sich nicht manipulieren lassen, Wissen zu sammeln und die Welt zu verstehen. Uranus ermöglicht, seine Freiheit zu bewahren, sich nicht begrenzen zu lassen und an die offene Gesellschaft zu glauben. Mit der Kultivierung dieser beiden Fähigkeiten lassen sich Phasen der Machtzentrierung und des Schwarz/Weiß-Denkens überstehen und immer wieder neu im Kleinen (Chiron) anzufangen, individuelle Konzepte einer Postwachstumsgesellschaft (Uranus) zu entwerfen.[99] Mit feinen Abstufungen zwischen den sozialpsychologischen Polen von links und rechts, oben (reich) und unten (arm), sowie beliebt und unbeliebt.[100]

Begabungsmodell

Aspirin gab's nicht, da hab ich dir Zigaretten mitgebracht

Homer Simpson

Soziales Miteinander organisiert sich über Wertvorstellungen und die Einigung über Ansichten in den verschiedenen Bereichen der Gesellschaft, wobei jeder Mensch andere Begabungen mitbringt. Es bestehen nach wie

---

99 Die Konjunktion von Jupiter, Saturn und Pluto 2020 wird einen entsprechenden Weg aufzeigen.

100 Welche den Parallelzeichenregenten entsprechen wie in Band I der Astrologischen Soziologie gezeigt.

vor die gesellschaftlichen Erwartungen, die an die alten Traditionen der bäuerlichen Gesellschaft und Jahrtausende alte, religiöse Vorschriften angelehnt sind. Berüchtigt ist das protestantische Arbeitsethos des selbstlosen, genügsamen Arbeiters, wie ihn Max Weber beschrieben hat, der zum Vorbild der kapitalistischen Organisation der modernen Welt wurde. Dieser Arbeiter war allerdings noch in den Schutz der Großfamilie eingebettet. Heute kann man sich selbst bei geleisteten vierzig Jahren Arbeit nicht sicher sein, ohne Zusatzabsicherung eine adäquate Rente oder eine Grundversorgung zu erhalten. Menschen im Stress und in der Sinnlosigkeit ihres Tuns verlieren das Bewusstsein für Werte und handeln irrational; nicht nur an den Finanzmärkten und im bürokratischen Dschungel, sondern auch in vielen herkömmlichen Arbeitsbereichen. Doch letztendlich kann der Mensch nur Zweck und Ziel seiner eigenen Tätigkeit bleiben und so wird er zu einem achtsameren Miteinander zurückfinden.

Die Bedürfnisse weisen uns auf die Notwendigkeit allgemeiner Regeln hin, die wir dann gewissermaßen im Außen 'wiederfinden'. Wir selbst sind uns im Kantianischen Sinne immer der beste 'Lehrer', d.h. unsere persönlichen Wertmaßstäbe führen uns untrüglich zu einer allgemeinen Werteordnung. Die Voraussetzung dafür ist, dass wir unsere eigenen Bedürfnisse kennen und formulieren lernen. Das ist der eigentliche Sinn von Erziehung neben der Förderung spezieller Stärken. Der Mensch richtet seine Begabungen auf die Systeme aus, in denen er sich Erfolgschancen ausrechnet. Von der Familie über die Arbeit und die Beziehung bis hin zu diversen Vereinen und Freundeskreisen entwickelt er Wertmaßstäbe angelehnt an seine eigenen Vorzüge. Wenn ich gerne Sport mache, bin ich Anhänger von Fitnesswerten, wenn ich lieber meditiere, dann stehen transzendente Qualitäten auf meiner Agenda, und wenn ich gerne ein Bier trinken gehe, werde ich wahrscheinlich Tugenden des Zusammenhalts und des schlichten Miteinanders betonen. Familienmenschen stehen für Loyalität und richten ihr Aufmerksamkeit auf die Erziehung von Kindern und den Erhalt des Familienerbes. Arbeitsmenschen hingen achten auf Disziplin und begrüßen Wettbewerb. Jeder trainiert seine Fähigkeiten in dem Bereich, der für ihn von Wichtigkeit ist.

Es gibt keinen ‚allgemeinen Wertekanon' eines Kollektivs, sondern nur auf die Betätigung zugeschnittene Leitbilder.[101] Schwierigkeiten entstehen vor allem dadurch, dass Prioritäten falsch gesetzt wurden oder fremde Wertmaßstäbe nicht zu erfüllen sind. Grundsätzlich gibt es zwei Arten von Wertesystemen, ein äußerliches, auf das Überleben der Gesellschaft ausgerichtetes, und ein innerliches auf das Wohlergehen der näheren Umgebung abzielendes. Im Horoskop finden sich die dazugehörigen ‚Institutionen' in Form der beiden oberen und unteren Quadranten wieder.

In Quadrant IV stehen die Arbeit und der Erhalt der Gemeinschaft an oberster Stelle. Es gilt das Motto, dass jeder für sich selbst sorgen können sollte und darüber hinaus noch etwas für diejenigen etwas dazu erwirtschaften, die dies nicht können. An zweiter Stelle steht in **Quadrant III** die Beziehung zwischen Frau und Mann und die Entwicklung emotionaler Intelligenz. Sie wird durch den Staat und die Religion in der Erwartung stabiler Keimzellen gefördert. Nach der Frage, welche Arbeit man hat, ist die nächste häufig nach dem Partner, weil sie die Möglichkeit gesellschaftlicher Anknüpfungspunkte abschätzt. An dritter Stelle kommen dann im **Quadrant II** die familiären Werte, der Respekt vor den Eltern, die Fürsorge für die Kinder und verwandtschaftliche Bande. Und ganz zuletzt sind in **Quadrant I** die Gesundheitsfürsorge und das Bewusstsein für den eigenen Körper durch die Teilnahme an einschlägigen Netzwerken und Freundeskreisen möglich.

---

101 Auch die 10 Gebote zeigen schon die unterschiedliche Gewichtung von ‚Sektoren' an, in denen ein Wert Bedeutung hat. Ein Soldat kann sehr wohl töten, ein ‚Gehörnter' Ehebrechen (wer hat angefangen?), ein Banker rauben, ein Religiöser die (ungläubigen) Eltern verlassen usw.

Die Zuordnung der Werte zu den vier Quadranten hat merkwürdigerweise eine Übereinstimmung mit leistungsorientierten Modellen der Forschung über Hochbegabung (außer dass der Bereich der Beziehung und Umgang mit Kindern dort meiner Meinung nach nicht genügend gewürdigt ist). Ich möchte stellvertretend für andere Modelle, die ähnlich im Aufbau sind, dasjenige von Françoys Gagné vorstellen. Hochbegabung ist eine der am besten erforschten, menschlichen Konzeptionen. Es hat sich beispielsweise gezeigt, dass Hochbegabte nachweislich eine höhere Aufmerksamkeit für Werte haben, als Normalbegabte. Je komplexer das Denken, desto komplexer ist auch die jeweilige ethische Auffassung, und deshalb stellen Hochbegabte so etwas wie ein optimales ‚Musterbeispiel' für Wertorientierung dar.[102]

Das gesamte Konzept der Hochbegabung (und das der Intelligenz) wird allerdings genauso wie Modellvorstellungen über Emotionen immer wieder in Frage gestellt, da es nur die Folge loser gesellschaftlicher Klassifizierungen zu sein scheint.[103] Seine 'Normalverteilung' erscheint innerhalb verschiedener Gesellschaftsgruppen ähnlich; d.h. es gibt unter Hauptschülern prozentual genauso viele Hochbegabte, wie unter Gymnasiasten. Es ist auch gezeigt worden, dass fast jede berufliche Stufe mit einem normalen IQ erreicht werden kann. Es geht um eine spezielle Förderung, die die individuelle Begabung erfasst und den Schüler in einen Kontext einbindet, der ihn fordert und ihm wohltut.[104] Das Konzept der Hochbegabung erfasst zunächst allgemeine kognitive Eigenschaften, die durch verschiedene Faktoren variiert werden. Diese Faktoren sind den Quadranten der Astrologie, wie gesagt, nicht unähnlich.[105] Gagné unterscheidet zweimal zwei Bereiche von ‚intrapersonalen

---

102 Wobei auch diese ‚Optimalwerte' von Kultur zu Kultur variieren: Inder und Ost-Asiaten erzählen beispielsweise eher Geschichten, die das Gesehene in einen größeren Zusammenhang stellen, als es zu analysieren

103 Es wird kritisiert, dass kulturell eine unterschiedliche Vertrautheit mit dem Instrument des 'Gemessenwerdens' besteht, dass die Ausstattung mit kulturspezifischen Entwicklungskontexten (Lego, Playmobil Stabilbaukasten etc.) eine Rolle spielt, und dass es unterschiedliche kulturelle Kognitionsstile gibt. Außerdem sind die geometrischen Figuren der Tests nicht 'universell', sondern durch die Erziehung geprägt.

104 Corinna Schütz, Leistungsbezogenes Denken hochbegabter Jugendlicher

105 Françoys Gagné, A Differentiated Model of Giftedness and Talent (DMGT)

Katalysatoren' (unterteilt in Motivation und Persönlichkeit) und ‚Ökopsychologischen Katalysatoren'.[106]

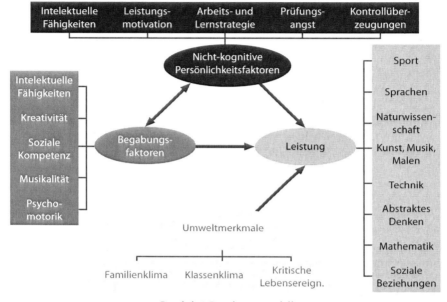

Graphik 2 Begabungsmodell

In **Quadrant I** finden wir so unterschiedliche Konzepte wie Psychomotrik, Kreativität, Soziale Kompetenz und Musikalität, die allesamt eindeutig zu ‚bemessen' sind, da die **‚sozialen Netzwerke'** gewissermaßen den Prototyp des gesellschaftlichen Vergleichs darstellen. Gemeinsam ist ihnen die Betonung auf dem Ausgleich von sozialen und speziellen Begabungen. Man lernt, Miteinander anstatt gegeneinander zu agieren, was für den späteren Lebensweg sehr wichtig ist. Im Sport, in der Clique, im Freundeskreis, in diversen Selbsterfahrungs- und Weiterbildungsgruppen und im gemeinsamen Musizieren entsteht so etwas, wie ein ‚höherer Geist', der die Unterschiedlichkeit der Teilnehmer minimiert und den Selbstwert jedes Einzelnen damit

---

106 Kreativität ist hier im Unterschied zu anderen Modellen keine Voraussetzung, sondern ein Bestandteil, der zu den Begabungsfaktoren gehört und zusammen mit anderen psychomotorischen und sensomotorischen Fähigkeiten dem I. Quadranten des Horoskops entspricht.

hebt. Begabungen können gezielt gefördert werden; es ist gewissermaßen ‚für jeden etwas dabei'. Der Heranwachsende erwirbt sich eine erste Kompetenz in diesen Gruppierungen.

Haus 1/Widder steht für unsere männlichen Anteile, Haus 2/Stier für die weiblichen und Haus 3/Zwilling für die ‚androgynen' und intellektuellen Talente. Wenn wir diesen drei verschiedenen Anteilen nicht gleichermaßen Raum zur Entfaltung geben, dann entziehen wir uns auch auf Dauer die Möglichkeit, andere in ihrer Eigenheit zu erkennen und damit von ihnen zu lernen. Der Erwerbs einer Begabung in diesem Feld beruht auch darauf, in sich die unterschiedlichen geschlechtlichen Anteile zu integrieren und sich sowohl in seinen männlichen, als auch in seinen weibliche Eigenschaften wohlzufühlen. Die eigenen Bedürfnisse können hier leicht in Widerstreit mit den Erwartungen der Umwelt geraten. Wo Einzelne sich über Gebühr herausheben und anfangen, die anderen zu tyrannisieren, entsteht Unmut. Anders als in der Familie können soziale Netzwerke abweichende Verhaltensweisen nur bedingt auffangen. Und so wird man sehr schnell zum Außenseiter, wenn man in seinen Begabungen nicht von den anderen wahrgenommen wird. Es geht also vor allem um Gegenseitigkeit und Integration.

Beratung:[107] Methoden der Körperpsychotherapie helfen bei der Visualisierung der auslösenden Situationen und die Qualität der Kontakte auch nonverbal fühlbar zu machen. Die Darstellung der verschiedenen körperlichen und geistigen Schemata, die unserem Handeln zugrunde liegen, hilft subtile Formen der Selbstsabotage aufzuzeigen und Druck wegzunehmen. Soziales

---

107 Die Betonung der Quadranten im Horoskop gibt einen ersten Hinweis auf Begabungen und Fördermöglichkeiten.

Miteinander entsteht am besten in einem dem Körper positiv zugewandten Umfeld von Vereinen, Freundeskreisen oder Selbsthilfegruppen, in dem Verhaltensnormen aus Beruf und Alltag nicht so eine große Rolle spielen. Entsprechende Begabungen und Ressourcen können durch das Horoskop sichtbar gemacht werden. Mars steht für die Bereiche körperlicher Auseinandersetzung und Wettbewerb, Venus für ein sinnliches Miteinander und Merkur für Weiterbildung und spielerischen Selbstausdruck. Anhand der konstruktiven Analyse psychomotorischer, musikalischer oder sozio-kultureller Begabungen gilt es, die weiteren Schritte des Klienten praktisch zu begleiten und ein besseres Verständnis seiner Netzwerke zu gewinnen. Neue Potenziale und Interessengebiete können so aufgezeigt werden.

Quadrant II - In der Familie sind wir in ein System von Mitgliedern eingebunden, die zusammen ein Ganzes ergeben. Wir erlernen Traditionen unserer Kultur und lernen konstruktive und funktionierende Rituale zu entwickeln, die das Familiensystem stabilisieren. Und wir entwickeln das Vertrauen, uns auf andere zu verlassen und in kritischen Lebensphasen gegenseitig zu unterstützen. Das Familiensystem bringt sich bei 'Abweichungen' von Einzelnen immer wieder ins Gleichgewicht; ob zum Guten oder Schlechten. Daraus entstehen im Einzelnen die Fähigkeit zur Regulation von Emotionen und das Einschätzen von Grenzen beim Anderen. Man versucht, sich im Verbund mit Eltern von Kindern in ähnlichem Alter zu organisieren und darum herum weitere Bezugspersonen wie Großeltern und Betreuer zu organisieren. Ähnliches gilt auch für die Schulbildung und spätere familienähnliche Gruppierungen wie etwa religiöse oder kommunale Vereinigungen.

Die Werte in derartigen Gebilden bleiben zum Großteil dieselben wie früher, doch müssen die neuen Bildungsziele mit den Traditionen abgeglichen werden. Tugenden wie Zusammengehörigkeit, Fürsorge und Mitgefühl stehen auch in der Postmoderne in der Familie im Vordergrund und werden dort vermittelt. Wo Kinder darauf dressiert werden, ein funktionierendes Mitglied der Arbeitswelt von morgen zu sein, werden elementare Bedürfnisse vernachlässigt. Zu derartige ‚Umweltmerkmale' gehören nicht nur die Familie, sondern auch die Schule, soziale Programme und Aktivitäten der Kommunen. Im Familienverbund ist es möglich, starke Abweichungen zu integrieren und Kinder und Alte als gleichwertige Mitglieder zu behandeln.

Wo es gelingt, traditionelle Werte an die sich verändernden Bedingungen anzupassen und in einen neuen Kanon zu bringen, festigt sich die Identität der Kinder und ihre sozialen Fähigkeiten. Das Smartphone ist nicht nur ein technischer Apparat, sondern ein Ausdruck sozialer Kommunikation, der das Gefühl der Zusammenhörigkeit verstärkt. Störungen im Familiensystem behindern die Entwicklung der sozialen Fähigkeiten. Dies hat auch Auswirkungen auf die anderen Bereiche der Intelligenz.

Beratung: Diesem Bereich zugeordnet sind die systemischen Ansätze, wie Aufstellungsarbeit und Familienbrett (auch als Horoskopaufstellung möglich). Sie helfen, die innere Ordnung eines derartigen Systems sichtbar zu machen und die eigene Position aus der Sicht der anderen zu begreifen. Es können Schwächen und Potentiale im Familiensystem aufgezeigt werden und die Position jedes Einzelnen und seine Aufgaben verdeutlicht werden. Oft gibt es ein Geheimnis, aufgrund dessen jemand ausgegrenzt wird. Der Mond deutet im Horoskop auf unsere fürsorglichen Anteile, die Sonne auf unsere Rolle als Leitbild. Mit ihrer Hilfe entwickeln wir uns als Autorität für andere und können so die Beziehung zu unseren Eltern besser verstehen. Chiron oder der Erdpunkt (Jungfrau) steht für den Mentor des Familiensystems und den nüchternen Berater.

Quadrant III - Wir haben zwar seit der sexuellen Revolution die freie Wahl für unseren **Partner** des Herzens, doch ist das Drumherum meist wenig geeignet, diese freie Partnerschaft optimal zu unterstützen. Die Herkunftsfamilien sind sich fremd und bleiben dies oft auch. Da die meisten

Beziehungen nur Lebensabschnitte betreffen, rechnet niemand mit einer dauerhaften Liaison. Bei Konflikten sind die Partner meist auf sich allein gestellt und die hohen Wertmaßstäbe der Offenheit und Gleichwertigkeit können nur schwer realisiert werden. Auf der anderen Seite heiraten Akademiker zunehmend untereinander und nicht mehr wie früher in sozial schwächere Schichten hinein. Dadurch wächst die Undurchlässigkeit der Klassen und es bieten sich weniger Entfaltungsmöglichkeiten. Dieser Umstand wird durch zunehmende Heiraten zwischen verschiedenen Kulturkreisen noch verstärkt. Eine Partnerschaft zu leben bedeutet hohe Verantwortung und Bereitschaft für Veränderung. Dann ist persönliche Entwicklung mehr als in irgendeinem anderen Bereich möglich. Der jeweilige Lebensabschnittspartner ist der Spiegel und erster Verstärker unserer Begabungen.

Der III. Quadrant, der für die ‚Institution der Beziehung' steht, ist bei Gagné ein Sammelsurium von 'systematisch erworbenen Fähigkeiten'. Diese Trennung finde ich nicht ganz glücklich, da diese Fähigkeiten sich auch auf die anderen drei Gruppen aufteilen ließen. Stattdessen würde ich einen eigenen Sektor der ‚Beziehungsintelligenz' vorschlagen. Zweierbeziehungen erfordern eine ganz eigene Form von Begabungen, beispielsweise den achtsamen Umgang miteinander, aktives Zuhören, die Fähigkeit Ausgleich zu schaffen und alles, was der Erziehung von Kindern zu tun hat.[108] Die Fähigkeit zur Triangulierung und zum tieferen Verstehen des Anderen entwickelt sich aus der produktiven Zweierbeziehung, wo sich Stärken und Schwächen des Einzelnen ausgleichen und eine Einheit in der Trinität Vater, Mutter, Kind entsteht, in der eine eigene Form von Intelligenz wächst, die auf ein gleichwertiges Miteinander zielt.[109]

---

108 Bedeutung der Quadranten ausführlich in Andreas Bleeck, Zeitvorstellungen und Identität – Die astrologischen Entwicklungsstufen des Menschen, Astronova, 2015

109 Anstatt der Kinder kann es natürlich auch ein gemeinsames Projekt sein oder ein Arbeitsfeld, dass man sich teilt.

Beratung: Es geht es um einen neuen Blick auf die Möglichkeiten der Selbstreflexion innerhalb der Beziehung. Mithilfe von Synastrie, Combin und Komposit können Partnervergleiche angestellt und Berührungspunkte der Beziehung ausfindig gemacht werden. Ein gemeinsames Werteverständnis unter dem grundsätzlichen Motto von Respekt und Gleichberechtigung ist die Basis für gute Partnerschaft. In Beratungen ist die Frage nach dem existierenden oder potentiellen Partner die am häufigsten gestellte, weil dieser Bereich das höchste Entwicklungspotential erhält und am meisten unsere Gefühle und Absichten anspricht. Mit einer guten Partnerschaft fällt auch sonst vieles leichter im Leben. Anhand von Kriseninterventionen können maladaptive Muster der Partnerschaft aufgezeigt werden und konkrete Hilfestellungen bei der Bewältigung des Alltags gegeben werden. Lilith und Pluto deuten auf den Ausgangs- und Endpunkt im Horoskop hin, wo sozusagen die ‚innere' Geschichte regelmäßig beginnt und in psychischen Abgründen und Trennungsschmerzen endet. Mit Jupiter begreifen wir, dass jede Beziehung auch einem ‚höheren Zweck' dient und eine Gemeinschaft braucht, in der sie aufgefangen werden kann. Fehlen diese ‚höheren Werte' und optimistischen Begleiter, ist es sehr schwer, dauerhaft gemeinsame Vorstellungen zu etablieren.

Quadrant IV steht für die **arbeitsteilige Gesellschaft**; in Haus X durch Routinearbeiten, in Haus XI durch Verwirklichung von Kreativität und in Haus XII durch Gemeinsinn. Spezialbegabungen drücken sich nicht nur durch ihre technische Fertigkeit aus, sondern auch durch ein damit einhergehendes Bewusstsein für kooperatives Miteinander in verschiedene Gruppen einzubringen.[110] Der vierte Quadrant stimmt mit den Faktoren von Gagné aus dem oberen Bereich überein. Leistungsmotivation, Lernstrategien und Kontrollüberzeugungen entsprechen den Planeten Saturn und Uranus, dazu kommt noch die Fähigkeit zu Gemeinschaftsbildungsprozessen und Sensibilität im zwischenmenschlichen Bereich von Gruppen durch Neptun. Es geht darum, ungenutzte Ressourcen zu erkennen und in dem Bereich zu verwirklichen, in dem man glaubt, für sich die besten Chancen zu haben. Ein

---

110 Es wurde auch schon häufig gezeigt, dass es keine allein ‘mathematische' oder ‘sprachliche' Intelligenz gibt (außer Sonderbegabungen von autistischen Ausprägungen). Ein Mensch, der sich gut ausdrücken kann, hat für gewöhnlich auch eine naturwissenschaftliche Begabung. Unterschiede in den Geschlechtern sind offensichtlich gesellschaftlich bedingt, sie verfälschen deshalb auch regelmäßig die Ergebnisse.

hoher IQ allein reicht nicht als Voraussetzung für einen guten Job, es braucht auch Teamfähigkeit und eine Identifikation mit der Tätigkeit. Es macht wenig Sinn, Begabungen, Talente und Fähigkeiten von der sozial gegebenen Situation zu trennen, da die IQ-Tests eindeutig zeigen, dass Intelligenz weder allein genetisch vererbt ist, noch durch einen bestimmten Erziehungsstil übermittelt wird. Intelligenz oder Begabung ist vielmehr ein Zusammenspiel der unterschiedlichen Faktoren, die sich in einer selbst gewählten Rolle in einer intakten Gesellschaft zeigen.

Wenn diese Gesellschaft nicht mehr funktioniert, kommen die Begabungen des Einzelnen auch nicht mehr zur Geltung. Der Solidaritätspakt ist heute durch die Auswüchse des Kapitalismus bedroht, da immer mehr Menschen an ihre Grenzen gebracht und aussortiert werden. Höhergestellte hingegen nehmen sich ungezügelt, was sie wollen. Der soziale Zusammenhalt schwindet und wird auch nicht mehr durch intakte Beziehungen gestützt. Ein Arbeitsloser oder Aufstocker wird nicht mit seiner Partnerin zusammenziehen, wenn diese ihr sauer erworbenes Geld für ihn aufbringen muss. Der Anreiz, in 'normale Verhältnisse' zurückzukehren, sinkt mit den fehlenden Chancen am Arbeitsmarkt, die 'modernen Werte' innovativer Projektarbeit und spezieller Begabungsförderung konterkarrieren sich selbst. So sind es wieder ‚Sekundärtugenden', die Erfolg versprechen. Fleiß, Ausdauer, Engagement, Identifikation mit der Sache und Zuverlässigkeit helfen in Angestelltenverhältnissen, dann doch spezielle Aufgabenbereiche zu erhalten, in denen man zum unabhängigen Experten werden kann.

Beratung: Im **IV. Quadranten** geht es um die Hervorhebung von Qualitäten einzelner Planeten, die dem beruflichen Fortkommen besonders dienlich sind. Hier eignen sich Personare, die eine Art 'Geburtshoroskop' jedes Planeten sind, oder Harmonics, die Arbeitsrhythmen (verschlüsselt durch Zahlen) anzeigen und Begabungen und Motivationspotentiale sichtbar machen. Der

Planet Saturn steht für die Anpassung an Normen und Hierarchien und einen guten Ordnungssinn. Uranus zeigt uns das Feld an, wo wir uns am ehesten selbstverwirklichen und selbstständig machen können. Und Neptun deutet uns den Weg in die Gemeinschaft, die ja das Ziel jeder Arbeit ist. Der gemeinsamen Annäherung an Ziele und Werte, in der eine Gesellschaft leben will.

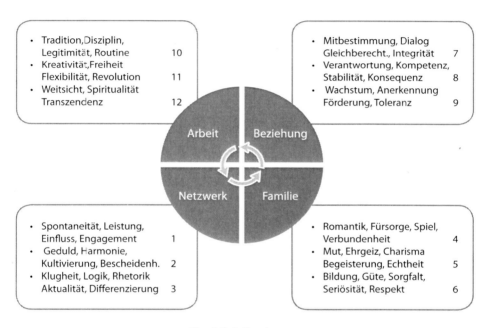

Graphik 3 Quadranten

Hier noch einmal die speziellen Werte, die in jeder der 12 Rollen gefragt ist und aus der sich eine spezifische Intelligenz entwickeln kann:

Zeichen	Position		Werte
Widder Mars	Männliches Ideal Wettkampf, Verbesserung	1	Entschlossenheit, Einfluss, Ehrgeiz, Direktheit
Stier Venus	Weibliches Ideal Miteinander, Selbsthilfe, Genuss	2	Sinnlichkeit, Geduld, Charme, Ästhetik, Kultivierung

99

Zeichen	Position	Werte
Zwilling Merkur 3	geistige Anteile Lernen, Ausbildung, Teilen	Differenzierung, Geschick, Neugier, Aktualität, Intuition
Krebs Mond 4	seelisch nahe stehende Personen Versorger, Hüter	Mitgefühl, Fürsorge, Romantik, Unschuld, Hoffnung
Löwe Sonne 5	Zentrale, autoritäre Figuren des Familiensystems	Echtheit, Redlichkeit, Präsenz, Stil, Begeisterung, Charisma
Jungfrau Chiron 6	Mentor des Familiensystems, Unterstützer der Schwachen	Effizienz, Güte, Seriosität, Konstruktivität, Sorgfalt
Waage Lilith 7	Kontakt- u. Ausdruckspotential im Spiegel geliebter Menschen	Solidarität, Nachhaltigkeit, Diplomatie, Ganzheitlichkeit
Skorpion Pluto 8	Transformation in der langfristigen Partnerschaft	Kontinuität, Konsequenz, Wille, Vernunft, Integrität
Schütze Jupiter 9	Gemeinsame 'höhere Ebene' der Beziehung, gemeinsames Ziel	Glaube, Vielfalt, Wachstum, Optimismus, Innovation
Steinbock Saturn 10	Institutionelle Eingliederung, Arbeit in der Hierarchie	Reife, Disziplin, Nüchternheit, Vorsorge, Legitimität
Wasserm. Uranus 11	Individuelle Entfaltung, Selbstständige Berufe	Autonomie, Abwechslung, Kreativität, Individuation
Fische Neptun 12	Spirituelle Bildungs- und Wertegemeinschaft	Versöhnung, Einsicht, Transzendenz, Versenkung

Werteviereke

Ich konnte aus meiner Einsiedlerklause nicht das Glück schöpfen, dass ich erträumte. ... In der Natur geht alles in Paaren oder Herden, Pflanzen und Bäume blühten familienweise und Ameisen und Alles hatte ein Bestreben sich mit seinesgleichen zu gesellen.

Prentice Mulford

Schulz von Thun entwickelte abgeleitet Helwigs Interpretation der nikomachischen Ethik eine Kommunikationstheorie, die auf die grundsätzliche Bipolarität aller Wertmaßstäbe zielt.[111] Wenn wir eine Tugend A denken, dann ergibt sich aus der Logik der Sprache automatisch auch ein Bezug zu einer Schwestertugend B. Spreche ich beispielsweise von Mut, muss ich auch an Vorsicht denken und umgekehrt. Beide Tugenden bedingen sich infolge der möglichen einseitigen Übertreibung eines Zustandes. Wer sich übermütig in Todesgefahr begibt, der muss gehörige Vorsichtsmaßnahmen treffen. Die ‚Untugend' des Übermuts führt so zu mehr Mut, so wie die Angst (Gegenteil von Mut) zu Vorsicht führt. Aus der Praxis der Erziehung wissen wir, dass wir einem Kind den Weg zu seinem Übermut lassen sollten, damit es einen guten Zugang zu seinen eigenen Gefühlen entwickeln kann. Zur ‚Untugend' wird Übermut erst dann, wenn er aus einem dialektischen Prozess heraus trotz Verstehens der entsprechenden gesellschaftlichen Konvention ausgeübt wird.

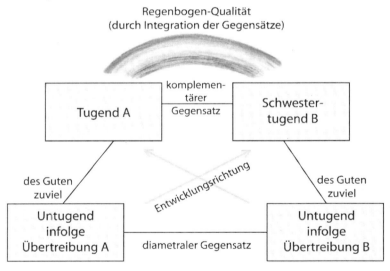

Graphik 4 Werteviereckie

---

111 Friedemann Schulz von Thun, Miteinander Reden, Band II, Die Werteviereckie

Von Thun betont an mehreren Stellen seines Buches, dass die Typen nicht als feststehende Charaktere verstanden werden sollen ('der Draufgänger', 'die Sensible', 'der Feige'), sondern als Funktionen von Kommunikationsstrategien. Die oberen Begriffe bedeuten in diesem Sinne Kreativspannung - die Unteren emotionale Kompensationsmechanismen, die von der Rolle mit zu bedenken sind. Mut und Vorsicht sind keine ‚Merkmale' von Personen, sondern Strategien, die in bestimmten Situationen abgerufen werden.[112] [... Der Mechanismus der Dichotomien ist Teil eines dialektischen Prozesses, der seit mindestens zwei Jahrtausenden schematisch beschrieben wird. Er drängt sich durch die Konstruktion unserer Sprache geradezu auf, da alle Wertungen in ein bipolares Schema passen, das schon von Aristoteles in seiner Nikomachischen Ethik erwähnt und von Paul Helwig Mitte des 20. Jahrhunderts als 'Wertevierecke' aufgeführt wurde. Das Wertequadrat von Paul Helwig stammt in seinen entscheidenden gedanklichen Elementen von Nicolai Hartmann, seinem Professor, bei dem er studiert und promoviert hat. (…) Die entscheidende Weiterentwicklung der aristotelischen Tugendlehre (aus seiner Nikomachischen Ethik) besteht darin, dass Hartmann in seiner 'Ethik' (1926) die Tugend nicht mehr als Mitte zwischen einem Zuviel und einem Zuwenig angesehen hat, sondern erkannt hat, dass zwei positive Werte in einem Spannungsverhältnis stehen und nach einer Synthese suchen. Helwig aber hat die Sache handhabbar gemacht...][113].

Alle Begriffspaare der menschlichen Sprache lassen letztendlich Abwandlungen als Ergänzungen oder Überhöhungen zu. Damit folgt Sprache der Natur, die sich als Dopplung organisiert. Es gibt nicht ein Nervensystem, sondern zwei, das zentralnervöse und das vegetative. Beide erfüllen unterschiedliche Funktionen, so wie die Gehirnhälften, doch können sie auch Bereiche des anderen übernehmen. Ihre Arbeitsbereiche überschneiden sich und bilden

---

112 Die Astrologie kennt ein ähnliches Dilemma. Die von ihr zugeschriebenen Eigenschaften sollen keine Festlegung von Persönlichkeitsmerkmalen sein, sondern Möglichkeiten des Handelns darstellen. Jede Zuschreibung eines 'Wesensmerkmals' bezieht die eigenen Wertmaßstäbe ein. Sie kann grundsätzlich nicht neutral sein. Damit stellt sich die Frage, wie sinnvoll solche Typologien sind. Vordergründig scheint die Astrologie Charaktere zu beschreiben (Wassermänner sind originell), hintergründig stellt sie die so gewonnen Erkenntnisse in Frage, denn das Schema des Horoskops ist dichotom aufgebaut, so dass es den Widerspruch in sich enthält und zu jeder These die Antithese mitliefert. (Der Wassermann muss Umständlichkeit vermeiden - denn dies ist wenig originell.)

113 http://www.schulz-von-thun.de/files/wurzeln_des_werte-_und_entwicklungsquadrates.pdf

Wahrscheinlichkeitsräume für höhere Muster. Das Hormonsystem operiert mit hemmenden und aktivierenden Substanzen. In unterschiedlicher Zusammensetzung können sie je nach Erregungsmuster die Dosierung finden, die der Körper braucht. Auch die Muskeln bestehen aus einem komplexen Zusammenspiel von Agonisten und Antagonisten usw., die eine Synthese des Gleichgewichts finden müssen. Sprache organisiert sich ähnlich als Zusammenspiel ineinanderwirkender Antagonisten, die in übergeordneten Sprachstrukturen und Bildern ein gemeinsames Ganzes finden.

Die Matrix der doppelten Negierung in Form der Wertevierecke lässt sich von der Astrologie in idealer Weise abbilden, denn die 12 Sternzeichen sind nichts anderes als 12 Kommunikations-Ebenen, die miteinander in 60 Kombinationen gebracht werden können. Es bilden sich 120 Wertbegriffe, die auf vielfältige Art und Weise miteinander verbunden sind (dies ist auch ungefähr die Menge an Werten, die sinnvoll unterscheidbar sind). Der Wert Mut ‚entsteht' gewissermaßen daraus, dass die Eigenschaft der Vorsicht bei Neptun in ein günstiges Verhältnis mit der Sonne gesetzt wird, so dass sich in ihr die Eigenschaft Mut entwickeln kann. Jeder Planet ruft also in einem anderen genau einen ‚Wert' hervor. Die Vorsicht Neptuns ermöglicht gewissermaßen erst den Mut der Sonne; es braucht bedachtsam agierende Persönlichkeiten, um jemanden in ‚seinen Mut' zu bringen und ihn in der Gefahr zu schützen. Begriffe sind Konzepte. Was genau jemand bei dem Wort Mut fühlt und was er darunter versteht, wird an den Kontext gebunden bleiben.

Neptun	Sonne
Vorsicht	Mut
Mond	Uranus
Angst	Übermut

Nach v. Thun wären also Vorischt und Mut komplementäre und Angst und Übermut diametrale Gegensätze. Übermut entsteht in Folge von Übertreibung von Mut und Angst in Folge von Übertreibung von Vorsicht. Wir sehen, dass die ‚Gegenwerte' Angst und Übermut zwei anderen Planetenprinzipien entsprechen. Diese sind die von mir so bezeichneten ‚Dualpartner' (Venus/Mars, Jupiter/Saturn, Neptun/Uranus...). Sie enthalten jeweils den Gegenwert und führen so automatisch zum ergänzenden Prinzip. Uranus als Dualpartner von Neptun entspricht dem Übermut als Gegenteil von

Vorsicht, der Mond als Dualpartner der Sonne der Angst als Gegenteil von Mut. Diese Gegenwerte führen also wie bei von Thun beschrieben in überkreuzter Weise nach einer eindeutigen astrologischen Matrix aufeinander.

Auf die Zahl 60 kommen wir, indem wir alle möglichen Kombinationen der 12 Tierbilder, respektive ihrer Planetenregenten bilden, dies sind 66 (mit der Kombinationen der Gleichen sind es 78), abzüglich der Duale, also der sechs Ur-Planetenpaare (Sonne/Mond, Venus/Mars, Jupiter/Saturn, Uranus/Neptun, Merkur/Pluto und Lilith/Chiton). Ich will ihre Figuren, die sie mit ihren negativen Bedeutungen zusammen bilden, fortan als Dichotomien bezeichnen, weil diese die Synthese der Gegensätze in sich tragen.[114] Die Dichotomien zeigen uns, dass Negativ und Positiv immer zusammenhängen und es auf die Perspektive ankommt, aus der wir die Situation betrachten. Das Gegenteil vom Gegenteil war schon für Aristoteles nicht dasselbe. Im Diskurs erscheint der jeweilige Typus und erfährt im Prozess der Kommunikation eine Umstimmung. Gegensätze verschwinden durch die verschiedenen, repräsentativen Deutungsebenen. Grundlegend für alle Erkenntnis ist die Möglichkeit der Verneinung des Sachverhalts, so dass ein Möglichkeitsfeld zwischen den Polen entsteht. Diese Pole sind Hilfskonstruktionen in einer komplexen Sprachmatrix, die nicht allein auf rationalen Elementen fußt, sondern auch emotionale Gebärden und Gesten erkennen muss. Ob das Wort 'Übermut' als positiv oder negativ empfunden wird, hängt vom Zusammenhang ab, ein übermütiger Cowboy ist sympathischer als ein ‚übermütiger Banker', ein ‚feiger Torwart' längst nicht so spannend, wie ein ‚ängstlicher Winnetou', der angesichts der Ungewissheit des Schicksals seiner Schwester Intschtschuna zum ersten Mal Gefühle zeigt. Ohne den Kontext kann nicht eindeutig erkannt werden, was gemeint ist und ‚wie wir zu fühlen haben'.

Die Dichotomien sind die Grundmatrix der Astrologie. Sie bilden alle möglichen Kombinationen der 12 Planeten und Sternzeichen ab. Aus ihnen bilden sich Themenkomplexe, in denen bestimmte Phasenabläufe wahrscheinlich werden. Es ist nicht so, dass aus einer Tugend A ein Bedürfnis B entsteht, sondern dass die Komplexe untereinander in einer Beziehung stehen. Sie bilden größere Einheiten, die letztendlich auf die sechs Grundeigenschaften der

---

114 Interessanterweise gibt es im Zusammenhang mit den 36 Regenten genau 24 Pärchen innerhalb der Trippel jedes Sternzeichens. 60 und 24 sind die Zahlen der babylonischen Astrologie, der Einteilung des Tages und der Stunden.

'Big Five' reduzierbar sind (siehe entsprechende Kapitel). Dieser 'Ur-Grammatik' liegt eine astrologische Entsprechung zu Grunde, sonst hätte ich sie nicht ‚zusammenbasteln' können; eine Verständigung über die Eigenschaften der Planeten und Sternzeichen, wie sie wohl schon im babylonischen System angelegt war.

Damit ist ein vorläufiger Abschluss des westlich-astrologischen 12er Systems gegeben. Astrologische Planeten sind Stellvertreter, Platzhalter für Eigenschaften, die sich aus der Matrix des 12er Kreises ergeben und es ist egal, welchen Platz wir welchem Planeten einräumen, wenn wir uns dann nur an die einmal gegebene Ordnung halten. Die Planeten haben im Prinzip keine Eigenschaften außer jenen, die ihnen durch die Kombinationsmöglichkeiten der 12 Dimensionen des Tierkreises zugewiesen werden. Ein Planet, ein Sternzeichen, ein Haus ist nie allein für sich zu sehen, sondern immer in Kombination mit einer weiteren Eigenschaft. Das ist logisch, denn beim Menschen gibt es auch keinen feststehenden 'Charakter', sondern nur sich wandelnde Eigenschaften und Bedürfnisse, die in Relation zu den Menschen auftreten, denen wir jeweils in der Situation begegnen. Die Eigenschaften werden erst dann sichtbar, wenn sie zur Anwendung kommen. Astrologie fragt nach unseren Potentialen und gleichzeitig danach, was uns daran hindert diese Potentiale zu leben; die emotionalen Muster, die dagegen stehen, uns neuen Zielen zuzuwenden. Und ob Sprache und gefühlsmäßiger Ausdruck zusammenpassen. Denn dieses interpretieren wir als Autentizität und leiten daraus Identität ab.

Wertvorstellungen

Für Kant ist die praktische Vernunft die Quelle des moralischen Handelns und der Herausbildung von Werten. Sein kategorischer Imperativ besagt, dass das Motiv meines Handelns einer allgemeinen Gesetzgebung entspringen sollte. Dass ich also in der Lage bin, meine persönlichen Bedürfnisse im Bedarfsfalle für das Allgemeingut zurückzustellen. Das bedeutet zweierlei. Erstens muss ich in der Lage sein, allgemeine Gesetze als übergeordnet zu erkennen. Und zweitens muss ich sie im Einzelfall so anwenden können, dass sowohl mir als auch der Allgemeinheit wirklich gedient ist. Wenn ich ein Dutzend Bücher schreibe, die sich nicht rechnen, nutzt dies zunächst

niemandem. Doch kann es als in die Zukunft gerichtete Absicht durchaus Sinn machen.
Wie aber ist es überhaupt möglich, dass ein Wesen wie der Mensch seine Wünsche entsprechend höheren Maximen zurückstellt und den Anspruch auf seine eigenen Interessen, zumindest zeitweilig, aufgibt? Dazu muss er dauerhaft von gewonnenen Einsichten überzeugt sein. Es ist nicht das Problem, dass er dazu nicht bereit ist. Das Problem ist, dass die soziale Welt viel zu wandelbar ist, als dass sie einfach formulierbaren Gesetzen gehorcht. Wir sollten nicht stehlen, ehebrechen und Gott lästern. Doch wer definiert dafür die Grenzen?
Ziel jeder Moral muss es also sein, eine Verbindung zwischen sozialer Vernunft und biologischen Instinkten zu schaffen, die so gestrickt ist, dass sie dem Individuum einen möglichst breiten, pluralistischen Ansatz lässt, aber doch in eindeutigen Regeln mündet. Je besser es dem Einzelnen gelingt, zwischen seinen eigenen und den Ansprüchen der anderen einen befriedigenden Weg zu finden, desto besser wird Gesellschaft funktionieren. Es ist klar, dass die Entscheidungswege für jeden Menschen anders aussehen, weil jeder Mensch andere Prioritäten und Ressourcen hat. Je besser ein Mensch in Resonanz mit seiner Umwelt ist, desto eher wird er auch für Zeit für die Bedürfnisse anderer haben. Deshalb wird er von klein auf mit den Regeln der Gesellschaft auf spielerische Weise vertraut gemacht.
Kinder lernen Regeln, indem sie sie anwenden. Wenn sie zu viel Süßes gegessen haben, wird ihr Magen schmerzen und sie aus dem Zugang zum eigenen Gefühl verstehen, dass dies ungesund ist. Eine abstrakte Regel über Fett- und Kalorienzusammenhänge ist für sie nicht umsetzbar. Ihre Eltern dienen als Vorbilder, deren Motive sie sich aneignen und eigene Theorie entwickeln, aufgrund derer sie im Einzelfall entscheiden, wie sinnvoll das Ringen um eine Süßigkeit ist. Mit der Zeit entwickeln sich so feste Abläufe. Soziale Vorgänge tunen sich gewissermaßen über die Anwendung von implizierten Regeln ein, Regeln die meist erst bei Abweichungen sichtbar werden. Sozialisation ist ein Aneignungsprozess, der zur Findung einer unvergleichbaren Identität beiträgt. Bestehende Werte, Normen, Deutungs- und Bedeutungssysteme legen wir uns über Sprache und Gesten vor dem Hintergrund der gesellschaftlichen Bedingungen zu, die ein Beschränkung der biologischen Triebe erfordert. Für Freud ist es deshalb eine Art Zähmungsprozess, der auf drei Ebenen verläuft, dem ES, ICH und ÜBER-ICH. Das ES besteht aus dem genetisch vererbten Instinktapparat, der die körperlichen Abläufe organisiert. Die entspringenden Antriebe und Reflexe können nur subjektiv

als Spannungen oder Erregungen von Bedürfniszuständen interpretiert werden und sind nicht direkt beobachtbar.

Steuerung	Sonne	Bewusstsein
Realität	Leitbild	ÜBER-ICH
↕	ICH	↕
Lust	Mond	Unterbewusstsein
Trieb	Beistand	ES

Das ES meldet also Bedürfnisse an, die lebensnotwendig sind oder direkt erfüllt werden sollten. Die obere Instanz, das ÜBER-ICH, verarbeitet hingegen die gesellschaftlichen Normen. Es formt sich im Verlauf der Sozialisation durch Aneignung von Wertvorstellungen und die Internalisierung von Einflüssen der Kultur (Entkulturation). Diese Organisationsformen sozialen Handelns sind ohne Triebkontrolle nicht zu haben. Der Preis ist eine Hemmung der Antriebskraft und eine Verleugnung der eigenen Bedürfnisse und Emotionen. Deshalb braucht es einer weiteren Instanz, die zwischen diesen beiden Antagonisten steht. Sie vermittelt zwischen den gefühlsmäßig geprägten Ausdrücken der unteren Ebene und der nüchternen Regelsprache der oberen Ebene.

Wenn wir Entscheidungen treffen, kämpfen also gewissermaßen immer zwei Stimmen in uns. Viele der damit verbundenen Konflikte treten gar nicht in unser Bewusstsein, weil die Abläufe automatisiert sind. Wir wissen spontan oft nicht zu sagen, wo das Bremspedal im Auto ist, können bei Gefahr aber zuverlässig darauf treten. Das Nachdenken über solche Dinge hindert uns sogar daran, die notwendige Reaktion zuverlässig auszulösen. Als Fahranfänger sollten wir uns allerdings noch nicht auf diesen Automatismus verlassen. Dort hilft ein rationales Abwägen.

Der Körper kennt entsprechend diesem Modell zwei Reaktionswege: Den schnellen, direkten Weg der Reflexe, die einer direkten Befriedigung bzw. Beachtung bedürfen und den langsameren, bis zu drei Sekunden dauernden Weg der Reflexion, in der sich ein Konzept des Geschehens bildet. Geregelte Abläufe in der Gemeinschaft können sich entwickeln, wenn beiden Reaktionsarten angemessener Raum gegeben wird: Den schnellen Reaktionsmustern bei Gefahr oder direkten Kommunikationsprozessen, die Vertrauen schaffen und den langsameren Reaktionsmustern, die eine Überlegung beinhalten, die vom Anderen als Angebot verstanden werden kann. Eine dritte Instanz in uns muss nun den Output dieser beider Wege koordinieren. Das Problem: Es ist unseren Entscheidungen oft nicht anzusehen, ob sie aus dem Bedürfnis heraus motiviert sind oder aus einer rationalen Überlegung. Beispiel eines Missverständnisse: Zwei Menschen wählen aus Höflichkeit das vermeintlich weniger schmackhafte Essen, um dem anderen etwas Gutes zu tun und wollten beide ursprünglich aber dieses Produkt. Wie können die Handelnden in so einer Situation die ‚wahre' Absicht des Anderen und sein Leitmotiv erkennen? Solche Fragen erscheinen zunächst banal, doch können sie bei komplexen Verhandlungsprozessen über Leben und Tod entscheiden. Die sicherste Form des kommunikativen Gelingens von Verständigung ist das Bewusstwerden über gemeinsame Werte. Eine Wertegemeinschaft kann dann entstehen, wenn ihre Mitglieder für die Rückstellungen ihrer persönlichen Vorlieben dauerhaft ein Vorteil winkt. Sie erkennen, wann ihnen Glück wiederfahren ist und wann sie aufgefordert sind, für einen Ausgleich zu sorgen.

Voraussetzung für das Treffen richtiger Entscheidungen ist die kreative Anwendung von sprachlichen Metaphern, die dem anderen vermitteln, dass er verstanden und im Kern seines Wesens angenommen ist. Wesenseigenschaften, Mentalitäten, Merkmale des Sozialverhaltens, der Kultur und der Zivilisation, das kulturelle Erbe und die eigene Identität, Begabungen und Fertigkeiten, Lebensgewohnheiten, soziale Codes, Gebräuche, Gesinnungen, Mythen, Ideen, Ideale, Weltanschauungen und Wertvorstellungen sind zu erlernende Wertecodierungen auf dem Weg zu einer autonomen Persönlichkeit.

Die in diesem Buch entwickelte Wertematrix von 120 Wert-Begriffen, die sich nach astrologischer Manier gegenseitig bedingen, erlaubt die Eingrenzung des Kontexts, in dem sich emotionale Ausdrücke des ES und kognitive Überlegungen des ÜBER-ICH begegnen. Ihre Anordnung, die der sprachlichen Matrix zugrunde liegt, hilft bei der Horoskopberatung, den richtigen Ausdruck für die Situation zu finden und die Bedürfnisse des anderen so zu spiegeln, dass er sich und seine Entscheidungsprozesse besser erkennt. Wenn Wertvorstellung und Bedürfnis nicht zusammenpassen, dann wird sich das Individuum auch nicht dauerhaft behaupten können.

Worte, Symbole und Metaphern sind niemals universell, sondern immer nur Verweise auf weitere Zusammenhänge. Die Regeln der Sprache bilden die Struktur der Gesellschaft nach oder geben sie vor, je nachdem, aus welchem philosophischen Blickwinkeln man auf die Sache schaut. Kant ging davon aus, dass die Bedeutung, die eine Sache für uns hat, vor allem im Gehirn entsteht. Was wir wahrnehmen, können wir dem anderen nur dadurch vermitteln, dass wir miteinander reden. Die ‚Sprache der Emotionen', der Ausdruck und die Gestik und die Vermittlung eines Gefühls zu der Sache, ist dabei genauso wichtig, wie das Verstehen rationaler Vernunftgründe.

Emotion und Kognition

Glück ist ein Stuhl, der plötzlich dasteht, wenn man sich zwischen zwei andere setzen will.

George Bernhard Shaw

In den letzten beiden Jahrzehnten ist viel über die Bedeutung von Emotionen geforscht worden. Ohne die Einbeziehung von Gefühlen und Emotionen sind Entwicklung und Lernen nicht möglich. Bücher wie 'Ich fühle, also bin ich' von Antonio Damasio, 'Switch' von Chip und Dan Heath und 'Emotionale Intelligenz' von Daniel Goleman u.v.a. haben die Forschungen einem breiten Publikum zugänglich gemacht und die Verbindung zwischen Kognition und Emotion anschaulich beschrieben. Nicht nur die Sozialpsychologie, sondern auch so unterschiedliche Bereiche wie Pädagogik, Management oder Sportförderung u.v.m. sind ohne die aus diesen Erkenntnissen entwickelten Methoden nicht mehr denkbar. In der Essenz gilt es die Emotionen anzusprechen um Veränderungen herbeizuführen und ein positives Lernfeld zu schaffen. Chip und Dan Heath nennen den Verstand den 'Reiter' (Vernunft), der sich gegen den 'Elefanten' (Emotionen) durchzusetzen versucht und dabei die Spontaneität verliert.[115] Die Essenz besteht darin, Elefanten und Reiter gleichermaßen anzusprechen. Lernerfolge bei Kindern werden auch nach Gerald Hüther am besten in einem Umfeld erreicht, das alle

---
115 Chip und Dan Heath, Switch, Veränderungen Wagen und Gewinnen, Fischer, 2011

Sinne der Kinder anspricht, Emotionen positiv bewertet und kleine Erfolge verstärkt.[116]

Damasio beschrieb eine Art ‚Kernselbst', in dem Emotionen und verstandesmäßige Urteile zusammengeführt werden.[117] Die mittelalterliche Trennung von Geist und Körper ist für ihn ein Irrtum. Heute weiß man: Unterdrückt man Emotionen und Gefühle so entstehen Lern- und Identifikationsprobleme. Ähnliches bezeichnete Metzinger als ‚Ego-Tunnel', in dem, ohne dass wir uns dessen bewusst sind, gefühlsmäßige Entscheidungen mit ‚Kausalitäten des Gehirns' verschmolzen werden. Goleman sah in den Emotionen sogar eine eigene Art von ‚Intelligenz' am Wirken, die sich messen lässt.[118] Mayer, Salovey und Caruso unterschieden schließlich vier Bereiche dieser ‚emotionalen Intelligenz'.[119] Der erste Bereich der Wahrnehmung von Emotionen umfasst die Fähigkeit, Emotionen in Mimik, Gestik, Körperhaltung und Stimme anderer Personen einzuordnen. Daraus ergibt sich zweitens ein Verstehen der Zusammenhänge zwischen eigenen und fremden Emotionen und ein Problemlösungsbewusstsein. Als Drittes lassen sich derartige Prozesse analysieren und praktische Konsequenzen für das soziale Leben daraus ziehen und als Viertes die Emotionen selbst auf Basis des gewonnenen Selbstbildes beeinflussen. So lassen sich gefühlsmäßige Bewertungen korrigieren und besser funktionierende emotionale Muster entwickeln.

Doch was sind Emotionen überhaupt? Darüber besteht wenig Einigkeit. Das Lexikon der Neurowissenschaften schreibt: [... Intensive, heftige, kurzzeitig auftretende Emotionen mit desorganisierenden bzw. einengenden Wirkungen auf das Verhalten und Erleben werden auch Affekte genannt. Beispiele sind Freudentaumel, Wut- und Panikanfall. Längerfristige emotionale Tönungen des Erlebens ohne einen klaren Reiz-, Situations-, Tätigkeits- und Bedürfnisbezug heißen Stimmungen. Sie bilden gleichsam den „Hintergrund" des Erlebens. Beispiele hierfür sind Niedergeschlagenheit und Mutlosigkeit.

---

116 Gerald Hüther, Mit Freude lernen – ein Leben lang, 2016

117 António R. Damásio, Ich fühle, also bin ich – Die Entschlüsselung des Bewusstseins, München, 2000

118 Daniel Goleman, EQ. Emotionale Intelligenz, 1997

119 http://www-files.jibc.ca/community_social_justice/pdf/cl/Emotional_Intelligence_(Mayer_Salovey_Caruso).pdf 2004

- Erlebnisdeskriptive Ansätze gehen von der Klassifikation von Gefühlen im Situations- und Bedürfnisbezug aus. Einfache Gefühle werden ausgelöst von Sinnesempfindungen (z.b. unangenehm wirkende Gerüche), Körperempfindungen (z.b. Unbehagen bei Krankheit), Tätigkeitsempfindungen (z.b. Anspannung bei konzentrierter Arbeit) und konkreten Bedürfnissen (z.b. Lust am Essen). Komplexe Gefühle beruhen auf Vorstellungen oder Einstellungen (z.b. freudige Erwartung, Angst vor Mißerfolg), Gefühlen der Selbsteinschätzung und -besinnung (z.b. Scham, Schuld) sowie emotionalen Komponenten sozialer Einstellungen (z.b. Sympathie) und Werturteile. (…) Emotion im Singular ist eine Art Etikett, eine praktische Regelung, um über Funktionsweisen des Gehirns und Aspekte des Bewußtseins zu sprechen. Doch genausowenig wie das Gehirn kein System besitzt, das sich mit Wahrnehmung befaßt - sondern verschiedene abgrenzbare Systeme für einzelne Formen der Wahrnehmung wie Sehen, Hören usw. - hat es auch kein Allzweck-Emotionsvermögen; vielmehr ist es fähig, verschiedene einzelne Klassen von Emotionen zu verarbeiten, die aus neurobiologischer Sicht nicht ohne weiteres zusammengefaßt werden sollten, sondern als einzelne Systeme (Module) zu betrachten sind, die sich im Lauf der Evolution jeweils für eine bestimmte Funktion entwickelt haben…][120].

Schon William James stellte 1884 in seiner Theorie über Emotionen die Hypothese auf, dass die ‚viszeralen Reaktionen' (Vegetatives Nervensystem) des Körpers nicht durch die Wahrnehmung, sondern durch eine latent vorhandene Idee eines 'lebenswichtigen Elementes' der Situation ausgelöst würden, und dass man spezifische Emotionen genau ausdifferenzieren müsse, da z.B. die Angst vor einem angreifenden Bären nicht gleichzusetzen sei mit der Angst vor dem Versagen in einer Prüfung.[121] ‚Echte' Emotionen treten für ihn dann auf, wenn die viszeralen Veränderungen im Körper im Gegensatz zu konkreten Bedürfnissen wie Hunger und Kälte eine unklare Gefühlsebene hervorrufen.[122] Vor allem bei starker körperlicher Beteiligung wie bei Zorn, Liebe, Freude, Furcht und Stolz verlaufen sie jedoch ähnlich reflexartig, als ob sie einen konkreten Anlass hätten. Dies liegt in der

---

120 http://www.spektrum.de/lexikon/neurowissenschaft/emotionen/3405

121 William James, What is an emotion? In: Mind 9 (1884), S. 188–205.

122 Man könnte es also auch so formulieren, dass wir die kurzfristigen Impulse der Leitungsbahnen als Emotionen erleben und negativ konnotieren, während die langfristigen als ‚überlegte Wertmodelle' einen positiven Klang haben.

unterschiedlichen Verarbeitung der synaptischen Informationen. Somatische Reaktionen erreichen binnen weniger als einer Sekunde das Gehirn, während die viszeralen Reaktionen (glatte Muskulatur) bis zu drei Sekunden brauchen. In der Zwischenzeit muss das Gehirn nur dann reagieren, wenn es eine ‚echte' Gefährdungslage wahrnimmt. In dem entstehenden Zeitspalt zwischen der unspezifischen Rückmeldung und der spezifisch erlebten Emotion bezieht das Gehirn weitere Informationen mit ein und sucht im Außen nach Mustern, die es kennt. Wenn man diese gezielt ‚füttert', kann man jemanden über seine ‚wahren' Gefühle täuschen, wie man anhand experimenteller Täuschungen zeigen kann.[123] Was wir an Output erleben ist ein Resultat von komplexen Reaktionen, die im Körper unbewusst ablaufen. Über die Sprache versuchen wir, uns unserer Bilder und Ablaufmodelle dieser Reaktionen bewusst zu werden und ein ‚Gefühl für das Gefühl' zu entwickeln.[124]

Im frühkindlichen Gehirn verschaltet sich das episodische Gedächtnis mit dem zentralnervösen und dem vegetativen Nervensystem und lernt bestimmte Situationen als mehr oder weniger förderlich einzuschätzen. Emotionale Reaktionen gehen mit autonomen, neurohumoralen, zentralnervösen und neuromuskulären Veränderungen einher, die für andere als solche erkennbar sind und auch in der Kommunikation bewusst oder unbewusst eingesetzt werden. Annäherung und Vermeidungsverhalten werden über derartige Aufmerksamkeitswechsel gesteuert und wirken auf das Denken zurück. Wir fällen signifikant messbar andere Urteile, wenn Situationen emotional belastend sind. [...Emotionen werden, entsprechend der Zwei-Faktoren-Theorie der Emotion, durch physiologische Reize ausgelöst (wie z. B. Herzrasen, Erröten usw.), diese werden in der jeweiligen Situation interpretiert und so auf ein bestimmtes Objekt hin ausgerichtet. So würde Herzklopfen beim Sport als Anstrengung wahrgenommen, beim Flirten jedoch auf den Flirtpartner bezogen und so als Emotion interpretiert. Die Intensität der Emotion wird dabei durch die Stärke des physiologischen Reizes determiniert, während die Qualität der Emotion von der Interpretation abhängt. Dies wurde 1962

---

123 Wenn man z.B. den Herzschlag bei Männern ohne deren Wissen erhöht, finden sie Frauen attraktiver, die ihnen vorher nicht so begehrenswert erschienen. Auch wenn man ihnen nur suggeriert, dass ihr Puls höher ist, funktioniert der Effekt.

124 Siehe auch Andreas Bleeck, Zeitvorstellungen und Identität – Die astrologischen Entwicklungsstufen des Menschen, Astronova, 2015

durch ein Experiment von Schachter und Singer teilweise nachgewiesen. Im Laufe des Experiments stellte sich jedoch heraus, dass die bloße subjektive Wahrnehmung eines physiologischen Reizes genügt, um eine Emotion auszulösen, obgleich dieser Reiz objektiv überhaupt nicht vorhanden ist. Somit ist es möglich, Emotionen hervorzurufen, wenn man bei einer Testperson lediglich physiologische Reize verursacht und dieser dafür einen Interpretationsansatz liefert...][125].

Emotionen werden also auch im Kopf ‚gemacht'. Damit dort kein Chaos ausbricht, hat jede Emotion ihre typischen instrumentellen Handlungsmuster. Das bedeutet, dass durch bloße Vorstellung von emotionsauslösenden Situationen unwillkürliche körperliche Reaktionen, wie Mimik, Gefühle erlebt werden können. Dabei kann die Bewertung eines emotionsauslösenden Objekts im Gegensatz zur Emotion stehen und nach diesem oder auch ohne dieses auftreten. Entwicklungsgeschichtlich waren blitzschnell wirkende Gefühle für den Menschen eine sinnvolle Verhaltensmaßgabe, wie z.B. die Flucht oder der Gegenangriff bei unklaren Situationen. Wie Joseph LeDoux beschrieben hat, sind die Gefühle als eine Art ‚präkognitiver Emotion' innerhalb des limbischen Systems und in der Amygdala repräsentiert, die als emotionaler Wächter fungiert und bei alarmierenden Situationen die Kontrolle über das Gehirn an sich reißt, bevor der Verstand einsetzen kann.[126] Das damit einhergehende Problem sind Szenarien, die den Gefahrensituationen nur ähneln und unangemessenes Verhalten provozieren. Im Laufe der Evolution wurden unzählige Subprogramme angelegt, die bei der Erinnerung an bestimmte Situationen aktiviert werden können.

Über Generationen hinweg schlummernd, können sie durch besondere Ereignisse oder Umweltveränderungen wieder hervorgebracht werden. Sei es die Fähigkeit von Raben, Nüsse auf Straßen zu werfen, um sie von Autos ‚knacken' zu lassen, oder das Verhalten von Füchsen, die die Zunge heraushängen lassen, wenn sie sich tot stellen, um Beute zu fangen.[127] Auch Menschen können komplexe Verhaltensweise erstaunlich schnell erlernen, weil dafür schon bestimmte Programme angelegt sind, die nur variiert werden müssen. In Krisenzeiten schalten sich fast reflexartig Überlebensprogramme

---

125 http://de.wikipedia.org/wiki/Emotion

126 Joseph LeDoux, Emotional Memory Systems in the Brain, in: Behavioral Brain Research, Band 58, Heft 1–2, 20. Dezember 1993, S. 69

127 Peter Wohlleben, Das Seelenleben der Tiere, Ludwig, 2016

ein, die auch zu sozialen Problemen werden können, wenn sie sich als Hass auf eine andere Gruppe manifestieren. Das Zentrum für die Verarbeitung von emotional ansprechenden Situationen (und damit auch Situationen, die für uns prägend sind), liegt im vorderen Hirnstamm, dem orbitofrontalen Kortex. Er verschaltet drei Gehirnregionen, die miteinander in einem natürlichen Wiederstreit stehen.

[…Den Kortex (das denkende Gehirn), die Amygdala (die viele emotionale Reaktionen auslöst) und den Gehirnstamm ('Reptiliengehirn' für automatisch ablaufende Reaktionen). Diese enge Verbindung legt die Vermutung nahe, dass hier eine schnelle, kraftvolle Vermittlungsstelle existiert, die eine unmittelbare Koordination von Gedanken, Gefühlen und Handlungen ermöglicht. Auf dieser neuronalen Autobahn verschmelzen Impulse vom unteren Pfad aus den emotionalen Bereichen, der Körperempfindung und der Sinneswahrnehmung mit den Zubringern des oberen Pfades, die aus den Daten Bedeutung extrahieren und absichtliche Pläne erzeugen, die unser Handeln steuern…][128]. Goleman bringt das Beispiel der Betrachtung eines Bildes einer Frau, die sich in weiß gekleidet einsam an einen Baum schmiegt. Die Betrachterin weint zunächst, weil er glaubt, dass sie von ihrem Partner verlassen worden ist, dann sieht sie, dass es ein Hochzeitsfoto ist und fängt an zu lachen. Der OFK (orbitofrontale Kortex) ist dafür zuständig, die 'richtige' Emotion herauszufiltern und der Gegebenheit der Bedürfnisse anzupassen. Wenn ich traurig bin, suche ich nach einen Grund traurig zu sein und wenn ich ärgerlich bin, werde ich auch irgendwo einen Grund finden, ärgerlich zu sein.

Robert Zajonc schloss aus derartigen Vorgängen, dass unbewusste Affekte für die Entstehung von Gefühlen ausreichen und dass schon Wahrnehmungen emotional gefärbt seien, ohne dass sie kognitiv interpretiert wurden. Unbewusste Bewertungen stehen zwischen Reizen und Reaktionen und zwischen Reizen und Gefühlen, denn das Gehirn muss aus der Fülle der Reize auswählen und viele ignorieren. Emotionen werden in diesem Sinn als handlungsanregende Motivationen und als ‚Markierungen' für bestimmte Denkvorgänge begriffen, die Handlungsmuster zusammenfassen.[129] Antonio R. Damasio beschrieb ausführlich das Entstehen sekundärer Emotionen

---

128 Daniel Goleman, Soziale Intelligenz, 2006, S. 103

129 Robert Zajonc, Attitudinal Effects of Mere Exposure. Journal of Personality and Social Psychology, 1968, 9, 2, 1–27.

über ‚somatische Marker'.[130] Physiologische Körperzustände wie Blutdruck, Herzschlag, Hungergefühl, Schmerz, usw. ‚markieren' eine Art Bewertung bestimmter Vorgänge, und können als Repräsentationen in unterschiedlichen Gehirnzentren abgebildet werden, die sie in jeweils andere Zusammenhänge stellen. Die Vorstellung eines Wertes indiziert zusätzlich eine innere Beteiligung, die Wahrnehmung wird schärfer, aber auch selektiver.

Wir lassen uns gerne durch Gefühle anderer anstecken. Dafür verantwortlich sind Spiegelneurone, bzw. Netzwerke motorischer Neurone, die bei emotional gefärbten sozialen Kontakten wichtig werden. Sie wurden in den neunziger Jahren bei Experimenten mit Affen entdeckt.[131] Damals maßen Wissenschafter die Aktivität von einzelnen Nervenzellen im prämotorischen Cortex bei Makaken. Zufällig stellten sie fest, dass bestimmte Neurone sowohl feuern, wenn der Affe selbst eine bestimmte Bewegung macht, als auch wenn der Affe jemanden bei der gleichen Bewegung beobachtet. Manche der Nervenzellen schienen dabei das Ziel einer Bewegung zu kodieren. Sie feuerten zum Beispiel nur, wenn der Affe nach etwas griff, was er essen wollte. Spiegelneurone werden schon vor der eigentlichen Bewegung aktiv. Dies deutet auf eine Simulation im Gehirn hin, die im Vorhinein eine Vorstellung der Abläufe entwirft. Anhand dieser Vorhersage können wir sowohl schneller erkennen, wenn etwas Unerwartetes passiert, als auch durch Imitation lernen. Nicht nur über Bewegungen, sondern auch über innere Zustände des Anderen. Denn es werden mit der Motorik ähnliche Gehirnareale aktiviert, die auch bei Schmerz, Angst und Wut ins Spiel kommen und man quasi in die Lage versetzt werden, zeitgleich das zu fühlen, was der andere fühlt. Emotionen sind also gewissermaßen Kommunikationssignale, die vom Gehirn vor einer Entscheidung in einen von sozialen Wertvorstellungen geprägten situativen Bezug gesetzt werden.

Mithilfe von Spiegelneuronen wird eine andere Person im eigenen Bewusstsein ganzheitlich und emotional als 'Alter Ego' konstruiert und mit dieser als ‚Erscheinung' virtuell kommuniziert.[132] In unserem Gehirn läuft ein Paralleldiskurs, in dem wir uns selbst als jemand anderen erfahren und damit Verständnis für seine Strategien entwickeln. Dabei erfolgt eine Perspektivenübernahme; man schlüpft sozusagen 'in die Haut eines anderen', versetzt sich

---

130 António R. Damásio, Der Spinoza-Effekt – Wie Gefühle unser Leben bestimmen, List, 2003

131 https://de.wikipedia.org/wiki/Spiegelneuron

132 Deshalb können auch Computerspiele süchtig machen.

in die Rolle und Position eines Gegenübers hinein, um die Welt aus dessen Sicht zu sehen.[133] ‚Moral muss aus der intuitiven Erkenntnis entspringen, welche im fremden Individuum dasselbe Wesen erkennt wie im eigenen', schrieb Schopenhauer in seiner ‚Welt als Wille und Vorstellung'. Die langfristige Planung des Menschen macht ein Wertemodell notwendig, das den Anderen als seinesgleichen im Sinne geplanter Handlungen identifiziert und in gemeinsamen Motiven wiedererkennen lässt. Identität (die wir als Astrologen im Horoskop zu beschreiben versuchen) entsteht überhaupt erst aus diesem Prozess gegenseitigen moralischen Erkennens, bzw. der Fähigkeit, die dabei auftretenden Differenzen als hilfreich zu erleben und zu sinnvollen Unterscheidungen zu formen. Dabei spielt u.a. auch die Gewichtung der Gehirnhälften eine Rolle.

[…Es gibt Hinweise darauf, daß der linke vordere Cortex und damit verschaltete subcorticale Regionen verstärkt für Annäherungen (Absicht, Planen, Wille) zuständig sind, während die rechte Seite vorwiegend Rückzugsprozesse initiiert. Dazu paßt, daß verminderte neuronale Aktivitäten links vorne mit Trauer und Depression, erhöhte rechts mit Furcht, Ekel und Angststörungen in Zusammenhang stehen. Gefühle werden intensiver auf der linken Gesichtsseite ausgedrückt (die von der rechten Hemisphäre kontrolliert wird), und Läsionen rechts führen zu einer stärkeren Verminderung emotionaler Mimik als links. Künstler haben diese Asymmetrie überzufällig häufig begriffen (zumindest unbewußt) und emotionale Szenen oft in die linke Bildhälfte verlegt und bei Porträts häufig die linke Gesichtshälfte dargestellt. (…)

Werden Menschen mit durchtrenntem Balken (split-brain) emotional aufgeladene Reize so präsentiert, daß sie nur in die rechte Hirnhälfte gelangen, konnte die normalerweise allein zur Sprache befähigte linke Hemisphäre nicht sagen, worum es sich handelte, war aber dennoch in der Lage, emotionale Urteile zu treffen (obwohl sie nicht wußte, worüber sie urteilte). Wurde ins Gesichtsfeld der rechten Hemisphäre z.B. das Wort „Mama" eingeblendet, bewertete die linke Hemisphäre den emotionalen Zustand, von dem sie offenbar über subcorticale Verbindungen unbewußt Kenntnis genommen hatte, als ‚gut', ein Wort wie ‚Teufel' dagegen als ‚schlecht'…][134].

---

133 Vgl. Frans de Waal, Stefan Liekam, Rizzolatti / Sinigaglia, 2008

134 http://www.spektrum.de/lexikon/neurowissenschaft/emotionen/3405

Die Simulation abzusehender Reaktionen findet nicht nur statt, wenn wir andere Menschen beobachten, sondern auch, wenn wir sich bewegende Bilder beispielsweise in Computerspielen sehen. Der Nachteil ist die fehlende Kontrollinstanz bei Massenphänomenen und Täuschungen – dort wo es zu unkontrollierbaren Gefühlsansteckungen kommen kann und Gefühle bewusst manipuliert werden. Die Forschungen sind noch weit entfernt, ein genaueres Verständnis derartiger Prozesse zu entwickeln. Eines scheint aber klar: Darum hat die Evolution zwei Systeme eingebaut; ein schnelles, direktes, das handelt, bevor wir uns dessen bewusst sind und ein langsames, das vor allem über Sprache und Wertvorstellungen läuft, die kommuniziert werden müssen. Es ist weniger interessant, Emotionen in ihrer verbalen, mimischen und gestischen Entäußerung zu sehen, die immer auch eine dem Zeitgeist und den Mechanismen der jeweiligen Gesellschaftsform geschuldete ist, als die entsprechenden dahinter stehenden Bedürfnisse und Ungleichgewichte in Bezug zu den geäußerten Wertabsichten zu setzen. Da die Tugenden immer im Spiegel ihrer Zeit stehen, ist es essentiell, die Differenz zwischen den Bedürfnissen des Einzelnen und der erwünschten Anpassung zu erkennen, die sich durch die emotionale Problematik zeigt. Was wir außerhalb von uns selbst beschreiben können, sind Bezüge zwischen Einzelpersonen vor ihrem jeweiligen sprachlichen Hintergrund. Alles steht sowohl in Relation zu uns, als auch zu etwas anderem.
Wenn man von der Planetenmatrix ausgeht, kennt das Gehirn 120 Emotionen und Werte, die in mehrfacher Korrelation zueinander stehend, Vorgaben für ‚passenden Ausdruck' machen, damit sich der Mensch in einer Wertegemeinschaft verständigen kann. Doch wie werden Emotionen dargestellt? Paul Ekman hat beispielsweise sechs elementare Emotionen beschrieben, die sich im Gesicht ablesen lassen und typische Referenzmuster im Gehirn bilden: Furcht, Angst, Vorsicht, Besorgnis, Scheu, Scham und Panik. Robert Plutchik bezog neben dem mimischen Ausdruck auch Handlungstendenzen und Körperteile mit ein und fügte Ekmans Liste Akzeptanz, Erwartung und Erstaunen hinzu. Er ordnete sie kreisförmig an und vermutet, dass aus der Mischung zweier elementarer Emotionen abgeleitete Emotionen entstehen (analog zur Mischung von Grundfarben auf dem Farbkreis). Aleix Martinez schließlich entwickelte mithilfe aufwendiger Gesichtserkennungsprogramme ein Grundmuster aus 21 Emotionen, die sich aus sechs Grundzuständen ‚zivilisierter Menschen' zusammensetzen: *Freude, Traurigkeit, Angst, Wut,*

Überraschung und Ekel.[135] In diesem Sinne ist keine Emotion ‚grundlegender' als eine andere, sondern nur zur mimischen Darstellung ‚komplexerer' Gefühlszustände besser geeignet. Ein Habitus, der sich schnell abnutzen oder eben eine standardisierte emotionale Kommunikation mit Maschinen erlauben kann.[136]
Emotionen geschehen nicht mit uns, wie ursprüngliche Instinkte und Reflexe; sie sind durchdachte Ausdrucksweisen im Rahmen sozialer Spiele. Manche Kombinationen erscheinen allerdings wegen ihrer starken Physis ‚dringlicher' und müssen sozial abgefedert werden. Menschen die ständig wütend sind, strapazieren beispielsweise ihre Umgebung unnötig, es sei denn sie befinden sich auf entsprechenden ‚Situationsfeldern' wie Fußballstadien, Demonstrationen, Selbstverteidigungskursen usw. Wir unterscheiden uns nicht nur kognitiv, sondern auch emotional von der Tierwelt, weil wir die Erfüllung von Bedürfnissen aufschieben und durch in der Zeit verschobene Ersatzhandlungen kompensieren können.[137] Dabei können wir in gewisser Weise etwas ‚wiedergutmachen'. Die Vorstellung eines ‚freien Willens' bezieht sich weniger auf das reflexhafte einer Situation, sondern auf die langfristige Überzeugung einer bestimmten Haltung. Emotionen entstehen aus der Unsicherheit über Gemeinsamkeiten dieser Art von ‚Haltungen' und ob ich mit dem anderen, mit dem ich in Beziehung trete, in der Bewertung von Tugend und Bedürfnis übereinstimme. Emotionen helfen, die Differenz zwischen Gemeintem und Gehörtem auszudrücken und machen ein Angebot für eine weitere Kommunikation im Sinne der Auflösung des Gefühlswiderspruchs in ihrem allgemeinen und speziellen Sinngehalt. Jeder Tugend entspricht dabei genau ein ‚Unwert', der emotional besetzt ist. Unterschwellige Reize, die durch Schlüsselbegriffe getriggert werden, verstärken die emotionale Botschaft und fordern zur gesonderten Interpretation auf, wo Dinge nicht offen ausgesprochen werden können.

---

135 http://derstandard.at/1395363917867/Die-vielfaeltigen-Ausdruecke-der-Gefuehle

136 Sie lassen sich als universelle soziale Codierungen (Meme) auch gut zu den ‚Big Five' zuordnen. Extrovertierte mimen oft Wut, Offene Überraschung, Verträgliche je nachdem Trauer oder Freude, Gewissenhafte Ekel und nach Stabilität Suchende Angst.

137 Wobei auch Tiere z.B. auf der Jagd oder bei der Balz sehr lange auf günstige Bedingungen warten können. Siehe auch Sabine Tischler: So ähnlich und doch so fremd, Neurophilosophische Überlegungen zum moralischen Status nichtmenschlicher Tiere in der menschlichen Gesellschaft, Dissertation online.

Tugend oder Bedürfnis

Vorsicht ist das, was wir bei den anderen Feigheit nennen.

Oscar Wilde

Für Aristoteles bestand das Leben aus der Suche nach der Synthese zwischen den Gegensätzen; der ‚Suche nach dem höchsten Gut', das er in der Kontemplation fand, die durch den Gebrauch der Vernunft und logisches Denken gestützt wird. Jedes auf dem Weg dorthin erworbene Gut könne, um seiner selbst willen angestrebt, weitere Tugenden in uns befördern. Durch diese Ausrichtung nähere er sich automatisch dem Ziel der Vollkommenheit. Die Menschen, die dieses Ziel nicht erreichen können, verbleiben für Aristoteles zumindest auf der Ebene der ‚praktischen Vernunft', die sich auf ‚kontingente Tatsachen' bezieht, die von allgemeinem Nutzen sind. Im Wege stehen die triebhaften Seiten des Menschen und seine Leidenschaften. Weil der Mensch diesen unterworfen ist, soll er zwischen den auftauchenden Extremen einen Ausgleich finden und in den Zustand der Kontemplation zurückkehren. Von dauerhaftem Wert kann nur ein Zustand sein, der im Menschen die guten und sittlichen Seiten hervorbringt. Doch wie kommt man dahin? Wer die Leidenschaften nicht ausgelebt hat, wird für Aristoteles auch diesen Ausgleich nicht erschaffen können. Es fehlen ihm die Anhaltspunkte, gewissermaßen der ‚Maßstab' für die Mitte. Man fühlt sich fast an den Leitspruch des Rock n' Role erinnert: Live fast and die young. Man muss die ‚Auswüchse des Menschseins' durchlitten haben, um zu erkennen, dass es weitergeht.[138]

Wir unterdrücken unsere Bedürfnisse, auch weil wir sie nicht für 'tugendhaft' halten. Unter Tugend (Herkunft von taugen) versteht man eine positive sittliche Einstellung, die Fähigkeit, das Gute mit innerer Neigung und Zustimmung zu tun. Der tugendhafte Mensch hat sich das Gute gleichsam zur zweiten Natur gemacht, was zu dem Problem der Rekursion führt: War

---

[138] Auch Buddhismus und Christentum sehen in der Fähigkeit zum Leiden und Mitleiden die Voraussetzung für Entwicklung.

zuerst der Wert oder seine Bestimmung? Heute spricht man stattdessen eher von den ‚Qualitäten' oder Begabungen eines Menschen. Sie stehen als Ressourcen zur Verfügung, wenn wir die mit ihnen verbundenen emotionalen Fallstricke überwunden haben. Denn was ich von jemand anderen erwarte, muss ich auch selbst zu erfüllen bereit sein.[139]

Beispiel einer Dichotomie: Mut ist ein Bedürfnis, wenn ich beim Wandern über eine Felsspalte klettern muss, von der es kein Zurück gibt (nämlich das Bedürfnis zu Überleben). Wenn ich aber jemand anderen ermahne, mehr Mut zu zeigen, etwa, weil er keinen neuen Job annehmen will, dann wird daraus eine abstrakte Tugend (vielleicht kommt derjenige viel besser ohne Job zurecht). Eigentlich müsste es zwei Begriffe für diese zwei unterschiedlichen Sachverhalte geben. Über Dinge wie Vorsicht und Mut zu sprechen heißt, über Systeme und Weltbilder zu verhandeln und eventuell konfliktreiche Situationen zu befeuern. Ich kann einem übervorsichtigen Menschen nicht erklären, wie mutiges Handeln geht. Ich kann ihm höchstens bewusst machen, was Übervorsicht und was Mut in einer bestimmten Situation bewirken kann (im Positiven wie im negativen Sinn), ohne ihn dabei zu sehr zu beeinflussen.[140]

Neptun	Sonne
Vorsicht	Mut
Mond	Uranus
Angst	Übermut

Unser emotionales Bedürfnis (Angst) stößt sich automatisch an dem Wertbedürfnis (Mut) eines anderen, wenn wir nicht in unserer Mitte ruhen. Wert und Bedürfnis stehen sich gegenüber, sobald es emotional wird. Wenn Mut

---

139 Alle Kommunikationsübungen beruhen letztendlich auf zwei Prämissen: Der Wiederholung des Gesagten auf einer anderen Ebene, die signalisiert, dass ich das Bedürfnis des Anderen verstanden habe und das Aussenden von Ich-Botschaften, die mein eigenes Bedürfnis möglichst deutlich machen. Aus dem Verstehen erwächst Respekt für die dahinter stehenden Werte, die jemand lebt.

140 Astrologische Beratung sollte deshalb nicht-direktiv sein und therapeutische Bindung vermeiden, in der es unvermeidlich ist, Wertbilder zu zementieren. Das Ziel ist Selbsterkenntnis und nicht 'Heilung', wobei das kritische Sprechen über Heilungsthemen natürlich erwünscht ist. Als ‚System der Mythen' würde sie sich ansonsten zum Richter über Werte und Bedürfnisse aufspielen.

etwas ist, das wir gerne entwickeln würden, dann führt der Weg dazu über den Übermut und die Überwindung der Angst, wenn wir uns die Klippen beim Skydiving hinunterstürzen. Die emotionale Blockierung der Angst wandelt sich mit zunehmendem Training zu einer Tugend, die jeder Extremsportler besitzen muss – die Vorsicht. Derartige Zusammenhänge werden durch Idealvorstellungen und Vorbilder geprägt, die in ‚mystische Zeiten' zurückreichen. Diese helfen bei der Bewältigung von sozialen Anforderungen.

Das Leben bietet immer eine emotionale Alternative, das ursprüngliche Bedürfnis auf andere Weise zu erfüllen, und den Ansprüchen anderer Genüge zu tun. Der für die Interaktion gesteckte linguistische Rahmen hat eine doppelt polare Struktur, um der Komplexität von Ego und Alter gerecht zu werden und Angebote an Kopf und Bauch, an Verstand und Gefühl aufrecht zu erhalten. Jede Botschaft hat einen persönlichen Bezug, der etwas über mein emotionales Verhältnis zum Zuhörer aussagt und der die Bedeutung des Gesagten, bzw. des zu Verstehenden beeinflusst. Wir wissen: Ausdruck von Mut kann Spuren von Vorsicht enthalten, weil es an Ängste rührt. Die Kontexte entstehen aus ihrer sozialen Verwendung und der Wiederholung bestimmter Verhaltensmuster und formen sich zu Idealtypen der ‚mutigen Vorsicht', die die Widersprüche in sich vereinen (Ikarus, Sancho Pansa, Don Juan, Donald Duck, Neo…). Da die Dichotomien eine paradoxe Gegensätzlichkeit von Tugend und Bedürfnis, von Anspruch an die Mitwelt und Hinterfragung der eigenen Fähigkeiten beinhalten, ist ihre Deutung und Anwendung von den Antinomien und Tautologien der ‚aktuellen Mythen' abhängig und damit auch vom Astrologen nur in diesem hoffnungslos beliebigen Bezug deutbar, in dem die persönliche Strategie deutlich wird, mit dem eine Synthese der Widersprüche der ‚Welterzählungen' möglich ist. Darin liegt aber auch der Schatz der Erfahrung.
[…Cassirer sieht zwischen Sprache und Mythos einen wesentlichen Zusammenhang. Im mythischen Identitätsdenken fallen Wort und Wirkung zusammen, denn der Mensch überträgt die ihm aus dem Zusammenleben bekannte soziale Wirksamkeit des Wortes auf die natürliche Umwelt. Das Wort wird dann zur magischen Formel, welche auf die Natur einwirken soll. Erst wenn der Effekt ausbleibt, stellt sich für das Denken ein neues Verhältnis von Sprache und Wirklichkeit ein: die magische Funktion wird zu einer semantischen…. Cassirer weist darauf hin, dass sich zwei Strukturmomente der Sprache ausmachen lassen: Der emotionale an das Handeln gekoppelte Aspekt und die propositionale Aussage. Theorien, welche die Entstehung der Sprache als evolutionsbiologische Entwicklung vom affektiven Ausruf

hin zum Namen beschreiben, weist er jedoch zurück, denn sie missachteten die gänzlich verschiedene Qualität von Ausruf und Wort, das Wort sei als Symbol universell und nicht immer handlungsgebunden. Einen bruchlosen Übergang zwischen diesen beiden Qualitäten könne es aber nicht geben, da sie sich wesentlich Unterschieden.[141] Bezüglich Struktur und Grammatik der Sprache weist Cassirer zwei Extrempositionen zurück. Weder glaubt er, dass jede Sprache komplett individuell ist, noch hält er es für möglich, ein universelles System von Wortarten für alle historisch gewachsenen Sprachen zu bestimmen. Sprache ist für ihn eher funktional bestimmt, weshalb es keinen absoluten Maßstab für den Reichtum einer Sprache gibt, sondern jede an die spezifischen Lebensbedingungen ihrer Sprecher angepasst ist. Bestrebungen, eine Sprache zu entwickeln, welche diese Funktion besser erfüllt, hält er für unsinnig, denn es gebe keinen nicht-sprachlichen Weltbezug, von dem aus man dann das Werkzeug Sprache entsprechend entwickeln könne. Wahrnehmung sei immer auf eine Gliederung angewiesen, die sich auch dem ständigen Beistand der Sprache verdankt. Die inneren Bezüge der Sprache machten es möglich, dass diese sich als Eigenwelt entwickle, gemäß den Gesetzen und Möglichkeiten ihrer Binnenstruktur. Dabei folge sie tendenziell einer Entwicklung, die vom Konkreten zum Abstrakten führe...][142].
Es ist sprachlich angelegt, die Emotionen eher in negativer Weise etwas der Vergangenheit angehöriges zu bezeichnen und die Tugenden in einer positiveren Zukunft zu verordnen. Die Tugend ist etwas, das es eher anzustreben gilt und die Emotion etwas, das über uns herfällt. Mut ist ein Ziel, Angst ein Manko. Doch beide gehören untrennbar zusammen. Mut beim Einen kann zur Angst beim anderen führen und dadurch entsteht der Wunsch nach Vorsicht. Beide können nicht getrennt voneinander gesehen werden und der Mut scheitert dort, wo er die Angst des anderen nicht berücksichtigt. Moralische Fragen führen unweigerlich zu gefühlsmäßigen Reaktionen, die wiederum kontrolliert werden müssen. Sie kanalisieren sich in Rollenvorbildern, die gewünschte Verhaltensweisen bündeln. Aus der Vielfalt der Emotionen und ihren Widersprüchen im Ausdruck der Sprache entsteht das Bedürfnis nach Vereinfachung in Form von archetypischen Rollen, die dem vorherrschenden Wert ein Bild geben.

---

141 Ernst Cassirer, Versuch über den Menschen, Meiner Verlag, Hamburg 2007, S. 180ff.

142 http://de.wikipedia.org/wiki/Ernst_Cassirer

Hinter jeder geforderten Tugend verbirgt sich ein Bedürfnis und dieses wird selten offen gezeigt. Die Tugenden werden ausgelagert als unerreichbare Idealzustände des Selbst, während das dahinter stehende Bedürfnis oft unklar bleibt, sei es bei den sieben mittelalterlichen Kardinaltugenden Demut, Mildtätigkeit, Keuschheit, Geduld, Mäßigung, Wohlwollen, Fleiß oder bei den Rittertugenden Enthusiasmus, 'Frauendienst' und Treue. Oder bei den vier klassischen Kardinaltugenden Weisheit, Gerechtigkeit, Tapferkeit und Mäßigung. Diese Qualitäten sind den Wertenden so wünschenswert, dass sie bereit sind, dafür viel Kraft und Zeit, im Grenzfall sogar ihr Leben einzusetzen. Die Ideen hinter den Werten bleiben über die Generationen hinweg konstant; im Einzelfall sind sie jedoch variabel. Ein Mensch, der nie einen anderen Menschen hat weinen sehen, wird sich der gesellschaftlichen Konsequenzen bezüglich seiner Trauer noch nicht bewusst sein. Erst wenn unsere Trauer Reaktionen hervorruft, die über die bloße Situation hinausgehen, wird sie zu einer interpretationswürdigen Sache. Der 'Wert der Versöhnung' entsteht aus dem Erlernen der sozialen Reaktionsweisen auf Zustände, die uns traurig machen. Wir erinnern uns an Demokrit und den Fluss, der niemals derselbe ist, wenn wir in ihn steigen. Die Gegensätze sind Konstrukte der Anschauungen des Astrologen, die sich im Kontext der Situation auflösen und den Begriff erweitern.

Ein anderer Astrologe würde dieselbe Sache vielleicht vollkommen anders beschreiben (mit anderen Planeten, Methoden und Berechnungsprinzipien) und dies würde merkwürdigerweise doch ähnlich verstanden werden. Die 'Wirkung' liegt weniger in der objektiven Bedeutung der Planeten, sondern in der jahrelangen Einübung einer genormten Sprachmatrix, die komplexe Variationen in der Weise zulässt, dass sie auf so vielfältige und differenzierte Weise erscheinen können, ohne sich zu widersprechen. Jede Sprachfigur spiegelt versteckte Bedürfnisse, die wir haben, aber auch Tugenden, die wir entwickeln wollen und die in einem Idealbild vereint sind. Mut ist eine Tugend, es kann aber auch etwas sein, was wir uns von tiefsten Herzen wünschen, so wie die Vorsicht auch - ob wir uns dessen bewusst sind oder nicht. Wertevorstellungen lösen sofort Emotionen aus und vermischen sich zu Weltbildern. Deshalb sind die negativen Begriffe untrennbar mit ihren positiven Pendants verbunden und ihre ‚Reaktionsmuster' verweisen automatisch aufeinander. Als emotionale ‚Revanche' bekommen wir sozusagen das Wertebild des anderen mitgeliefert. Vieles davon läuft unbewusst ab und ist nur an kleinen Reaktionsmustern erkennbar. Die Körpersprache 'verrät' einen Teil unserer 'wahren' Absichten.

Bei Fußballspielern ist es beispielsweise besonders augenscheinlich, bei welchen Sätzen sie sich am Ohr zupfen oder den Blick wenden. Ihre Sprachblüten sind Legende. Freud vermutete hinter Fehlausdrücken, dass der Sprecher etwas anderes denkt, als er sagt. Die Sprache ist voller Doppeldeutigkeiten und künstlichen Erhöhungen und Erniedrigungen, die den emotionalen Zustand des Sprechers anzeigen. Tautologien wie illegale Raubkopie (jede Raubkopie ist illegal) sind Hinweise auf eine übertriebene moralische Haltung, die nicht durchdacht ist und Stimmung machen will statt Dinge klären. Antinomien wie 'ehrenwertes Verbrechen' (es gibt kein ehrenwertes Verbrechen) zeigen Widersprüche an, die der Sprecher nicht aufgelöst hat und einen Konflikt mit dem Gesetz.

Die in der Astrologie gefundenen Merkmale sind keine 'Eigenschaften' eines Menschen, sondern von gröberen Bildern abgeleitetes Rollenverhalten in einem situativen Umfeld. Es ist insofern berechenbar, als dieses Verhalten in der jeweiligen Gesellschaft zu erwarten ist. Ein gewissenhafter Mensch sucht sich eine Umgebung, in der Kontrolle wichtig ist, ein extrovertierter Mensch eine Bühne, ein Verträglichkeitssuchender Kontaktmensch Beziehungen. 'Abweichungen' stehen nicht im Horoskop, sondern ergeben sich aus akuten Konflikten mit diesen Rollenbildern. Während wir den Planeten individuelle Bedeutung geben, schließen wir immer wieder vom Ganzen auf die Teile und umgekehrt, bis wir ein kongruentes, akzeptables Selbstbild bekommen, das der Situation angemessen ist und gleichzeitig genug Raum zu widerspruchsfreier Erweiterung bietet.

In den Rollenspielen der Gesellschaft tauchen immer wieder dieselben Typologien auf. Sie helfen uns bei der Orientierung von widersprüchlichen Überzeugungsmustern. Jedem Typus, den ich hier ‚Sozialen Archetyp' nenne, gehört ein gewisses Verhaltensrepertoire an, das ihn berechenbar macht. Wie ich in ‚Astrologische Soziologie - Band II' beschrieben habe, entsprechen diese Rollen den Strukturen der Institutionen, an denen wir als sozialer Mensch teilnehmen und unsere inneren Wahrnehmungen mit den Bedingungen der Gesellschaft zusammenbringen können. (Abweichende) Emotion und (versöhnliche) Kognition sind genauso miteinander verwoben wie (gewünschte) Tugend und (unterdrücktes) Bedürfnis. Sie bilden zusammen kleine ‚Programme', anhand derer wir das Verhalten der Anderen vorausschaubar machen und unsere möglichen Antworten darauf definieren. Im Gehirn werden derartige Module als Repräsentationen von emotionalen Erfahrungen mit Werten markiert, die auf vielfältige Weise aufrufbar sind. Um dies überhaupt tun zu können, brauchen wir eine Art Vorsortierung. Wertvorstellungen sind viel zu komplex, um sie direkt miteinander in Bezug zu bringen. Jeder Mensch scheint sich einen Mix von Überzeugungen zusammenzubasteln, die ihn leidlich durch die Welt tragen. Orientieren tut er sich nach Grundtypen, die eine Zusammenfassung bestimmter Wertmaßstäbe in einer idealen Form verkörpern. Derartige Typologisierungen haben einen universellen Charakter; sie garantieren, dass sich jeder Mensch mit einem anderen auf der Erde über abstrakte gesellschaftliche Erwartungen verständigen kann.

Es ist also in gewisser Weise auch schon vorgeprägt, welche Wertvorstellungen wir entwickeln werden und für welche Ideale wir prädestiniert sind.[143] Wir sind aus unseren Lebenserfahrungen heraus nicht völlig frei, unsere Überzeugungen zu ändern. Und doch können wir lernen, nach anderen Werten zu streben. Die Literatur ist voll von Erzählungen, in denen Menschen in sich gingen und ein neues Leben wählten. Sie erhielten Unterstützung von anderen Menschen, die ihre Wertvorstellungen beeinflussten und ‚näher zu sich selbst' brachten. Im Roman ‚Der Zauberberg' von Thomas Mann verlässt der Protagonist Castorp beispielsweise eine Heimat, um jemand in einem Schweizer Kurort zu besuchen.[144] Dort begegnet er anderen Formen des Seins und Denkens, vertreten u.a. durch einen Literaten, einen Jesuitenpater, eine Beamtengattin und einen malaiischen Kaffee-Magnaten. Castorp versucht zunächst, den moralischen Vorstellungen seiner kleinbürgerlichen und norddeutschen Herkunft treu zu bleiben. Doch langsam erlebt er, angeregt durch die Belesenheit und Überzeugungskraft der anderen eine Art Umsozialisierung und verändert sein Wertesystem unter den Voraussetzungen, die in ihm schon angelegt waren; seine sexuelle Neigung, seine

---

143 Was uns vor allem in eine ‚vorgegebene Intentionalität' einpresst, sind die Vorgaben der Institutionen. Jeder muss also für sich den geeigneten ‚Freiheitsgrad' finden, in dem er gleichzeitig sich selbst und den Erwartungen seiner Umgebung treu bleiben kann.

144 Castor und Pollux waren Zwillinge der griechischen Mythologie, die allerdings von unterschiedlichen Vätern gezeugt wurden. Castor als Sohn eines Sterblichen wurde ermordet und Pollux, der ihn über alles liebte, wählte statt ewiger Jugend den Wechsel zwischen Olymp und Hades, um seinem Halbbruder treu zu bleiben.

Vorliebe für französische Lebensart und sophistische Logik. Während eines Schneesturms hat er einen Traum und erkennt, dass er dem Tod keine Herrschaft über seine Liebe einräumen will. Der Roman verknüpft geschickt prägende Ereignisse mit der Begegnung entsprechender Persönlichkeiten, die auf die Identität von Castorp dauerhaften Einfluss haben. Statt der geplanten drei Wochen bleibt er schließlich sieben Jahre.[145]

Soziale Archetypen

In deiner Brust sind deines Schicksals Sterne

Friedrich Schiller

In der unkonkreten Lage zwischen (kollektiver) Tugend und (persönlichem) Bedürfnis entsteht der Wunsch nach übergeordneten Schemata, mit denen sich komplexe Situationen zunächst zusammenfassen lassen. Diese sind in Form von Idealtypen gegeben. Wertbegriffe bilden ‚Bündel' von Eigenschaften, die einem bestimmten Archetypus entsprechen (Botschafter, Muse, Aktivist, Wohltäter, Ordner, Freigeist, Helfer usw.) und die durch das Rollenspiel in der Gesellschaft kultiviert werden. So ist das Wechselspiel aus Bedürfnis und Tugend leichter identifizierbar. Die aus den Dichotomien entstehenden Archetypen sind Bilder für etwas, zu dem wir die Einheit suchen, da die Werte nie deckungsgleich mit der Realität sind und damit hilfreich bei der Formulierung synthetischer Urteile a priori und Gesetzen vor der Vorstellung. Die 'Charaktere' (Archetypen mit wertbesetzten Eigenschaften) sind unumstößliche Vorbilder, aus denen wir die Differenzierung der Eigenschaften lernen, um letztendlich zu einer Einigung zu gelangen. Von klein auf können wir diese Zusammenhänge verinnerlichen und die passenden Emotionen dazu, die auf einer nichtsprachlichen Ebene vermittelt werden und Kommunikation ergänzen.

---

145 Thomas Mann war vom Sternzeichen her Zwillinge mit Mond in Krebs. Sein zweiter großer Roman ist die Familiensage Buddenbrooks. Auch er spiegelt die Abgründigkeit der Beziehungswelt (Pluto am MC) und die Perfidität der Verwicklungen (AC Jungfrau).

Die Emotion ist, wie wir gesehen haben, im dialektischen Prozess ein negatives Abbild der erwünschten Tugend. Sie verweist auf die Differenz zwischen fremder und eigener Tugend, bzw. auf die Erwartung an eine Einigung über diese Differenz. Durch die in allen wertbesetzten Begriffen oder Begriffsverweisen inne wohnende Astro-Logik entsteht ein 'Kontextmanagement', das auf mehreren Ebenen verknüpfbar ist und Angelegenheiten des Verstands und des Gefühls symbolisch verbinden und formulieren hilft. Ihre Symbole finden sich als typisch erkannte Rollen jeder Gesellschaft.[146] Hier geht es darum, ihre Entsprechung in der Matrix der 60 Dichotomien aufzuzeigen und die jeweiligen ‚Wertebündel' einem ‚Urtypus' zuzuweisen.

Wie finden wir die ‚passenden' Werte zu den 12 Planeten? Zunächst unterteilt man die 60 Wertepaare in 15 Themengruppen von jeweils zwei Planetenpaaren, die ich Monaden nennen will. Diese enthalten den jeweiligen kennzeichnenden Archetypen. Jedes Planetenpaar kann mit einem anderen in vierfacher Kombination auftreten. Jeder Planet bildet eine Erhöhung und eine Freude pro Zeichen aus, daraus ergeben sich 24 positive Dichotomien,[147] Die Sonne hat z.B. mit Mars zusammen einen Kreis, weil sie im Widder erhöht steht und mit Merkur, weil sie in den Zwillingen in Freude steht.[148] Es gibt nun eine weitere Selektierung, die aus den 24 positiven Archetypen nach folgendem Schema noch einmal 12 besonders hervorhebt.[149] Sie sind in der Graphik der Dichotomien bunt hervorgehoben.

---

146 Sie werden ausführlich in Band I - III der ‚Astrologischen Soziologie' beschrieben.

147 Die in der Graphik durch kleine Kreise markiert sind.

148 In Band IV werden 12 Planeten den 36 Dekanaten zugeordnet mit jeweils einer Erhöhung und Freude. Auch auf www.astrologie-abc.de.

149 Die mit der Tilde bezeichneten Planeten sind dann die Oppositionen (Planet im ‚Fall' oder im ‚Exil').

Graphik 5 Freuden und Erhöhungen

Erhöhung, Freude	**Pendant**	**'Ur'-Eigenschaften**
Pluto (in Freude im Widder)	• erhöht in Wasserm.	• Kontinuität (Vernunft)
Chiron (in Freude in Stier)	• erhöht in Jungfrau	• Seriosität (Effizienz)
Sonne (in Freude in Zwilling)	• erhöht in Widder	• Selbstbewussts. (Begeisterung)
Uranus (erhöht in Zwilling)[150]	• in Freude in Waage	• Souveränität (Aufklärung)
Jupiter (erhöht im Krebs)	• in Freude in Fische	• Innovation (Glaube)
Lilith (erhöht im Löwe)	• in Freude in Skorp.	• Gleichberecht. (Ganzheitlichkeit)
Merkur (in Freude in Jungfrau)	• erhöht in Krebs	• Intuition (Logik)
Saturn (erhöht in Waage)	• in Freude in Jungfr.	• Disziplin (Ordnung)
Mars (in Freude im Schützen)	• erhöht in Steinbock	• Ehrgeiz (Entschlossenheit)
Neptun (in Freude in Steinbock)	• erhöht in Skorpion	• Vertrauen (Sensibilität)
Mond (in Freude in Wassermann)	• erhöht im Stier	• Fürsorge (Achtsamkeit)
Venus (erhöht in Fische)	• in Freude in Löwe	• Ästhetik (Kultivierung)

---

150 Die Dopplung entsteht, weil nicht alle 12 Typen einem unterschiedlichen Zeichen der Erhöhung oder Freude zuzuordnen sind. Der 'Bruch' entsteht wieder mit Merkur und Pluto.

Von den fünfzehn Monaden beinhalten 12 jeweils einen Urarchetypen von Planeten, die in komplementärer Farbordnung zueinander in Bezug stehen. Diese Unterscheidung zu treffen ist wichtig, weil sie eine eindeutige Zuordnung der Archetypen zu den Monaden möglich macht und später auch zu den Persönlichkeitsmerkmalen der 'Big Five', die noch einmal 12 der Monaden zu fünf, bzw. sechs besonders wichtigen Merkmalen zusammenfassen.

Dazu gibt es drei Monaden, die keine Regentschaft besitzen und den drei Rollen des Alpha, Beta und Omegatypus zugeordnet werden. Jeder Planet hat wie gesagt zwei Zeichen, in denen er in Erhöhung und in Freude steht. Eines davon steht in der eigenen Dichotomie und eines ist in einer anderen Dichotomie. Beispielsweise ist der Mond der Regent der hellblauen Monade mit seinem Hauptaspekt der Fürsorge durch seine Freude im Wassermann (Achtsamkeit). Die Monade des Mondes besteht aus den vier hellblauen Dichotomien, die aus den Kombinationen der Dualplaneten Uranus und Neptun mit Sonne und Mond möglich sind.

120 Eigenschaften in 15 Monaden

Diese Urtypen sind in ihrer Art alle Vorbilder und Leittypen mit eigenen Aufgabenbereichen.[151] Sie erfüllen aufgrund ihrer Orientierung zwischen zwei Rollenebenen eine bestimmte gesellschaftliche Funktion mit definierten Wertebereichen.[152] Begriffe wie Durchsetzung, Kooperation, Sensibilität usw. sind Brücken, die einerseits als Wertorientierung dienen, andererseits in ihrer negativen Form als Emotionen erscheinen (Angst, Wut, Unsensibilität). Die Begriffe lagern sich gewissermaßen als Emotionen ab. [... Die Sedimentationshypothese, auch lexikalische Hypothese oder lexikalischer Ansatz, bezeichnet in der Psychologie die Annahme, dass alle wichtigen Persönlichkeitseigenschaften umgangssprachlich durch Eigenschaftsworte der jeweiligen Sprache repräsentiert sind. Man unterstellt, dass die menschlichen Sprachen für alle persönlichen Eigenschaften, die bedeutsam, interessant

---

151 Zum Thema Alpha, Beta, Omega siehe Anhang Synonyme und Band II der Astrologischen Soziologie.

152 Die Sonnenarchetypen sind Vorbilder unter Vorbildern in dem Sinne, als das sie sich in den Medien zeigen und damit eine öffentliche Funktion übernehmen.

oder nützlich sind oder waren, im Laufe der Zeit spezielle Wörter entwickelt haben. Mit der Wichtigkeit individueller Persönlichkeitsunterschiede stieg dabei auch die Wahrscheinlichkeit dafür, dass die Sprache ein gesondertes Wort hervorbrachte. Die Sammlung der Begriffe eines Sprachraumes, mit denen individuelle Unterschiede beschrieben werden können, sollte den Bereich der relevanten individuellen Differenzen abdecken. Sie ist eine der wichtigsten und am meisten gebrauchten wissenschaftlichen Theorien der differentiellen und Persönlichkeitspsychologie. Unter anderem wurden die Big Five-Persönlichkeitsmerkmale aus einer lexikalischen Analyse gewonnen. Aus Tausenden von Adjektiven zur Bezeichnung der Persönlichkeit haben Psychologen mit Hilfe statistischer Verfahren die entscheidenden Dimensionen ermittelt...][153].

Dichotomie	Assoziierte	Typus	Monade	Dissoziierte
Mond Venus Sonne Mars	Achtsamkeit, Sinnlichkeit Begeisterung, Standhaftigk.	Alpha	Weiß	Redlichkeit, Kultivierung, Wohlwollen, Geradlinigkeit
Mond **Jupiter** Sonne Saturn	Unschuld, Innovation, Stil, Tradition	**Jupiter** Wohltäter	Gelb	Förderung, Vielfalt, Hoffnung, Reife
Venus Jupiter **Mars** Saturn	Geduld, Zielstrebigkeit, Entschlossenheit, Verzicht	**Mars** Aktivist	Rot	Ehrgeiz, Optimismus, Entspannung, Nüchternheit
Mond Uranus Sonne Neptun	Natürlichkeit, Versöhnung Selbstüberw., Revolution	**Mond** Helfer	Türkis	Mut, Vorsicht, Fürsorge, Abwechslung
Venus Neptun Mars Uranus	Ästhetik, Transzendenz, Direktheit, Kreativität	**Venus** Muse	Pink	Spontaneität, Versenkung, Bescheidenheit, Flexibilität

---

153 Siehe auch Sedimentationshypthese: http://de.wikipedia.org/wiki/Lexikalischer_Ansatz

Dichotomie	Assoziierte	Typus	Monade	Dissoziierte
Jupiter **Neptun** Saturn Uranus	Glaube, Weitsicht, Vorsorge, Schöpfung	**Neptun** Bystander	Grün	Optimierung, Vertrauen, Kooperation, Individualität
Mond Merkur **Sonne** Pluto	Romantik, Logik, Präsenz, Wille	**Sonne** Vorbilder	Orange	Selbstbewussts., Differenz., Mitgefühl, Konsequenz
Venus Merkur Mars **Pluto**	Brüderlichkeit, Forschen Engagement, Kontinuität	**Pluto** Prozessmächtige	Braun	Initiative, Geschicklichkeit, Treue, Resilienz
Jupiter Merkur Saturn Pluto	Fairness, Rhetorik, Prüfung, Routine	Beta	Grau	Legitimität, Improvisation, Toleranz, Verantwortung
Neptun Merkur **Uranus** Pluto	Rücksicht, Aktualität, Freiheit, Vernunft	**Uranus** Spezialist	Blau	Souveränität, Neugier, Sensibilität, Stabilität
Mond **Lilith** Sonne Chiron	Verbundenheit, Emanzipat. Echtheit, Konstruktivität	**Lilith** Vermittler	Violett	Charisma, Gleichberechtigung, Spiel, Organisationsvermögen
Venus Lilith Mars **Chiron**	Charme, Humor, Einfluss, Güte	**Chiron** Denker	anthrazit	Leistung, Austausch, Harmonie, Seriosität
Jupiter Lilith **Saturn** Chiron	Wachstum, Nachhaltigkeit, Ordnung, Komplexität	**Saturn** Bewahrer	Beige	Disziplin, Solidarität, Großzügigkeit, Effizienz
Neptun Lilith Uranus Chiron	Einsicht, Mitbestimmung, Freizügigkeit, Respekt	Omega	hellgrau	Aufklärung, Diplomatie, Spiritualität, Objektivität
Merkur Lilith Pluto Chiron	Klugheit, Integrität, Kompetenz, Bildung	**Merkur** Botschafter	Hellgrün	Klarheit, Ganzheitlichkeit, Intuition, Sorgfalt

Dabei gibt es jeweils zwei assoziierte Paare und zwei dissoziierte. Die Assoziativen sind Paare derselben Qualität von hart oder weich. Sie stehen in der Abbildung in der zweiten Spalte (und in der Graphik der Dichotomien in der linken oberen Hälfte). Die dissoziativen Paare sind jeweils aus einem harten und einem weichen Planeten gebildet und stehen in der Abbildung in der letzten Spalte (und in der Graphik der unteren rechten Hälfte). Die 15 unterschiedlichen Farben sind jeweils aus zwei solcher Paare aus beiden Bereichen gebildet. Z.B. stehen die Kombinationen von Sonne, Mond und Venus, Mars im weißen Feld links oben als Kombination von der rein weichen Dichotomie zwischen Mond und Venus und der rein harten Dichotomie von Sonne und Mars. Entsprechend findet sich unten rechts das dissoziierte Pendant mit den Kombinationen von harten und weichen Planeten mit Mond/Mars und Sonne/Venus.

Ich glaube, es wird deutlich, dass wir uns auf diesem Weg weder einer 'Generalethik' des Menschen nähern können, noch einer 'Theorie der Emotionen'. Es gibt außerhalb des Kontextes keine 'falschen' oder 'richtigen' Werte und auch kein Erkennen und Messen von 'erwünschten' oder ‚weniger erwünschten' Verhaltensweisen. Jedes Experiment im sozialen Bereich ist von der Begriffswahl seiner Parameter abhängig. Jeder Begriff, der einen Menschen bezeichnet, bezeichnet auch eine Stimmung und eine Haltung, in der die Einschätzung abgegeben wurde und kann nur in dem kulturellen Kontext verstanden werden. Wenn wir als Astrologen einer einheitlichen Sprachmatrix folgen, bedeutet dies nicht, dass wir etwas bezeichnen, das objektiv oder ursprünglich gegeben wäre. Die Deutung von Eigenschaften bei Menschen sagt immer mehr über den Sprecher und die von ihm benutzte Sprache aus, als über den Objektivitätsgehalt des Gesprochenen. Auch die rationalste Sprache hat Untertöne und Wertungen, die unsichtbar mitschwingen und dem Gesagten eine ganz andere Wendung geben können.

Umso wichtiger ist es, bei sich selbst zu bleiben und konkrete Beispiele von dem zu geben, was man meint, wenn man mit Menschen zu tun hat für die aus Gründen der gesellschaftlichen Ausgrenzung die Bedeutung der Worte sehr wichtig ist. Die Matrix der emotionalen Werte und Bedürfnisse kann linguistische Feinheiten aufzeigen helfen und mit Hilfe von Sprache praktisch Intentionen oder Mehrdeutigkeiten aufzeigen. Die dahinterstehende Absicht (des Beraters) sollte aber immer eine sein, die das gegenüber so zu verstehen, wie dieser es subjektiv meint, und damit den Dialog aufrechterhalten. Der

Komplexität des Zusammenlebens kann nur eine ‚Wissenschaft der Haltung einfühlsamen Zuhörens' gerecht werden. Die Forderung nach naturwissenschaftlicher Beweisbarkeit würde in der Soziologie und Psychologie zu einer Suche roboterhaften Funktionierens des Menschen mutieren und genau das erzeugen, was man vermeiden möchte – die Begrenzung individueller Vielfalt.[154]

Der grundsätzlich doppelt polare Aufbau jeder emotional besetzten Gesprächssituation konstruiert Paradoxa, um sie in der Alltagssprache aufzulösen; daraus entstehen Tautologien, Antinomien, Oxymora, Diathesen usw. die dem Gesagten eine offene Botschaft geben und gleichzeitig Einigung verhüllt anbieten. Die Differenz zwischen Mitteilung und Information bleibt bewahrt, wie Luhmann sie fordert. Anschluss-Kommunikation ist nur möglich, wo das Gesagte eine Interpretation des Sprechers erfährt, auf die der Antwortende eingehen kann. Eine absolute Wahrheit würde auch das Ende der Kommunikation bedeuten und damit die Stagnation des Systems. Wir brauchen Differenzen, die wirklich eine Differenz machen, Beobachtungen, die nachhaltige Unterscheidungsmöglichkeiten liefern. Dauerhafter Konsens ist möglich, wo sich der gefühlte Dissens der Widersprüche in den Botschaften und Interpretation in etwas Höheres auflöst. Nicht der Widerspruch löst sich auf, sondern unsere Haltung ihm gegenüber.

Über das, worüber wir nicht sprechen können, müssen wir schweigen, sagte Wittgenstein. Paradoxerweise wollen wir aber genau über das sprechen, was bisher ungesagt blieb, ansonsten gäbe es nichts Neues in der Welt. Das Vortasten in andere Bereiche des Lebens bedingt immer eine gewisse Unsicherheit, ob ich mit meinen Gefühlen und Bedürfnissen soziale Akzeptanz finde. Im Sprechen suchen wir einen Weg, das Mysteriöse unseres Innenlebens so auszudrücken, dass es verhandelbar wird. Es findet vor dem Hintergrund der Mythen, Erzählungen und Narrative, mit der wir unsere Existenz zu beschreiben versuchen, eine Übertragung vom Wort auf die Natur statt, die wiederum konkretisiert werden muss.[155] Astrologie mit ihrem Set von Bausteinen, die bestimmte Deutungsmuster bei der Konkretisierung der

---

154 Wenn ich ‚mad dog' mit ‚tollwütiger Hund' übersetze, bedeutet dies was ganz anderes als ‚verrückter Hund' im Deutschen. Ich habe auch aufgehört, Leute, deren ungewöhnliche Handlungen mit gefallen, als ‚Freaks' zu bezeichnen, weil das schön öfters zu Ungemach führte. (Auch ‚echte Freaks' macht es wohl nicht besser).

155 Siehe Andreas Bleeck, Was ist Mythos? – Astrologie 2.0, Synergia 2014

Beschreibung innerer Zustände erzeugen hilft, indem sie sie auf die äußeren Ereignisse zurückführt, die durch die Planetenstände angezeigt werden. Gleichzeitig erzeugt sie jedoch neue Narrationen, die einer weiteren Vergewisserung bedürfen und treibt so den Modus der ‚Deutungsanpassungen' voran.

Die Bedürfnisse haben mit Freud durchaus etwas triebhaftes, das wir zu sublimieren und verdrängen suchen, und es bedarf der Überwindung, Umwandlung und Kanalisierung, um sich des Unterschiedes von Natur und Kultur bewusst zu werden (der immer ein dialektischer bleiben muss). Widersprüche von Gefühl und Verstand führen uns die Notwendigkeit zum Hinterfragen der eigenen Konzepte immer wieder vor. E-Motionen bleiben mit uns in Bewegung; in ihrem sprachlichen Pendant dialektischer Spannung zwischen konstruierten Polen, die für uns die Bretter der Welt bedeuten, führen sie uns zur Synthese. Wer seine Emotionen steuern lernt, gewinnt soziales Ansehen, wer sie zum Ausdruck bringen kann und erfolgreich anwendet, der zieht andere mit. Ab und zu darf man sich von ihnen auch überwältigen lassen, wie etwa beim Wettkampf, in der Therapie oder beim Firmenbesäufnis, aber auch dies nur unter gewissen Kontrollmechanismen. Emotionen geschehen uns nicht, sondern sie sind das innere Abbild der Institutionen und sozialen Gepflogenheiten, über die wir uns verständigen. Sie variieren von Kultur zu Kultur, in ihrem Grundaufbau bleiben sie sich aber gleich.

Dichotomie	Typus	Dualrollenverhältnis	Weitere Typen	Kreuzbegriffe, Tautologien, Antinomien, Oxymora
Mond Venus Sonne Mars	Alpha	Autorität vs Beziehung	Durchsetzer, Dominante	wohlwollende Achtsamkeit, kultivierte Sinnlichkeit, redliche Beharrung
Mond Jupiter Sonne Saturn	**Jupiter** Wohltäter	Autorität vs Milieu	Idealist, Mäzen, Wohltäter	innovative Förderung, reife Tradition, hoffnungsvoller Stil
Venus Jupiter Mars Saturn	**Mars** Aktivist	Beziehung vs Milieu	Aktivistin, Pionier, Heldin	nüchterne Zielstrebigkeit, entspannter Verzicht, optimistische Geduld

Dichotomie	Typus	Dualrollen-verhältnis	Weitere Typen	Kreuzbegriffe, Tautologien, Antinomien, Oxymora
Mond Uranus Sonne Neptun	**Mond** Helfer	Autorität vs Primärgruppe	Versorger Helfer	mutige Versöhnung, vorsichtige Selbstüberw., natürliche Abwechslung
Venus Neptun Mars Uranus	**Venus** Muse	Beziehung vs Primärgruppe	Gefährtin innerer Kreis	spontane Kreativität, flexible Ästhetik, bescheidene Direktheit
Jupiter Neptun Saturn Uranus	**Neptun** Bystander	Milieu vs Primärgruppe	Beobachter Visionär	kooperative Vorsorge, weitsichtiges Vertrauen, individueller Glaube
Mond Merkur Sonne Pluto	**Sonne** Vorbild	Autorität vs Medien	Eliten, Jet Set, High Society	logische Konsequenz, romantisches Selbstbewusstsein, präsentes Mitgefühl
Venus Merkur Mars Pluto	**Pluto** Gatekeeper	Beziehung vs Medien	Prüfer, Selektierer	geschicktes Engagement, resilientes Forschen, kontinuierliche Bescheidenh.
Jupiter Merkur Saturn Pluto	Beta	Milieu vs Medien	Milieuexperten Zuarbeiter	legitime Optimierung, faire Verantwortung, improvisierte Routine
Neptun Merkur Uranus Pluto	**Uranus** Spezialist	Primärgruppe Medien	Virtuose Einzelgänger	rücksichtsvolle Vernunft, sensible Freiheit, aktuelle Stabilisierung
Mond Lilith Sonne Chiron	**Lilith** Vermittler	Autorität vs Diskurs	Vermittler Mediator	spielerische Verbundenheit, echtes Charisma, konstruktive Gleichberecht.
Venus Lilith Mars Chiron	**Chiron** Denker	Beziehung vs Diskurs	Denker Wissenschaftler	charmante Leistung, seriöser Humor, gütiger Austausch
Jupiter Lilith Saturn Chiron	**Saturn** Bewahrer	Milieu vs Diskurs	Sammlerin Träger	solidarische Ordnung, effiziente Nachhaltigkeit, diszipliniertes Wachstum

Dichotomie	Typus	Dualrollen-verhältnis	Weitere Typen	Kreuzbegriffe, Tautologien, Antinomien, Oxymora
Neptun Lilith Uranus Chiron	Omega	Primärgruppe Diskurs	Oppositionelle Einflüsterer	diplomatische Mitbestimmung, objektive Einsicht, spirituelle Freizügigkeit
Merkur Lilith Pluto Chiron	**Merkur** Botschafter	Medien vs Diskurs	Informant Vernetzer	integrierte Bildung, kluge Sorgfalt, ganzheitliche Intuition

Einer künstlichen Sprache fehlt die Aktualisierung durch das lebendige Sprechen. Das Projekt Esperanto hat deutlich gemacht, dass es nicht entwicklungsfähig ist. Sprache lebt von der Lebendigkeit ihrer Metaphern, und der Möglichkeit der Änderung von Bedeutungen im Sprechen. Wenn man für die 120 Tugenden oder Bedürfnisse nach Wortlauten suchen würde, die sie ausdrücken, würde man auf kulturell geprägte Muster kommen, Feststellung von Mut würde im Deutschen durch ein 'bohhh' ausgedrückt, Kritik durch ein Räuspern, Vorsicht durch ein 'sss', Mitleid durch ein 'hmmm' und Humor durch ein langgezogenes 'AaHaha'. Das beliebte Neusprech ‚Nee ne', nach dem gedanklich meist ein ‚nicht wirklich' angehängt wird, hat eine narrative stark gebundene Form genauso wie ein ‚ok, ja dann'. Derartige Onomatopöien wirken auf bestimmte Gehirnareale ein, die eng mit den emotionalen Grundzentren verbunden sind.[156]

Diese Zentren stehen mit der Empfindung von Farben, Gerüchen und Klängen in Verbindung, so dass wir von klein auf auch emotionale Inhalte durch kleinste Sprachnuancen transportieren, die uns die Logik der Gefühle und Bedürfnisse der verschiedenen Typen, denen wir begegnen, spiegeln. Wir nehmen Informationen nicht nur durch die Sprache auf, sondern auch durch Mimik, Körperhaltung, Stimmhöhe und andere Ausdrucksweisen und die Nachahmung eines Idealtypus innerhalb einer gesellschaftlich anerkannten Rolle. Ihre Repräsentationen im Gehirn treten nicht isoliert auf. Sie haben einen ‚Gegenspieler' und es ist möglich, vermeintliche Defizite, Erwartungen

---

[156] Raoul Schrott/Arthur Jacobs, Gehirn und Gedicht. Wie wir unsere Wirklichkeit konstruieren, Carl Hanser Verlag, München, 2011

und Ängste mithilfe dieses Antagonisten indirekt auszudrücken; spielerisch also eine Contrahaltung einzunehmen und dies durch typische Zeichen von Ironie zu markieren. Jeder Satz kann deshalb immer auch sein Gegenteil bedeuten. Wenn wir sprechen, analysieren wir uns also gleichzeitig selbst, während wir die Reaktionen des Gegenübers beobachten und sie auf innere Widersprüche überprüfen. Dabei entsteht unweigerlich ein Widerspruch zwischen Ich und Du, zwischen Innenwahrnehmung und der 'Realität, die in Einklang gebracht werden muss zwischen den Ansichten der Gesellschaft, der engeren Umgebung und den eigenen Bedürfnissen.[157]

Im phänomenologischen Sinne hat Astrologie nichts mit 'Zukunftsschau' zu tun. Sie wird zu einem Instrument der Methodik, Einstellungen und Verhaltensweisen auf ihre sprachliche Struktur hin zu überprüfen und alternative Denk- und Ausdrucksweisen aufzuzeigen. Es geht in der astrologischen Beratung nicht um dialektische Spielereien, sondern um das Aufzeigen echter Verhandlungswege ‚emotionaler Intelligenz'. Wir können die Werte zwar denken, aber unser Gefühl leitet uns bei der Erfassung von moralischen Ansprüchen viel sicherer, falls sie denn sprachlich so ausgedrückt werden, dass wir sie 'im Anderen' erfassen können. Zu jedem 'Wert', jeder 'Norm', jedem Bedürfnis gibt es ein Gegensatzpaar positiver wie negativer Begriffe, die auf einen Zusammenhang der eigenen Bedürfnisse und der von der Gesellschaft erwarteten Tugenden verweisen. In der Beratung kommen die ‚Schattenanteile' des Klienten zur Sprache; emotionale Muster, die nicht bewusst sind und zu inkongruentem Verhalten führen. Durch ein vorsichtiges Bewusstwerden dieser ‚Affekte' entstehen neue Betrachtungsweisen und Wertvorstellungen, so dass sich die emotionale Spannung löst.

---

[157] Derartige Sprachgebilde lassen sich im Horoskop des Sprechers manchmal gut identifizieren, insbesondere bei einem starken Sendungsbewusstsein Siehe mein Artikel: 'Die Oxymora des Karl Marx' in 'Astrologie ohne Dogma - eine soziologische Annäherung', Astronova 2013

Elementargruppen

Wer keinen Namen sich erwarb, gehört den Elementen an

Johann Wolfgang Goethe

Planeten und Sternzeichen gruppieren sich anhand einer ganz speziellen Symmetrie, die sich von der herkömmlichen Einteilung der Sternzeichen in ‚Elemente' unterscheidet. Die klassische Einteilung der Elemente harmoniert, wie wir später sehen werden, mit den Hauptbegriffen der Sozialpsychologie, den ‚Big Five' - Extraversion, Verträglichkeit, Offenheit, Neurotizismus (Suche nach Standhaftigkeit) und Gewissenhaftigkeit – und den ‚Big Two' (Agency und Communion). Dabei wird der Begriff ‚Element' im Zusammenhang mit Wertmodellen etwas anders umschrieben als in einschlägigen Astrologiebüchern.[158] Es gibt allerdings Überschneidungen, da die Planeten je nach Kontext unterschiedliche Bedeutungen haben können. Im Folgenden werden die neuen ‚Planeten' Lilith und Chiron den Sternzeichen Jungfrau und Waage zugeordnet. Man könnte sie auch zunächst als Prinzip x und y definieren und sie als Platzhalter für weitere Objekte freihalten. Doch in diesem 12er System sind alle Planeten sowieso nur Platzhalter und prinzipiell durch Asteroiden, Halbsummen und andere Wirkpunkte ersetzbar.

Die Interpretation des Horoskops oder eines Lebenslaufs kann nicht nur im Zusammenhang mit den Wertevorstellungen einer Kultur, den Normen, den Sachzwängen und der Sprache der Gruppen sinnvoll sein, an denen das Individuum teilnimmt und die in einem Bezug zum Beobachter und Deuter stehen, sondern auch in der universellen Frage nach dem Menschsein und dem Sinn des Daseins überhaupt. Der Rahmen des Gesprächs ist nicht allein auf soziale Einordnung bezogen, es kann, ja es sollte in einer Selbstverortung außerhalb normierter Ordnung münden, wenn die Intervention etwas anregen möchte. Was innerhalb des üblichen Rahmens passiert, ist die Folge von Konventionen und Erfahrungen. Die eigentliche Beobachtung beginnt dort,

---

[158] Auch die mittelalterliche ‚Säftelehre' entsprach nicht den Elementen im Horoskop; der Schütze ist kein Choleriker, der Stier kein Melancholiker, der Wassermann kein Sanguiniker und der Skorpion kein Phlegmatiker.

wo wir den Rahmen verlassen; die Konventionen hinterfragen. Das bedeutet, dass der Astrologe den Rahmen selbst schaffen muss, in dessen Kontext er Menschen erreicht. Und genau dies Über-den-Rahmen-Hinaus-Gehen braucht keine ‚absoluten Regeln', da jeder Einzelfall seinen eigenen Hintergrund mitbringt.[159] Es geht um eine grobe Orientierung an den gängigen Kategorien der Psychologie und nicht um ‚Beweise für Funktionen'.

Wie ich zeigen möchte, basiert die Einteilung des astrologischen Tierkreises im Wesentlichen auf der Sortierung, wie sie auch durch die ‚Big Two' und die ‚Big Five' der Persönlichkeitspsychologie gefunden worden sind. Letztere haben eine Ähnlichkeit mit der mittelalterlichen ‚Säftelehre' der Temperamente, die im Horoskop nicht ganz kongruent mit den Elementen sind. Die ‚Big Two' hingegen haben ihre Parallele in der ‚2. Matrix' des Tierkreises, die ich im Band II der Astrologischen Soziologie beschrieben habe. Je zwei Planeten gesellen sich schon in der Antike zu einem Paar, das einen aktiven (Mächtigkeit suchenden ‚Malefizen') und einen passiven (kommunalen, sozialen ‚Glücksbringer') Vertreter hat. Zusammen ergibt sich eine Einordnung in vier Gruppen, die jedem Planeten eine Eigenschaft als ‚Big Two' und ‚Big Five' zuordnet.

Diese Gruppen finden sich auch in der Planetenmatrix wieder, wo jedem der 12 Planeten in Kombination mit einem anderen genau eine Eigenschaft zugewiesen wird. Sie sind gewissermaßen ‚Kommunikationsmatrizen', die in den unterschiedlichen gesellschaftlichen Rollen, die wir annehmen, zur Anwendung kommen. Die entsprechenden ‚dualen Planetenpaare' waren schon in der klassischen Astrologie als ‚Wohltäter' und ‚Übeltäter' bekannt. Zusammen mit den neuen ‚Planeten' bilden sie eine Art 2. Matrix im Tierkreis. Es geht um den Umgang mit Autoritätskonflikten (Sonne/Mond), gegengeschlechtlichen Nuancierungen (Venus/Mars), transpersonalen Gruppenfunktionen (Uranus/Neptun), einem regulierenden Habitus der Schicht, der wir angehören (Jupiter/Saturn), mediale Präsenzform (Merkur/Pluto) und eine Teilnahme am Herrschafts-Diskurs (Lilith/Chiron). Die sich daraus ergebenden 15 Funktionsbereiche entsprechen den 15 Monaden der sozialen

---

[159] Dann kann auch ein Computerhoroskop oder eine wahllos herausgegriffene Deutung ihre 'Wirkung' hervorbringen, wie es in der berühmt gewordenen Studie über das Horoskop des Mörders Harmann zum Ausdruck kam, mit dessen Horoskop sich alle Probanden identifizierten konnten, als ihnen gesagt wurde, es sei das ihre. http://dermond.at/astrologie.html#Pfaff

Archetypen und ihren Wertebereichen. Vorsicht (Neptun) und Mut (Sonne) spielen so eine besondere Rolle bei Fragen rund um Autoritäten in Gruppen. Es erfordert Mut, sich den damit verbundenen Hierarchien entgegenzustellen, aber auch Vorsicht und Umsichtigkeit, um dauerhafte Änderungen zu erreichen. Genau das erwarten wir Astrologen, wenn wir eine Betonung von Sonne/Neptun im Horoskop finden.

Dualplaneten

Wir sind alle Engel mit nur einem Flügel. Um fliegen zu können, müssen wir einander umarmen.

Luciano De Crescenzo

Sonne und Mond sind natürlich die uralten Analogien für Tag und Nacht, für Bewusstes und Unbewusstes, für Yin und Yang, Sammeleigenschaften des Ausdrucks einer Dualität, die in allen sprachlichen Begriffen, insbesondere solchen, die mit Werturteilen behaftet sind, angelegt sind. Konfuzius war der Meister darin, alles Verkörperte sprachlich in ein weiches und ein hartes Element zu teilen, und es spielt für die Praxis chinesischer Medizin eine herausragende Rolle, den Ausgleich zwischen diesen Kräften zu bewirken. Im Westen hat sich diese Komplementarität indirekt über die Zuordnung der dualen Planetenpärchen geformt. Die 'alten' Duale (Venus/Mars, Sonne/Mond, Jupiter/Saturn und neuerdings auch Uranus/Neptun) liegen alle direkt im Tierkreis nebeneinander.[160]

---

160 Michael Roscher, dessen Modell der Regelkreise ich sehr schätze, hat allerdings Neptun und Pluto als Dualplaneten genommen (und nicht Uranus und Neptun). Die beiden liegen im Tierkreis nicht nebeneinander.

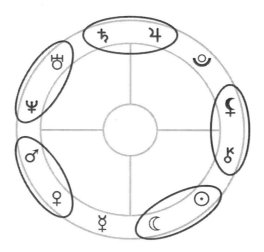

Graphik 6 Dualplaneten

Viele Dinge existieren in unserem Sprachgebrauch in Paaren. Dinge die zusammengehören, obwohl sie scheinbare Gegensätze bilden. Eines von beiden hat oft einen ‚Leitcharakter', das andere wird als Ergänzung empfunden. Es gibt Land und Meer, Licht und Schatten, Messer und Gabel, ein Haus hat einen Garten, ein Topf einen Deckel und ein Auto einen Parkplatz. Die Gewohnheit der Pärchenbildung überträgt sich auf stereotypische Begriffe und Befindlichkeiten. Der Dumme und der Kluge, der Faule und Fleißige, das Gute und das Böse. Sie haben keine Synthese; ihre Gegensätze sind unvereinbar. Man kann nicht gleichzeitig dumm und klug sein, faul und fleißig, gut und böse. Doch gehen wir in die psychologische Typenbildung, dann finden wir Kontraste, die Angebote an Vereinbarkeit machen. Ein Choleriker sucht sein Pendant des Phlegmatikers, ein Linker den Rechten, ein elitär denkender Mensch den basisverbundenen. Sie gehören zusammen und bedingen einander, wie Knecht und Herr in der Dialektik Hegels. Wirklichkeit entsteht zwischen diesen scheinbaren Gegensätzen in der Synthese, die zwangsläufig ein Art 'Konstrukt' sein muss insofern als wir die beiden Pole als ‚Idealzustände' ansehen (bzw. Antiideale), die es im Sinne der ‚richtigen Ordnung' immer wieder zu dekonstruieren und neu zusammenzufügen gilt.[161]

Duale helfen, Kontraste zu bilden ohne zu trennen, und die höhere Einheit der Gegensätze zu begreifen. Sie gehören zusammen wie Haus und Garten. Die Eigenschaft des einen kann ohne den anderen nicht beschrieben werden. Es braucht die Unschärfe ihrer Kontraste, um das Allgemeine wieder zum Besonderen zurückzuführen und im Einzelfall zu integrieren. In der mindestens 6000 Jahre zurückreichenden Symbolik der Astrologie ist das Prinzip der Dualität schon angelegt. Sonne und Mond vertreten die symbolische Dualität von Tag und Nacht auf der psychischen Ebene von Bewusstsein und Unterbewusstsein; von den regulierenden Kräften des Über-Ich und des animalischen Kräften des Es.

Venus und Mars deuten das Urpaar von Mann und Frau als Anteile an, die jedem von uns in beiden Varianten zur Verfügung stehen, weil sie in jedem Horoskop zusammen vorkommen. Geschlechtliche Funktionen sind von der Gehirnforschung unterscheidbar, ohne dass damit eine Aussage auf ewig bestehende Entitäten gegeben wäre. Es ist nur eine 'andere' Art der Informationsverarbeitung, die zu ähnlichen Ergebnissen führt. Und auch hier gehören das Paar zusammen – in jedem männlichen Gehirn 'wohnt' eine weibliche Seite und in jedem weiblichen Gehirn eine männliche. Die Betonung des einen ruft das andere hervor. Sie stehen für die Unzertrennlichkeit geschlechtlicher Ordnung; einen 'richtigen' Mann kann es ohne das unsichtbar mitschwingende Pendant der Frau, die diesen Adonis erst zu seinem Recht verhilft, nicht geben. Und wozu bräuchte es die Betonung weiblicher Anmut, Liebreiz und Hingabe, wenn nicht in der Vorstellung eines Mannes, der seine eigene sanfte Seite nicht erlöst hat. Erst dadurch, dass das Gegenüber sich ‚anders' verhält, können wir seinen Anteil in uns erkennen.

---

161 Diese Dualität hat auch ihre Entsprechung in den unterschiedlichen Funktionen unserer beiden Gehirnhälften. Die Linke arbeitet seriell und rational Informationen nacheinander ab, die Rechte ist mehr bildhaft orientiert und kann parallele Verknüpfungen ziehen. Beide gehören zusammen und sind nur im Zusammenspiel arbeitsfähig.

Hart Agency	Weich Communion	Sektor	Dichotomie	Merkmal	Dualrolle
Sonne	Mond	II	Über-Ich Es	Bewusst Unbewusst	Autorität
Mars	Venus	I	Animus Anima	Männlich Weiblich	Geschlecht
Saturn	Jupiter	MC	Norm Wert	begrenzend erweiternd	Milieu
Uranus	Neptun	IV	Individuum Kollektiv	besonders vielfältig	Primärgruppe
Pluto	Merkur	3/8	Subkultur Medien	Konkret universell	Öffentlichkeit
Chiron	Lilith	DC	Analyse Vermittlung	Sachlich emotional	Diskurs

Die Planeten Jupiter und Saturn weisen auf ein weiteres Prinzip der psychologischen Dualität in ihren Symbolen hin, die doppelt gespiegelt auf den Kopf gestellt sind. Sie stehen für die normativen Kräfte der Gesellschaft auf der einen Seite und die liberalen, fortschrittlichen auf der anderen Seite, bzw. deren Vertreter als psychologische Typen.[162] Das Prinzip der Konzentration und Reduzierung des Saturns führt mit den Bestrebungen des Jupiters nach Expansion und Beschleunigung zum natürlichen Auf und Ab aller Entwicklung. Wenn wir Jupiter sagen, meinen wir im systemischen Sinn immer auch Saturn mit. Unausgesprochen schwingt bei der Erwähnung der Eigenschaften des Jupiters, Loyalität, Großzügigkeit und Toleranz immer auch ein saturnischer Anteil mit, der beschränken muss, um nicht ausgenutzt zu werden. Und umgekehrt hat jeder noch so verschlossene Saturnier die Idee, durch seine Haltung eine bessere, offene Welt zu bewirken, der er seine Regeln erklären kann.

---

[162] Auch hier finden sich typische, neurosoziologisch unterscheidbare Verhaltensweisen in Form von Vermeidungs- und Idealisierungsstrategien.

Auch die beiden großen in der Neuzeit entdeckten Planeten Uranus und Neptun bilden ein Dual. Ihr Platz im Tierkreis wurde passend so gewählt, dass sie die beiden abschließenden Qualitäten des Tierkreises symbolisieren. Während Uranus für das Individuum steht, ist Neptun das Symbol des Kollektivs. Beides bedingt einander. Es gibt kein Kollektiv ohne Individuen und keine Individuen ohne Kollektiv. Selbst wenn ein Horoskop nur aus Neptunanteilen besteht, wird der Eigner individuelle Neigungen haben, ja diese werden sogar besonders stark ausgeprägt sein, weil sie durch das Fehlen herausgefordert werden. Uranus steht für die 'harte' Qualität der Revolution und Aufklärung, die sich durch beständigen Kampf um Gleichberechtigung auszeichnet. Neptun entspricht den 'weichen' Qualitäten der Symbiose mit der Umwelt, der Einfügung in das harmonische Ganze und die vermittelnde Zurückstellung des Egos, wie es in Religion und Spiritualität kultiviert wird. Es ist zwar noch kein 'Mystikergen' gefunden worden und auch kein Gehirnschema, das einen Revolutionär ausmacht, doch scheinet es Tendenzen zu geben, die von klein auf eine Priorität zum Individualismus oder zum Altruismus belegen.

Seit alters her werden die Planeten in 'Übeltäter' und 'Wohltäter' eingeteilt. Mars und Saturn entsprachen den klassischen 'Malefizen', verantwortlich für Tod und Schrecken, Venus und Jupiter den 'Guten', die uns Glück bringen. Es ist eine zweite Matrix, die über der ersten der Sternzeichen liegt.[163] Während im Sternenkreis der Wechsel von aktiven und passiven Qualitäten im Vordergrund steht, ist es bei den Planeten eine Bildung von Paaren, die bis auf eine Ausnahme nebeneinander im Tierkreis stehen und jeweils ‚harte' (agentische) und ‚weiche' (kommunale) Eigenschaften hervorbringen. Das weiblich, weiche Prinzip der Venus steht schon in der babylonischen und ägyptischen Astrologie komplementär zum männlich, harten Prinzip des Mars; die (kon)zentrierende Bewegung der Sonne komplementär zur weichen ganzheitlichen Ausrichtung des Krebses; und das sanfte Erweiternde des Jupiter komplementär zur strikten Begrenzung des Saturn. Wertvorstellungen scheinen sich vor allem aus diesen Dualitäten heraus zu entwickeln und an das Rollenspiel der Eltern (Sonne/Mond), der Geschlechter (Mars/Venus), der Gruppenrollen (Uranus/Neptun), des Schichtverhaltens (Jupiter/

---

[163] Ausführlich in Astrologische Soziologie, Band II, Dualplaneten, Synergia, 2017

Saturn), der öffentlichen Darstellung (Merkur/Pluto) und der Diskursposition (Lilith/Chiron) zu speisen.

Am Beispiel einer Anzeigenleiterin aus einfachem Hause, die mit einem jüngeren Mann aus einem anderen Kulturkreis zusammenlebt, soll dies deutlich werden. Ihre Autorität ist sowohl durch ihren Status gegeben, als auch durch das Charisma, das sie sich durch das Aufsteigen auf der Karriereleiter erworben hat (Sonne gut aspektiert). Manchmal fehlt ihr das Einfühlungsvermögen für ihre Mitarbeiter (Mond hat mehrere Spannungsaspekte). Die Geschlechterebene ist in der Medienbranche weniger stark ausgeprägt, als anderswo. Trotzdem muss sie sich als Frau immer wieder neu beweisen und sich eigene, auch geschlechtsspezifische, Themen erarbeiten (fordernder Mars). Ihr jüngerer Mann ist immer wieder Anlass für Witzeleien, derer sie sich gekonnt erwehren kann (flirtende Venus). Als Leiterin werden von ihr besondere technische Fertigkeiten und Fähigkeiten im Umgang mit Menschen abverlangt (starker Uranus). Dazu braucht sie die Unterstützung ihrer Arbeitsgruppe, deren Rückhalt sie auch durch private Kontakte hat (Neptun Trigon zu Venus). Auf der vierten Ebene der Schichtzugehörigkeit hat sie am Anfang Schwierigkeiten gehabt, die Normen der ‚höheren Kreise' zu verinnerlichen (Mond/Saturn). Es ist ein Abstand zu ihren Herkunftskreisen entstanden, den sie aber dadurch schließen konnte, dass sie mit ihrem Mann in der Freizeit einfache Vereinstätigkeiten aufgenommen hat und gerne tanzen geht (gut verbundener Jupiter). Auf der medialen Ebene hat sie keine eigenen Ambitionen. Es reicht ihr, dass sie schon in einem Verlag arbeitet und das Tagesgeschäft mitbekommt (Merkur unaspektiert). Privat engagiert sie sich für den Tierschutz und kann in privaten Diskussionen sehr vehement sein, wenn es auf dieses Thema kommt (Pluto/Lilith in Haus 8). All diese Ebenen müssen gleichzeitig ausgefüllt und trotz unvermeidlicher Widersprüche sinnvoll durch Einnahme entsprechender Rollen interpretiert werden.

Es bleiben die Planeten Merkur, Pluto, Lilith und Chiron, bzw. die Sternzeichen Zwilling, Jungfrau, Waage und Skorpion, für die noch keine duale Formen der harten und weichen Qualitäten festgelegt sind. Man kann sie auf drei Arten zu Paaren sortieren. Merkur/Lilith und Pluto/Chiron oder Merkur/Chiron und Pluto/Lilith sowie Merkur/Pluto und Lilith/Chiron. Wie das Kapitel über die Elemente zeigen wird, ist die letzte Einteilung die plausibelste. So bilden sich nämlich vier Hauptgruppen von Planeten, die einem bestimmten Element entsprechen und bei der jeder genau eine Ausnahme hat, die mit der klassischen Deutung korrespondiert, wie wir sehen werden. Es macht auch Sinn, den 'Bruch' der Symmetrie auf den Aspekt des Quincunx zu legen (Merkur im Zwilling und Pluto im Skorpion) und nicht auf ein Quadrat wie bei Merkur (Zwilling) und Chiron (Jungfrau). Die Paare Merkur/Lilith und Pluto/Chiron hätten gar kein weiteres zusammenliegendes Paar ergeben, sondern einen Abstand eines Trigons und Sextils. Lilith (Waage) und Chiron (Jungfrau) bilden also das fünfte zusammenliegende Dualpaar im Tierkreis. Sie stehen im Rahmen von Diskursen für die intuitive, weiche Konsenssuche (Lilith) und harte, kritische Argumentation (Chiron). Beide gehören zusammen wie Sonne und Mond und Venus und Mars. Am Deszendenten setzen wir uns hier diskursiv mit dem Phänomen des 'Anderen in uns selbst' auseinander. Seit Lilith und Chiron 1977 gefunden wurden, ist das Bewusstsein für die unterschiedlichen Arten der Kommunikation weiter verbreitet, und eine neue Qualität der Konfliktlösung mit Mediation, systemischer Arbeit und gewaltfreier Kommunikation erarbeitet worden.

Es sind Merkur und Pluto, die einen Bruch der Symmetrie bringen, weil sie nicht mehr nebeneinander liegen. Auch folgen sie nicht mehr der Zuordnung der Planeten, die bisher den passiven Zeichen weiche Planeten und den aktiven Zeichen harte Planeten beigeordnet hat. Chiron und Pluto sind hart, obwohl sie in passiven Zeichen stehen. Merkur und Lilith sind weich, obwohl sie in aktiven Zeichen stehen. Es erstaunt vielleicht, Chiron als harten Yang-Pol und Lilith als weichen Yin-Pol gedeutet zu sehen. Wir müssen aber berücksichtigen, dass das Bild der Lilith momentan noch von ihrer Schattenseite dominiert wird (Opposition Widder); vom zerstörerischen Gegenpol der unbefriedigten und rachsüchtigen Hetäre und nicht von der liebevoll umsorgenden Mittlerin (Waage), die ihre Verantwortung für sich selbst genommen, die Konsequenzen des Alleinseins getragen und damit einen Ausgleich möglich gemacht hat.[164] Ihre sanfte Kunst der Diplomatie kontrastiert die kritische Vernunft und schonungslosen Wirklichkeitsanalyse des Chirons und macht so Ergänzung möglich.

Es gibt Zeiten, in denen gemeinschaftliches, soziales Handeln (weiche Planeten) wichtig ist und es gibt Zeiten, wo Durchsetzung (harte Planeten) gefragt ist. In unserer männlich dominierten Wirtschaftswelt und Politik ist durch

---

164 Die historische Lilith musste ja in die Verbannung gehen, weil Adam Eva nicht verlassen wollte und die Hälfte ihrer Kinder abtreten.

das Überwiegen der Härte ein Ungleichgewicht vorhanden, das den Wunsch nach Weichheit nährt und in unseren Beziehungen eine große Rolle spielt. Dieselben Männer, die den Duktus der Härte mit sich herumtragen müssen, können diesen Anteil in der persönlichen Beziehung zu nahestehenden Menschen erlösen und ihre Verletzlichkeit und ihre Güte entdecken. Aus diesem Thema entstehen die großen Epen der Weltgeschichte, Hollywoods Drehbücher und die Alltagsgeschichten der Soap Operas. Manchmal vertauschen sich auch die Geschlechterrollen und bringen Frauen in 'harte' Rollen, die entsprechenden ‚Machos' den Stachel ziehen.[165]

	Dual	Dichotom.	Prinzip	Merkmale	Rolle	Stimmung	[166]
Mond	Krebs	Es	Sorge	grenzenlos	Beschützer	fürsorglich	C
Sonne	Löwe	Über-Ich	Persönlichk.	zentrierend	Leitbild	vorbildlich	A
Venus	Stier	Anima	Natur	annehmend	Muse	hingegeben	C
Mars	Widder	Animus	Kultur	antreibend	Aktivist	impulsiv	A
Neptun	Fische	Kollektiv	Synthese	einheitlich	Bystander	verbindend	C
Uranus	Wasserm.	Individuum	Experiment	vielfältig	Entwickler	individuell	A
Jupiter	Schütze	Wert	Ideal	wachsend	Wohltäter	optimistisch	C
Saturn	Steinbock	Norm	Gesetz	begrenzend	Bewahrer	realistisch	A
Merkur	Zwilling	Medien	Mainstream	allgemein	Bote	offen	C
Pluto	Skorpion	Subkultur	Underground	speziell	Gatekeeper	auswählend	A
Lilith	Waage	Konsens	Diskurs	intuitiv	Mittler	empathisch	C
Chiron	Jungfrau	Vernunft	Analyse	rational	Denker	kritisch	A

---

165 Es sollten sich dann dementsprechende Löwe und Skorpionbetonungen bei den Frauen finden lassen und bei den Männern Mond und Merkur.

166 C = Communion, weich, sozial – A = Agency, hart, selbstbestehend

Agency und Communion

Liebe ist nur ein schöneres Wort für Triebe

Sigmund Freud

Die beiden Grundwerte, die die Sozialpsychologie in den letzten 50 Jahren selektiert hat (seit Bakan 1966), bilden das Zusammenspiel aus Suche nach Einfluss (engl. Agency) und Gemeinschaftlichkeit (engl. Communion).[167] In den ‚Big Two' werden zwei Grundtypen unterschieden: Der Individualist, dem ein gesundes egoistisches Verhalten zugewiesen wird und der Kollektivist, dem das achtsame Miteinander wichtiger ist. Diese Form der Unterscheidung finden wir aber auch in der Verhaltensforschung, wo es um die Unterscheidung von sozialem, empathisch zugewandtem Verhalten geht und Alphatiergehabe. Oder in der Persönlichkeitspsychologie wo es um ‚soft skills' und ‚hard skills' geht.[168] Daran anlehnend entwickelte Klages ein zweidimensionales Modell mit Pflicht- und Akzeptanzwerten auf der einen und Selbstentfaltungswerten auf der anderen Seite. Beide bedingen einander in einer dynamischen Weise. Ein Rückgang der Pflicht- und Akzeptanzwerte führt zu einem Anstieg der Selbstentfaltungswerte und umgekehrt. Alle diese Unterscheidungen variieren geringfügig voneinander, gehen aber in eine eindeutige Richtung. **Menschen, die mehr auf selbstständig errungenen Erfolg aus sind (Agency), schwimmen eher gegen den Strom, Menschen, denen es um Gemeinschaft geht, passen sich eher an (Communion).**

---

167 Sie könnten auch mit dem Gegensatz der Liebe und Macht verbunden werden, dem klassischen Begriffspaar der Dialektik, an dem sich jeder Dichter und Philosoph versucht hat und von dem es dementsprechend viele Anschauungen gibt. Doch auch Macht und Liebe bleiben Begriffe der Dichtung, die ihren Kontext zu häufig wechseln, um sie zu verifizieren, auch wenn wir sehr stark in diesen Begriffen 'fühlen'.

168 Man könnte sogar soweit gehen, eine physikalische Entsprechung zu ziehen und die Intentionalität des Agencytypus mit dem Prinzip von Ursache und Wirkung in Verbindung bringen und den kommunalen Typus mit dem Prinzip der Redundanz und Multikausalität.

Die ‚sozialen Skills' bilden die Grundunterscheidung vieler sozialpsychologischer Fragestellungen.[169] […Die Agency-Dimension beinhaltet unmittelbar selbstdienliche Eigenschaften wie Dominanz, Kompetenz und Tatkräftigkeit. Die Communion-Dimension beinhaltet unmittelbar fremddienliche Eigenschaften wie Hilfsbereitschaft, Vertrauenswürdigkeit und zwischenmenschliche Wärme…][170]. Wann immer nach Persönlichkeitsmerkmalen von Menschen geforscht wird, um deren Verhalten vorauszusehen, stoßen wir auf dieses Paar und die Feststellung, dass agentisch veranlagte Menschen eher gegen den Strom schwimmen und kommunale Menschen soziokulturell zur Anpassung neigen. Diese Eigenschaften finden wir allerdings nur selten in Reinform, sie vermischen sich in jedem Typus und können auch durch die Begriffe Liebe und Macht umschrieben werden.

Liebe	Macht
Communion	Agency
Ohnmacht	Schmerz
Impotence	Pain

Diese und ihrer Gegenteile bilden gewissermaßen eine Art ‚Urcode', der über alle Sprachen hinweg zu funktionieren scheint und sich auch schon im Tao von Ying und Yang der alten, chinesischen Philosophie findet. Durch das Bilden einer bimodalen Verteilung ist eine Präferenzbildung zwischen extremen Ausschlägen möglich und damit eine Skalierung von qualitativen Zuständen. Hohe Ausschläge des einen führen nicht automatisch zu niedrigeren Werten des anderen. Es ist eine Art Beobachtung 2. Ordnung nötig, um die gefundenen Werte zu interpretieren. Denn es kommen grundsätzlich immer mindestens zwei Möglichkeiten in Betracht, warum es zu hohen oder niedrigen Werten der Comunion oder Agency kommt, bzw. warum Gefühle des Schmerzes oder der Ohnmacht empfunden werden. Jedes System folgt derartigen Codierungen, um seine Operationen ‚eichbar' zu machen. Damit muss es allerdings einen blinden Fleck in Kauf nehmen. Denn es kann nicht sehen, was es ausschließt. Liebe macht blind für Angst und Macht macht blind für Ohnmacht.

---

169 Markus und Kitayama, 1997,. Psych Rev.

170 http://www.jochengebauer.info/index.htm

Ein Mensch mit hohen agentischen Werten kann über die Liebe seine eigene Ohnmacht ‚fühlen lernen'. Wertmodelle und die ihnen entsprechenden Persönlichkeitstypen sind Möglichkeiten dahingehende Angebote auf diplomatische Weise in die Sprache und Mimik einfließen zu lassen und dem anderen Alternativen ins Bewusstsein zu rufen, bevor er sich zu sehr in ein Extrem begibt. Michel Foucault hat diesen Zusammenhang ausführlich beschrieben und nachgewiesen, dass Machtrituale eine Form von Beziehungsspielen sind und strategischen Zweck haben. Manchmal verfestigen sie sich aber auch zu unauflösbaren Herrschaftsstrukturen. Dann enden die gewöhnlichen Mittel der Sprache. Mit einem Alleinherrscher kann man nicht mehr ‚doppelsinnige Signale' im Sinne offener Kommunikation austauschen, die Angebote macht.[171]

Die ‚Agentic-sociocultural-contrast-hypothesis'

Die Forderung moderner Gesellschaft heißt, sich selbst auszudrücken, um sich zu unterscheiden. Gleichzeitig aber herrscht ein hoher Anpassungsdruck durch die Vorgaben der Produktionsgesellschaft und die Form der Arbeiter- und Angestelltenverhältnisse. Wie bewerkstelligen Menschen diesen Spagat? Die Antwort lautet: Je nach Typus entwickeln sie unterschiedliche Strategien. Agentische Menschen schwimmen auch mal gegen den Strom, um ihre Überzeugungen durchzusetzen, während der kommunale Typus sich lieber anpasst, um seine Interessen durchzubringen. Doch wie weist man solches nach? Gebauer et al. entwickelten nach amerikanischem Vorbild einen Test, in dem sie die beiden Eigenschaften nicht direkt miteinander verglichen, sondern bezogen auf ein drittes Verhaltensmuster.[172] Die Versuchsanordnung war so, dass Probanden vorgeblich zur ‚Überprüfung von Normen' zwei identische chinesische Schriftzeichen gezeigt wurden, wobei von dem einen behauptet wurde, dass es ‚beliebter' sei. Dieses ‚Wissen' wurde

---

171 Michel Foucault, Freiheit und Selbstsorge, 1985

172 Gebauer, J. E., Paulhus, D. L., & Neberich, W. (2013c). Big Two personality and religiosity across cultures: Communals as religious conformists and agentics as religious contrarians. Social Psychological and Personality Science 4

als Erinnerungstest dann abgeprüft und anschließend jeder gebeten, seine persönliche Meinung zu äußern, welches der Bilder er sympathischer gefunden hätte.

Mit Allport nahmen sie an, dass Communion religiöses Verhalten vorhersagen kann. Nach ihrer agentic-sociocultural-contrast-hypothesis sollten sich gemeinschaftlich orientierte Menschen in religiösen Milieus eher anpassen als agentische. Dies sollte allerdings nur bei der Abfrage sozio-kultureller Skills der Fall sein (Länderquerschnittsdaten) und nicht beim Testen von self-expressiv Skills.[173] Denn kommunal geprägte Menschen passen sich der Situation an und zeigen z.B. in religiösen Zusammenhängen auch agentisches Verhalten, wenn dies erwünscht ist. In einem religiösen Umfeld sollte hohe Agency zu geringer Religiosität führen, da agentische Menschen dort durch geringe Religiosität ihr Bedürfnis nach Andersartigkeit befriedigen können. Und hohe Communion sollte zu hoher Religiosität führen, da kommunale Menschen hier durch hohe Religiosität ihr Bedürfnis nach Ähnlichkeit befriedigen können. Konkret gesagt sollte also in hoch religiösen Ländern wie den USA oder arabischen Ländern hohe Agency zu geringerer Religiosität führen, während hohe Communion zu hoher Religiosität führen sollte. Die Tabelle stellt dies dar.

		Agency	Comm.
Self-Expressiv	religiös	0	+
	Nicht-religiös	0	+
Sozio-kulturell	Religiös	-	+
	Nicht-religiös	+	-

Bei der Abfrage von sozio-kulturellen Fähigkeiten verhielten sich die ‚Kommunalen' wie man es erwartet. Sie zeigten in religiösen Milieus hohe Anpassung und in nicht-religiösen niedrige, während dies bei den agentischen Individualisten umgekehrt war. ‚Kommunarden' schwimmen also immer mit dem Strom, während agentische Typen ihre Verhaltensweisen ändern, je

---

173 Der Satz für das Testen von self-expressiv skills hieß: Ich trete mit Überzeugung für meine Religion ein.

nachdem, ob sie sich in religiösem Umfeld oder nicht-religiösem befinden. Dies gewährleistet eine gewisse Vorrangstellung, in der man sich auch mal über die Gruppenmehrheit hinwegsetzen kann. In einem säkularen Umfeld wie in nordeuropäischen Ländern führt hohe Agency dann zu hoher Religiosität, da das Bedürfnis nach Andersartigkeit befriedigt werden kann. Hohe Communion führt hier nur zu niedriger Religiosität, da kommunale Menschen dadurch ihr Bedürfnis nach Ähnlichkeit befriedigen können (Religion ist nicht ‚en vogue'). Diese Hypothese konnte nach Angaben der Autoren in bisher vier Versuchen belegt werden.

Allerdings gibt es eine weitere Dimension, die das Verhalten der ‚Kommunarden' beeinflusst. Je nachdem, ob sie mit deskriptiven oder injunktiven Normen konfrontiert wurden, passten sie sich mehr an, während niedrig agentische Menschen dem Druck von injunktiven Normen nicht standhalten konnten und nonkonformes Verhalten zeigte. Astrologisch können wir injunktive Normen mit Saturn in Verbindung bringen und deskriptive mit Jupiter. Injunktive Normen beinhalten das, was andere von uns denken, bzw. was sie von einer Art ‚höheren Gesetzes' oder einer feststehenden Regeln ableiten, während deskriptive Normen daran orientiert sind, was andere tatsächlich direkt tun, bzw. das was ‚die Mehrheit' tut, auch wenn es nicht ganz gesetzeskonform ist. Religion ist dann keine eindimensionale Eigenschaft mehr, sondern abhängig von den jeweiligen Normgebilden, die sich aus hoher oder niedriger Agency und Communion ergeben.

Zuordnung zu den Planeten

Jemand der nur geringe Neigung zum Kollektivismus hat, muss also nicht automatisch ein Egoist sein und umgekehrt kann auch ein erfolgreicher 'Ellbogen-Mensch' eine hohe soziale Kompetenz mitbringen.[174] Allgemein scheint es so zu sein, dass gemeinschaftliches Verhalten glücklicher macht, als nach Einfluss strebendes, allerdings nur dann, wenn die Möglichkeit zur Selbstverwirklichung besteht. Astrologisch können wir diese Dichotomie nicht so einfach einem Planetenpaar zuordnen, denn sie bildet eine

---

174 Manchmal werden Ageny und Comunion auch als komplementäres Paar aufgefasst, deren Gegensätze dann Ohnmächtigkeit, bzw. fehlender Einfluss und soziale Kälte sind.

Zusammenfassung verschiedener Eigenschaften. Eine erkennbare Struktur darin ist die Verbindung von Eigenschaften des Individualismus und Einflusses zu 'harten' Planeten und die Verbindung von altruistischem Verhalten zu 'weichen' Planeten. Der Sonne werden, wie gesehen, seit jeher aktive Attribute im Gegensatz zum passiven Mond zugeschrieben. Wenn Mars für Durchsetzungsfähigkeit, dann steht Venus für die Hingabe, wenn Uranus für Individualismus steht, dann Neptun für Kollektivismus. Auf das Horoskop übertragen könnten wir davon sprechen, dass die ‚weichen' Planeten das soziale Fundament legen, wenn auch Möglichkeiten zur Entfaltung der ‚harten' Seiten bestehen.[175]

Agency (hart)	Sonne	Mars	Uranus
	Selbstbewusstsein	Direktheit	Individuation
	Begeisterung	Ehrgeiz	Aufklärung
Communion (weich)	Mond	Venus	Neptun
	Fürsorge	Sinnlichkeit	Einsicht
	Achtsamkeit	Ästethik	Versenkung

Doch wie sind die restlichen Planeten, auch die beiden neuen Wirkpunkte, Lilith und Chiron einzuschätzen? Bei Jupiter und Saturn ist die Einordnung nicht mehr ganz so deutlich. Erst wenn man den Hintergrund dazu nimmt, vor dem die Unterscheidung zwischen Streben nach Mächtigkeit und friedlichenmMiteinander getroffen wird, erscheinen Jupiters Eigenschaften als deskriptive offene Werte mehr sozial dienlich, und Saturns injunktive Normen mehr auf die eigene Selbstverwirklichung im Sinne von Selbstdisziplin bezogen wären. Jupiters altruistischen Eigenschaften der Toleranz, Fairness und Förderung der Anderen stellen so etwas wie ‚höhere Werte' dar, während Saturns starre Normierungen ein Versuch der Selbstregulierung in einer eng gesteckten Ordnung sind, in der man vor allem selbst weiterkommen will. Ordnung, Disziplin, Verzicht, Traditionsbewusstsein usw. leistet man so mehr für sich selbst und das eigene Fortkommen, als für andere. Derartige Vorstellungen werden zwar von der Gemeinschaft deskribiert, doch liegt es an jedem einzelnen, sie zu verinnerlichen. Normierung ist also eher etwas

---

[175] Nach der Altersspirale sind dies die Planeten der ersten Lebenshälfte, in der es um ‚klare' Unterscheidungen geht. Siehe Astrologische Soziologie, Band I, Evolution psycho-sozialer Systeme, Astronova, 2016

egoistisches, das man internalisiert, um es als Ressource zu nutzen, als eine soziale Vereinbarung.

Nimmt man wie gezeigt Lilith und Chiron als ein weiteres Planetenpaar, dann erscheint auch hier die Unterscheidung erst vor dem spezifischen Kontext, vor dem sie wirken – in diesem Fall der Diskurs. Lilith nimmt hier die Position der ‚weichen Vermittlerin' ein, während Chiron für die ‚harten Fakten' zuständig ist. Das Streben nach Gleichberechtigung, Emanzipation und Ganzheitlichkeit von Lilith ist dann weniger ein selbstbezogener Kampf, als eine Methode, im Diskurs auch die Schwächeren zu Wort kommen zu lassen. Natürlich auch mit der Absicht, am Ende dadurch zu gewinnen. Chiron muss dann den ‚weniger geliebten' Part des nüchternen Analysierers übernehmen. Seine für die Gemeinschaft so wertvoll erscheinenden Eigenschaften der Bildung, Objektivität, Konstruktivität und des Organisationsvermögens erscheinen dann als Dinge, die im Diskurs durchgesetzt werden müssen.

Wir erinnern uns, dass in der klassischen Astrologie die ‚weichen' Planeten (Venus, Jupiter und auch Neptun) eher als ‚Glücksplaneten' galten, während die ‚harten' (Mars, Saturn und auch Uranus) als ‚Malefize' verschrien waren. In dieser Zuordnung war schon die Bevorzugung kommunaler Eigenschaften vor den agentischen angelegt. Die Eigenschaften Chirons sind dementsprechend mehr darauf angelegt, sich selbst zu entwickeln, als der Gemeinschaft dienlich zu sein. Wer im Diskurs auf nüchterne Fakten pocht, macht sich nicht immer beliebt – doch erntet er nachhaltig Respekt.

Planeten der zweiten Lebenshälfte:[176]

	Saturn	**Pluto**	**Chiron**
Agency (hart)	Disziplin Ordnung	Kontinuität Vernunft	Weisheit Effizienz
Communion (weich)	**Jupiter** Innovation Glaube	**Merkur** Intuition Logik	**Lilith** Gleichberechtigung Ganzheitlichkeit

---

[176] Die Stichworte stimmen mit denen der ‚Sozialen Archetypen' überein, denen wir im letzten Kapitel begegnet sind.

Es bleibt das letzte Planetenpaar Merkur und Pluto. Auch hier erscheint die Erklärung, in welche Richtung es tendiert, durch den Kontext; in diesem Fall die Öffentlichkeitswirksamkeit. Merkur ist hier derjenige, der sich offen und neutral gibt, während Pluto meist hinter verschlossenen Türen entscheidet. Wir sehen aus dem Versuch von Gebauer et al., dass die gegenläufigen Merkmale des Agentischen und Kommunalen durch die Zuordnung zu einem Funktionsbereich (Religion) deutlicher in Erscheinung treten. Die ‚Agenten' brauchen ein ‚Feld', um ihre Bereitschaft zur Abweichung zu demonstrieren und damit das ‚vom Mainstream' abweichende ihrer Wertvorstellungen ins Gedächtnis zu bringen oder besonders zu betonen. Sie tun dies in einer vorgegebenen Form, wie die ‚Berechenbarkeit' zeigt, die in derartigen Befragungen weltweit zutage tritt. Gesellschaftliches Miteinander scheint aus einer genau taxierten ‚Dosis' von gemeinschaftlichen Werten zu bestehen, von denen in einem bestimmten Zusammenhang abgewichen werden kann, um persönliche Vorlieben zu kennzeichnen. Damit machen wir uns für die anderen berechenbar und halten den Diskurs am Laufen, indem wir Angebote der Zustimmung oder Ablehnung unterbreiten.

In der Graphik der Sozialen Archetypen (Dichotomien) finden wir in den 60 Paaren immer eine Kombination von harten und weichen Planeten. Die Praxis müsste zeigen, dass die Bewertung in dem jeweiligen Kontext tatsächlich so erfolgt, dass der harte Planet als ‚agentischer' (erfolgsorientierter) und der weiche Planet als ‚kommunaler' (sozialer) bewertet wird. Allerdings wechselt das Merkmal der Agenten mit der Zusammensetzung des Milieus, da sie grundsätzlich gegen den Strom schwimmen. In der ‚Monade der Sonne' (orange) geht es beispielsweise um den Zusammenhang von autoritären Persönlichkeiten (Sonne/Mond) in den Medien (Merkur/Pluto). Das Merkmal Selbstbewusstsein gehört zur Sonne und das Merkmal Mitgefühl zum Mond. Man könnte mit Allport und Gebauer vermuten, dass sich das Merkmal des Selbstbewusstseins der ‚Agenten' (Sonne) besonders dann zeigt, wenn auch das Umfeld starke Übereinstimmung mit den Autoritäten hat, bzw. dass es sich darauf richtet, eine gewisse Konsequenz (Pluto, ebenfalls agentisch) zu fahren. In ‚schwammigen Mediensituationen' hingegen halten sich die ‚starken' Leute wohl eher zurück und sind eher bereit zu kommunalem Verhalten wie Mitgefühl (Mond).

Emotional neigen agentische Menschen dann zur Vereinfachung, während die kommunalen Typen Unsicherheit demonstrieren. Dies sind die ‚Marker' für die entsprechende Situation. In Phasen von Umbrüchen tritt dann die

Eigenschaft des Mitgefühls der Kommunalen als Ersatz für das Selbstbewusstsein der Agenten auf den Plan. Diese haben dann die Möglichkeit, ihren Widerspruch durch Überkompensationen zu zeigen, also auf gut deutsch ‚markige Sprüche ohne Konsequenz'. Damit zeigen sie an, dass sie für den Moment auch nicht ‚so ganz weiterwissen', aber auf Abruf bereitstehen, wenn es ‚wieder weitergeht'.[177]

o Sonne x	Merkur
Selbstbewussts.	**Differenzierung**
Pluto	Mond
Vereinfachung	Unsicherheit
~ Mond ^	Pluto
Mitgefühl	**Konsequenz**
Merkur	Sonne
Ambivalenz	Kompensation

Ich benutze hier eine Menge Anführungsstriche, um den hypothetischen Charakter derartiger Konstrukte herauszustellen. Derartige Angelegenheiten wären in der Alltagssituation zu untersuchen. Es geht um eine grundlegende Dynamik der Kommunikation, die das Gleichgewicht zwischen veränderbarem Aktionspotential und passiver Zurückhaltung zu steuern scheint. Das Interessante ist, dass in allen Kombinationen eine besondere Problematik innewohnt, die sich erst mit der konkreten Auseinandersetzung zeigt. Klar ist, dass die Planeten außer der Einteilung in ‚hart' und ‚weich' keine darüber hinausgehende ‚Eigenschaft' haben, die bereits feststeht. Ihr spezifisches Merkmal wird allein durch das Zusammenkommen in den sechzig möglichen Variationen und der ihr entsprechenden ‚Situativität' bestimmt. Planeten haben also keine ‚Wirkung an sich', sondern beziehen ihre Bedeutung aus einer Sprachmatrix, die sich möglicherweise unterstützt durch den Gebrauch von Horoskopen, bis in unsere emotionalen Gebärden hinein fortgepflanzt hat und ein gesellschaftliches Rollenspiel möglich macht, bei der

---

177 Diese Monade wird ausführlich im Anhang des Buches besprochen.

jeder Teilnehmer den anderen in ‚seinem Bereich' wahlweise auf rationaler oder auf emotionaler Ebene ansprechen kann.

Die Elemente

Wir tragen das Kreuz dafür, dass wir menschlich sind

Sokrates

In der Polarität von passiv/aktiv der Sternzeichen und hart/weich der Planeten lässt sich der Tierkreis in vier Gruppen zu drei Zeichen unterteilen. Ihre Eigenschaften stimmen mit denen der Vorstellungen der mittelalterlichen ‚Temperamente' überein. Jede Gruppe enthält zwei Planeten eines Elements und einen dritten, der zwar nicht aus dem Element des Tierkreises stammt, aber dieses Element trotzdem offensichtlich stützt. Beim Element Wasser ist dies die Venus (eigentlich Erde), beim Feuer der Uranus (eigentlich Luft), bei der Luft der Jupiter (eigentlich Feuer) und bei der Erde der Pluto (eigentlich Wasser). Die Wasserzeichen, die sich aus passiven und weichen Planeten zusammensetzen bilden einen starken Gegensatz zu den Zeichen der Feuergruppe, die aus aktiven und harten Planeten besteht.

Die klassischen 'Säftelehre' hat eine gewisse Ähnlichkeit mit den ‚Big Five': Extravertiertheit (dynamische Zeichen, Feuer, Choleriker), Verträglichkeit (Neigungszeichen, Wasser, Phlegmatiker), Offenheit (Austauschzeichen, Luft, Sanguiniker) und Suche nach Stabilität (Fundamentalgruppe, Erde, Melancholiker). ‚Symptome' und ‚Typologien' treten nicht in einem Horoskop auf, sondern werden aufgrund der Bedeutung der Symbole konstruiert. Wo immer Selektionskriterien angewendet werden, muss es die Aufgabe sein, diese auch wieder aufzulösen und in einen größeren Zusammenhang zu stellen. Sie sind Abbildungen des Zeitgeists, dessen Sprache rückübersetzt werden muss in eine für den Menschen individuell würdige Form. Es kann für die Betroffenen durchaus hilfreich sein, über ihr Symptom und alternative Behandlungsmethoden etwas zu erfahren. Allerdings nur in einer einfühlsamen und zugewandten Atmosphäre, die die Ressourcen des Klienten herausstellt und ihm keine ‚Symptome' verschreibt in der Art, das Mond/ Venus zu Depressionen führt. Die Identität steht nicht im Horoskop, sondern ist aus einem Zusammenspiel von individuellen und gesellschaftlichen Wirkkräften, die in der Beratung zusammengefügt werden, für die intime Beratungssituation erahnbar. Es lässt sich nicht sagen, welche Anteile im Horoskop sich durchsetzen werden. Die Deutungen können immer nur im Wechselspiel mit den momentanen Bedürfnissen zur Findung eines passenden, ‚zeitgemäßen' Wertebewusstseins gewagt werden.

	Innere Planeten	Große Planeten	Wirk-Punkte	Element	Elementar-Gruppe
Passiv/ weich	Venus	Neptun	Mond	Wasser	Neigungs-Zeichen
Aktiv/ hart	Mars	Uranus	Sonne	Feuer	Dynamische Zeichen
Aktiv/ weich	Merkur	Jupiter	Lilith	Luft	Austausch-Zeichen
Passiv/ hart	Pluto (Erde)	Saturn	Chiron	Erde	Fundamental-Zeichen

Diese Gruppen sind so etwas wie die ‚Urarchetypen' für die 12er Matrix des astrologischen Systems. Es wird ein Bruch beim Zeichen Skorpion sichtbar, wenn man die Unterteilung der drei Gruppen anschaut. Die Planeten Jupiter, Saturn, Uranus, Neptun bilden eine Reihe der vier großen Planeten des Sonnensystems. Mond, Sonne, Chiron und Lilith bilden eine weitere Reihe von ‚Wirkpunkten', die im Tierkreis aufeinanderfolgen (Krebs, Löwe, Jungfrau, Waage). Nur die Zeichen der 'inneren Reihe' sind unterbrochen, Mars, Venus und Merkur regieren über Widder, Stier und Zwilling - nur der Pluto springt aus der Reihe im Skorpion, weshalb auch die Analogie zur Erde naheliegt, die der vierte innere und kleinere Planet des Sonnensystems ist.

Dieser Bruch erscheint auch in der Zuordnung der harten und weichen Planetenpaare, bei denen Merkur und Pluto als einzige nicht nebeneinander liegen. Pluto/Skorpion ist also in dreifacher Hinsicht ein 'Symmetriebrecher', einmal als Dual (Quincunxabstand zu Merkur und nicht Halbsextil), einmal als Abweichler der Fundamentalgruppe und zum dritten als Abweichler in der Aufeinanderfolge der Sternzeichen der Inneren Gruppe. Diese Art Symmetriebruch korrespondiert mit den ihm zugeschriebenen Eigenschaften der Transformation und Kontrastsetzung, die seine ‚Wirkung' schwer beschreibbar machen und weshalb ihm gerne ‚schwierige' Eigenschaften unterstellt werden.

Big Four

Lehre mich, es selbst tun zu können

Maria Montessori

Zusammen mit der Planetenmatrix ergeben sich sechs Planetenpaare, die sich in die Ordnung der durch Faktorenanalysen gefundenen ‚Big Five'-Eigenschaften der Sozialpsychologie einfügen:

- Extravertiertheit:
  Sonne/Uranus + Mars = dynamische Zeichen —> Feuer
- Verträglichkeit:
  Venus/Mond + Neptun = Neigungszeichen —> Wasser
- Offenheit:
  Lilith/Jupiter + Merkur = Austauschzeichen —> Luft
- Stabilität:
  Chiron/Pluto + Saturn = Fundamentalzeichen —> Erde

Diese vier Elementargruppen müssten die am stärksten evidenten Muster der Astrologie sein, da sie eine Verbindung zu den empirisch gefundenen Eigenschaften der Big Five aufweisen, die astrologisch klassisch begründet ist (Element), als sich auch in der Planetenmatrix abbildet, wie wir sehen werden. Wir können gar nicht anders, als durch diese Brille zu schauen, weil sie historisch durch eine anthropologisch-psychologisch-astrologisch vorgeprägte Struktur gewachsen ist. Das fünfte Merkmal der Gewissenhaftigkeit bildet sich aus den Planeten Merkur und Saturn und ist nicht mehr einem einzelnen Element zugeordnet, sondern ein Mischtypus. Merkur und Saturn haben zwei sehr unterschiedliche Wege, mit den Dingen umzugehen, doch beide streben auf ihre Weise nach Perfektion.

Somit ergeben sich also die klassischen vier 'Temperamente' oder 'Säfte', wie sie über Jahrhunderte in der Medizin, Alchemie und Astrologie gelehrt wurden auch im 'modernen' Horoskop. Sie geben auch Rückschlüsse auf den entsprechenden Bindungstyp in der Kindheit, wie ich bei den einzelnen Typen ausführen werde. Repräsentiert wird das Merkmal der Big Five (Big Four) seltsamerweise durch den Paradox-Planeten, dessen (klassisches) Element von den anderen beiden der Gruppe abweicht. In der Astrologie steht Uranus für Extravertiertheit (Feuer, cholerisch), auch wenn er im Wassermann einem Luftzeichen angehört. Venus führt zu Verträglichkeit (Wasser, phlegmatisch), auch wenn ihr Zeichen Erde ist (Stier), Jupiter zu Offenheit (Luft, sanguin), auch wenn er im Schützen feurig ist, und Pluto zu Gewissenhaftigkeit (Erde, melancholisch), obwohl er im Wasserzeichen Skorpion steht. In der Reduktion der Big Five auf die Big Four tritt ein Planet zu der jeweiligen Dreiergruppe hinzu, denen ich deshalb neue Namen geben möchte. Dynamische Zeichen sind im Ursprung feurig, Neigungszeichen wässrig, Austauschzeichen luftig und Fundamentalzeichen erdig.

	Innere Planeten	Große Planeten	Wirk-Punkte	Elementar-Gruppe	Symptom	Symbole
Passiv/weich	Venus	Neptun	Mond	Neigungs-Zeichen	Gefühls betonung	Kelch, Gral, Halbmond
Aktiv/hart	Mars	Uranus	Sonne	Dynamische Zeichen	Handlungs betonung	Drache, Adler, Flamme
Aktiv/weich	Merkur	Jupiter	Lilith	Austausch-Zeichen	Kommunikation	Feder, Kopf, Schwert
Passiv/hart	Pluto	Saturn	Chiron	Fundamental-Zeichen	Erdung	Schlüssel, Kreuz, Siegel

	Innere Zeichen	Große Zeichen	Wirkzeichen	Element	Temperament
Verträglichkeit	Stier	Fische	Krebs	Wasser	phlegmatisch
Extravertiertheit	Widder	Wasserm	Löwe	Feuer	cholerisch
Offenheit	Zwilling	Schütze	Waage	Luft	sanguin
Bedürfnis nach Stabilität	Skorpion	Steinbock	Jungfrau	Erde	melancholisch

Da die Sternzeichen immer in Mischformen auftreten, die ja erst den Spannungsbogen kreieren, bilden sie einen Kontrast zu einzelnen hervorstechenden Planeten im Horoskop. Die Interpretation der Temperamente ist vor allem eine der Intuition und Einfühlung und nicht von 'Auszählungen' oder 'Messungen'. Es geht mehr um Ergänzungen und Synthesen, als um Festlegung von ‚Symptomen'. Haben wir zum Beispiel ein Horoskop, in dem das Element Wasser dominiert, am Aszendent aber der Planet Uranus heraussticht, dann bildet genau dieser Kontrast aus Verträglichkeit und Extravertiertheit, aus phlegmatischen und cholerischen Anteilen die Interpretationsgrundlage. Eine der beiden Eigenschaften wird für die andere zurückstehen müssen und daraus ergibt sich ein Konfliktpotential. Wenn wir in der Psychologie 'Merkmale' wie Verträglichkeit und Extravertiertheit 'messen', dann meinen wir das auch als Grundlage für die Bewertung von Situationen und nicht als 'feststehenden Charakter'. Es gibt keine absoluten ‚Choleriker' oder ‚Hyper-Aktive', sondern nur Menschen, die ihre Extravertiertheit im Rahmen einer bestimmten Arbeitseinteilung oder einer sozialen Situation ausagieren, in der aber immer auch Anteile von Verträglichkeit erwünscht sind – selbst als aggressiver Verkaufsmanager oder Teil einer brutalen Hip-Hop-Gang.

Die dynamische Gruppe dominiert durch ihre harte und aktive Ausrichtung. Sie entspricht den drei Zeichen Widder, Löwe und Wassermann. Menschen mit einer Betonung dieser drei Zeichen werden nicht zu den passiven gehören und in ihrem Leben mit Machtthemen konfrontiert sein. Inwieweit sie sich dort als Handelnde oder als Opfer erleben hängt natürlich mit der persönlichen Biographie zusammen. Darauf folgen die passiven Neigungs-Zeichen Fische, Stier und Krebs. Sie sind die sensibelsten und mitleidendsten

Zeichen im Tierkreis. Ein Horoskop mit einer Betonung dieser drei Zeichen ist ein anderes als eins mit der Betonung von Widder, Löwe und Wassermann. Während sich bei den letztgenannten der Wille zur Macht ungefiltert zeigt, wird ein Horoskop mit einer Fische-, Krebs-, und Stierbetonung passiv empfangend, geduldig und Ziele über eine sehr lange Zeit verfolgen könnend. Gegensätze ziehen sich an, so dass bei Berührungen der beiden Extrembesetzungen die Rollen in der Partnerschaft klar verteilt sind und wir den Prototypus einer hierarchischen Beziehung mit klarer Rollenverteilung zwischen diesen beiden Typen haben. Das Wasser ordnet sich dem Feuer unter, aber es behält auf Dauer die Zügel in der Hand.[178]

Die nächsten drei Zeichen sind wieder aktiv: Zwilling, Waage und Schütze. Ich nenne sie die 'Austausch- Zeichen', denn ihnen ist allen dreien ein starkes Interesse an Offenheit und eine sinnbringende Kommunikation gemeinsam. Diese können natürlich auch Selbstzweck sein, insofern diese Zeichen Probleme mit der eigenen Ungeduld und Unstetigkeit haben. Allen drei Zeichen ist eine gewisse Ambivalenz zu Eigen. Schütze und Zwilling bergen zusätzliche Widersprüche, weil sie auf der Lern-Achse (Haus 3 und Haus 9) stehen, die jeweils in einen nächsten Quadranten mit einer anderen Denkrichtung (rechte und linke Horoskophälfte) überleitet. Dem Schützen wie dem Zwilling widerstrebt es, Konsequenzen aus ihrem Handeln zu ziehen und sie haben oft Schwierigkeiten, den nächsten Schritt zu machen, was aber auch diplomatisch als Toleranz gedeutet werden kann. Die Waage gilt als das sozialste Zeichen überhaupt.

Es folgen schließlich die drei passiven Zeichen des ‚Fundaments', Jungfrau, Skorpion und Steinbock. Die Fundamental-Zeichen gelten in der Astrologie als Zeichen der Mühsal und Beschwernis, stehen aber auch für Durchhaltevermögen und Beständigkeit. Chiron, Pluto und Saturn werden im Horoskop z.B. bei Krankheiten, chronischen Leiden und Durstphasen im Leben genauer ins Visier genommen. Dadurch begleitet sie eine gewisse Beschwernis. Gleichzeitig sind sie aber auch diejenigen, die uns Konflikte bewusst machen und unseren Fokus unbestechlich auf Missstände legen (während die ‚Austausch-Zeichen' dazu neigen, eher wegzuschauen und ‚Gute-Laune'

---

[178] Venus und Uranus, die beiden Ausnahme-Protagonisten zwischen den Polen der Verträglichkeit und Extravertiertheit bildeten in der Antike ein unzertrennliches Paar; aus dem in das Meer fallenden Samen des Uranus entstand Venus/Aphrodite, die Schaumgeborene.

zu verbreiten). Der Leistungsgedanke von Chiron, Saturn und Pluto kann zu einer Art Getriebenheit führen, die andere Weltbilder nur noch mit Mühe integrieren kann und eine enge Welt mit starren Regeln propagiert.

Es ist ein Kardinalfehler übermotivierter Astrologen, psychische Dispositionen aus dem Horoskop herauslesen zu wollen und dabei falsche Diagnosen zu stellen. Urteile, die die zukünftige Bereitschaft senken, sich auf Astrologie und Psychologie einzulassen. Mond, Venus und Neptun sind nicht ‚verantwortlich für Depressionen'. Eine Depression ist ein klinischer Befund, der jeden Typus betreffen kann und für den eine phlegmatische Ausgangslage nicht zwingend ist. Ja Phlegmatiker haben vielleicht sogar eher mit ihren Stimmungen umgehen gelernt. Und genauso deuten Sonne, Mars und Uranus nicht auf etwaige ‚Hyperaktivität' hin, Lilith, Jupiter und Merkur nicht auf ‚histrionische Persönlichkeiten' und Pluto, Saturn und Chiron nicht auf Zwanghaftigkeit und Selbstunsicherheit. Derartige ‚Befunde' sollten Therapeuten vorbehalten sein, die eine entsprechende Ausbildung und langjährige Praxis haben.[179]

Ein Merkmal der Typologien der Astrologie ist, dass sie nie allein für sich auftreten, sondern immer in Mischformen. So finden sich verschiedene Wege der Auflösung von Fixierungen. Wege, die zusammen mit dem Klienten erarbeitet werden. Mit Feuerzeichen der dynamischen Gruppe ergeben sich neue Handlungsmotive, die die alten Strukturen vergessen lassen; mit den wässrigen Neigungszeichen lässt sich ein Kompromiss finden, der eine schwierige Lebenslage erleichtert. Für die luftige Austauschzeichen reicht manchmal ein ‚offenes Ohr', so dass man sich die ‚schweren Dinge' von der Seele reden und neue Ideen gewinnen kann. Und die Erdzeichen suchen in erster Linie nach Halt und verlässlichen Kontakten. Wie wir im nächsten Kapitel sehen werden, bilden sich noch zwei weitere Untertypen, die die starken Kontraste von Dynamik (Extravertiertheit) vs. Neigung (Verträglichkeit) und Austausch (Offenheit) vs. Fundamentalismus (Bedürfnis nach Stabilität) abschwächen.

---

[179] Es ist natürlich nicht leicht, Begriffe wie Phlegma, Depression und Stimmungsanfälligkeit in der Alltagsrede zu trennen. Astrologie zeigt uns immer wieder die Verantwortung, die wir im Gebrauch von Sprache haben.

Big Five

Der Hauptunterschied zwischen etwas, was möglicherweise kaputtgehen könnte und etwas, was unmöglich kaputtgehen kann, besteht darin, daß sich bei allem, was unmöglich kaputtgehen kann, falls es doch kaputtgeht, normalerweise herausstellt, daß es unmöglich zerlegt oder repariert werden kann.

Douglas Adams

Auf der Basis von Listen mit Begriffen, aus denen Probanden wählen sollten, ergaben psychologische Faktorenanalysen in den letzten 50 Jahren immer wieder fünf unabhängige und weitgehend kulturstabile Typen.[180] Doch wie ordnen sich die in der Forschung gefundenen fünf Haupteigenschaften den Planeten zu? Ich habe nun eine mir schlüssige Version gefunden.[181] Der Typus Extravertiertheit entspricht eindeutig dem, was Astrologen in den Eigenschaften von Sonne und Uranus finden (aktivste Planeten), die Verträglichkeit spiegelt die Merkmale von Venus und Mond (passivste Planeten). Dies sind die beiden unvermischten Typen.

Es folgen zwei Mischtypen. Das Item Offenheit lässt sich sehr gut mit dem in Übereinstimmung bringen, was wir Astrologen klassisch dem Planeten Jupiter beimessen, aber auch dem neueren Wirkpunkt Lilith. Sie haben einerseits aktive Anteile (Sternzeichen Waage und Schütze), andererseits sind beide ‚weiche' Planeten. Das Merkmal ‚Suche nach Stabilität' besteht hingen aus passiven und harten Anteilen, die wir in den Planeten Chiron (Jungfrau) und Pluto (Skorpion) wiederfinden. So gehen die vier Haupttypen aus der

---

[180] Bouchard & McGue, 2003. Genetic and environmental influences on human psychological differences. Journal of Neurobiology, 54, 4–45. doi:10.1002/neu.10160

[181] In der ersten Auflage ging ich von einer anderen Einordnung aus, die das Item ‚Zufriedenheit' als positive Gegenüberstellung des Begriffs Neurotizismus enthielt. Wenn man Neurotizismus oder Ängstlichkeit aber als Zurückhaltung und Bedürfnis nach Stabilität interpretiert, dann kann man hier auch einen eindeutig erscheinenden Bezug zu den Planeten Chiron (Jungfrau) und Pluto (Skorpion) herstellen, die in der astrologischen Literatur als sehr problematisch aber auch stabilisierend beschrieben werden.

Kombination der beiden binären astrologischen Matrizen hervor (aktiv/passiv + weich/hart). Aus der Wertematrix können wir noch zwei weitere Typen ableiten. ‚Gewissenhaftigkeit' ist sowohl dem Merkur als auch dem Saturn zu Eigen. Menschen mit Merkur/Saturn Aspekten gelten als die schärfsten Denker und klarsten Analysierer, bekommen in ihrer negativen Version gerne aber auch das Gegenteil als Oberflächlichkeit und Abstumpfung bescheinigt.[182] Und ‚Streben nach Macht' gehört zu Mars/Neptun, wie wir später sehen werden.

Die Forschung an den Eigenschaften der ‚Big Five' hat eine lange Geschichte. Sie werden seit nunmehr über 90 Jahren erforscht.[183] Lewis Goldberg etwa reduzierte die Ausgangsliste von Eigenschaften in mehreren Schritten der Klassifikation zu 339 Adjektiven, die in 100 Gruppen fast synonymer Worte klassifiziert wurden.[184] Die erste systematische Zusammenstellung lexikalischer Ausgangsdaten stammt von 1936 und von Gordon Allport und Henry Sebastian Odbert, die die ca. 550.000 Worte von Webster's New International Dictionary nach Adjektiven, Partizipien und Substantiven durchsuchten, die Persönlichkeitsdispositionen bezeichneten. An dieser Liste setzten verschiedene Reduktionsverfahren zur Gewinnung von Eingangsdaten für Faktorenanalysen an.[185] Die Ergebnisse beruhen nicht nur auf Fremdeinschätzungen, sondern auch auf Selbstbeurteilungen. Zur Findung wird ein Normwert jeder der fünf Eigenschaften gebildet und die Abweichung von diesem nach oben oder unten gemessen. Personen mit einer hohen oder niedrigen Ausprägung in einem der Faktoren weisen aber nicht zwingend alle Merkmale auf, welche für die Skala charakterisierend sind.

In der Jugend können die Verhaltensmerkmale noch stark schwanken. Erst nach dem 30. Lebensjahr, wenn auch das soziale Umfeld sich stabilisiert, bleiben die Werte weitgehend konstant. Doch auch dann finden noch Veränderungen aufgrund prägender Lebensereignisse statt. Besonders im Rentenalter ergibt sich häufig noch einmal eine signifikante Umpolung und bisher schwach erschienene Persönlichkeitsanteile können sichtbar werden.

---

182 Die Eigenschaften sind ja immer Skaleneigenschaften von Gegenwerten. ‚gemessen', bzw. selbst eingeschätzt wird auf einer Skala von extrem gewissenhaft bis extrem oberflächlich.

183 Es gab allein in den letzten 20 Jahren 3000 Untersuchungen zu Persönlichkeitstests.

184 Lewis R. Goldberg, Personality Topics in Honor of Jerry S. Wiggins: A Special Issue of Multivariate Behavioral Research

185 http://de.wikipedia.org/wiki/Lexikalischer_Ansatz

Deutliche Steigerungen ergeben sich bei manchen dann für die Merkmale Gewissenhaftigkeit und Verträglichkeit. Die Werte für Offenheit nehmen im Alter ab, wobei es hier stark geschlechtsbedingte Unterschiede gibt.[186] Auch die Erwartung an das zu erreichende Lebensalter spielte eine Rolle; allerdings abhängig vom Typus. Es braucht also eine individuelle Auswertung der statistisch durch die Norm gefundenen Ergebnisse und eine Bewertung des Horoskops in der jeweiligen sozialen Lage.

Bei der folgenden Zuteilung sollten wir im Kopf behalten, dass wie im letzten Kapitel gezeigt, Jupiter kein typischer Feuerplanet (sondern Luft), Venus kein typischer Erdplanet (sondern Wasser), Pluto kein typischer Wasserplanet (sondern Erde) und Uranus kein typischer Luftplanet (sondern Feuer) ist. Trotzdem wollen wir die Kategorien der ‚alten Elemente' beibehalten, weil sie schon klassisch als Typen beschrieben worden sind, die den heutigen ‚Big Five' sehr nahe kommen. Es ist etwas unglücklich, dass für die Elemente im Horoskop dieselben Namen vergeben worden sind.[187]

Sonne und Uranus stehen in meinem jetzigen Vorschlag weiter für den ersten Prototypus der ‚Big Five', der Extraversion.[188] Sie sind die wichtigsten Vertreter der Elementargruppe der dynamischen ‚Feuer'-Zeichen, die klassisches Merkmal für ‚Begeisterungsfähigkeit' sind (wie die Eigenschaft der Extraversion auch manchmal genannt wird). Wo sie im Horoskop betont sind, wie bei C. G. Jung, da ist der Mensch gefordert, seine Persönlichkeit in den Vordergrund zu stellen und dies kann Probleme bereiten, wenn die Planeten nicht gut angebunden sind. Der Planet Uranus ist weniger durch sein luftiges, neutrales Element ausgezeichnet, als durch seine direkte und expressive Art. Auch in den wässrigen Neigungszeichen nimmt ein Planet eine andere Position ein, als nach seinem Element zu erwarten wäre. Die **Venus** steht

---

186 Specht, J., Egloff, B., & Schmukle, S. C. (2011). Stability and change of personality across the life course: The impact of age and major life events on mean-level and rank-order stability of the Big Five. Journal of Personality and Social Psychology, 101, 862-882.

187 Die chinesische Astrologie kommt mit ihren fünf Elementen der ‚Sache der Big Five' auf andere Weise näher.

188 Sie weichen von der Regentschaft des Elements ab, die ein Planet im Horoskop hat, wie im letzten Kapitel gezeigt. Das kann zu Verwirrung führen. Besser wäre es, konsequent die Bezeichnung der Big Five oder der klassischen Temperamente zu verwenden und die Elemente nur als übergeordnete ‚Bildungskonzepte' zu verstehen.

nicht für ‚erdige' Stabilität sondern für ‚wässrige' Verträglichkeit. Sie ist mit dem **Mond** zusammen der Prototyp des Beziehungstypus, der für andere zurücksteht und dem es nur gutgeht, wenn es dem anderen auch gutgeht.

Wir würden auch **Mars** als typischen Feuerplaneten und **Neptun** als typischen Wasserplaneten sehen. Doch sie bilden zusammen eine andere Gruppe, die in den ‚Big Five' nicht auftaucht, weil sie nicht eindeutig belegt werden kann. Es gibt allerdings eine weitere Eigenschaft, die in den Tests eine hohe Korrelation erzielt - das Bedürfnis nach Einfluss und Macht. Es würde gut zu den beiden Planeten Mars und Neptun passen, wenn wir Neptun in seinem Ruf als heimlicher Strippenzieher ernst nehmen.[189] Seine ‚spirituellen Führungs-Eigenschaften' können jedoch häufig nur als ‚verkleidete' Art gezeigt werden.[190] Wir erleben es häufiger in der Beratung, dass sowohl ‚Neptunier' (Fische) als auch ‚Marsianer' (Widder) nicht die ‚arttypischen' Verhaltensmerkmale zeigen, die wir ihnen zuweisen wollen. Dies liegt daran, dass derartige Aktionspotentiale, wie sie durch Mars und Neptun angezeigt sind, sich nicht direkt umsetzen lassen.[191] Auch sie müssen in einen individuell akzeptieren Rahmen gesetzt werden, der die gewohnten Formen aussetzt und sie situationsgerecht neu zusammenfügt. Diesem Vorgang wird in diesem Fall, wenn er erfolgreich funktioniert, ein Machtinteresse unterstellt, bzw. die damit verbundenen Fähigkeiten, weil es im besonderen Maße Paradoxitäten hervorbringt, deren unbequeme Folgen wir aus Politik und Wirtschaft kennen.

---

189 https://www.zpid.de/pub/tests/PT_9006357_B5T_Forschungsbericht.pdf

190 Planeten auf Zeichen- und Häuserwechseln können diese Qualität auch haben. Mars und Neptun regieren ja die Zeichen am Aszendenten, Widder und Fische.

191 Auch bei Mars nicht, der paradoxerweise für Direktheit steht. Doch zwischen Begriff und Wirklichkeit liegt das Bewusstsein, dass sich das Bild der Realität konstruiert. Mars symbolisiert den Wunsch, der Wirklichkeit direkt zu entsprechen und wir akzeptieren die ‚Unvollkommenheit', auch wenn das Ausgedrückte niemals wirklich spontan und direkt ist.

192 Die Sonne ist gewissermaßen ‚Leitbild aller Leitbilder', was ihrer Stellung im Zentrum des Planetensystems entspricht und leicht Probleme mit der Deutung verursacht, da alle Planeten ja Leitbilder sind.

Big Five	Planet	Element Temperament	Sie suchen Zeichen	Rollen	Rollen-ebene
Extraversion	Sonne	Feuer	Zwilling	Leitbild[192]	Medien
	Uranus	Choleriker	Skorpion	Entwickler	
Verträglichkeit	Mond	Wasser	Wassermann	Versorger	Gruppen
	Venus	Phlegmatiker	Fische	Muse	
Offenheit	Lilith	Luft	Krebs	Vermittler	Autorität
	Jupiter	Sanguiniker	Löwe	Förderer	
Stabilität	Chiron	Erde	Widder	Denker	Geschlecht
	Pluto	Melancholiker	Stier	Gatekeeper	
Gewissenhaft.	Merkur	Äther	Jungfrau	Bote	Diskurs
	Saturn	Quinta Essentia	Waage	Bewahrer	
(Streben n.	Mars	x	Schütze	Aktivist	Milieu
Macht)	Neptun		Steinbock	Bystander	

Die Eigenschaft der Offenheit ist wieder ziemlich deutlich auf astrologische Modelle übertragbar. Wir finden hier die beiden Planeten **Lilith und Jupiter**, die den typisch sanguinen Typus in der Astrologie verkörpern. Lilith als Regentin über die Waage liebt es, sich nicht festzulegen und sich alle Wege offen zu halten, ebenso Jupiter als Regent über den Schützen. Es gibt für beide zu viel zu entdecken, als dass sie sich im Vorhinein einschränken wollen. Ihre Merkmale sind Toleranz und das Leben von Vielfalt und nehmen im Alter bei Männern tendenziell ab. Ganz anders verhalten sich **Chiron und Pluto**. Sie stehen im Gegensatz zu den Luftqualitäten für Bodenständigkeit, Verpflichtung und Ordnung. So wie Feuer (Extraversion) und Wasser (Verträglichkeit) sich gegenüberstehen, so stehen sich auch Luft (Offenheit) und Erde (Neurotizismus/Bedürfnis nach Stabilität) gegenüber.

Aus dem Aufbau der Dichotomien ergibt sich, dass jedes Big Five-Paar zu einem dualen Paar und seiner entsprechenden **Dualrollenebene** neigt, bei dem es sich besonders gut entwickeln kann.[193] Wenn der entsprechende Planet in einem Haus oder einem Zeichen steht, das diesem Planeten entspricht, dann

---

193 Siehe Andreas Bleeck, Astrologische Soziologie, Band II, Dualrollen, Synergia, 2017

wird er gestärkt. So ergibt sich quasi der Deutungsfaden von allein, denn so ‚suchen' jeweils zwei unserer Big Five-Planeten aus der sich ergebenden Symmetrie nach demselben Umfeld – allerdings auf unterschiedliche Weise. Die Venus 'sucht' beispielsweise gerne nach einem Uranus/Neptun Umfeld, genauso wie der Mond, ihr Gegenkorrespondent auch.[194] Sie fühlen sich wohl in derartigen Gruppenenergien. Wenn Venus oder Mond in ein von Uranus oder Neptun dominiertes Zeichen oder Haus fallen (Wassermann/ Fische), können sie ihre Qualitäten eines zufriedenen Lebens am besten verwirklichen, weil sie durch sie Gruppenbindung erfahren, wo sich persönliche Anliegen am besten gestalten lassen. Zur Erhöhung der Verträglichkeit setzt die Venus ihren Charme für ein gutes Gruppenklima ein, während es dem Mondtypus mehr um die Vertiefung von Nähe und Geborgenheit geht.

Die fünf Attribute der ‚Big Five' bilden den Ausgangspunkt der Deutung im Horoskop, wie wir am Beispiel von **C.G. Jung** sehen werden. Zwei von ihnen kommt jeweils eine besondere Gewichtung zu; dem Stärksten und dem Schwächsten.[195] So kommt die Deutung von den entsprechenden Planeten ähnlich einer Dispositorenverknüpfung auf immer neuen Pfaden weiter. Die 'Big Five' sind der Mittler zwischen empirisch gefundenen Eigenschaften von Menschen und sie sind durch die Sprachdichotomien bedingte Wertzuweisungen zu Rollen. Die Tugenden, die wir mit bestimmten Archetypen verbinden, zwingen uns in bestimmte Handlungsstrukturen. Wir sind frei, die Rolle zu wählen, aber wir sind nicht frei darin, diese Rolle dann so auszufüllen, dass sie anerkannt wird. Ein Wissenschaftler muss gewissenhaft arbeiten, ein Anführer sollte expressiv, aber gerecht urteilen, ein Versorger mitfühlend und selbstzufrieden und ein Politiker oder andere öffentliche Autoritätspersonen offen sein.

Durch die Darstellung von Wertmaßstäben entsprechend der Rollen sind wir für die Umwelt nicht nur berechenbar, sondern auch moralisches Vorbild,

---

194 Gegenkorrespondent will ich den jeweiligen Partner der Big-Five-Paare nennen.

195 C.G. Jung selbst ging von einer Persönlichkeitsmatrix von vier Eigenschaften aus (Denken, Intuieren, Fühlen und Empfinden), die er jeweils in einer extrovertierten und einer introvertieren Form sah und die sich paarweise gegenüber standen. Im Prinzip ist dies eine Form der ‚Big Five', die mit einem weiteren Item kombinierbt wird. Jung dekliniert quasi nur die Eigenschaft Extraversion durch, die in seinem Horoskop die schwierigste ist. (Sonne im Löwen, Wassermann in Haus 1, Sonne/Uranus Konjunktion, Planeten aber nicht gut angebunden.)

das in das Lage ist, Wertvorstellungen zu aktualisieren. Das Horoskop gibt uns Hinweise, wie sich diese Fähigkeit aus den Anlagen zu einer bestimmten Rollenwahl entwickeln lässt. Wenn C.G. Jung beispielsweise mit Sonne/Uranus (Löwesonne, Wassermann im 1. Haus) die Rolle eines extrovertierten Psychologen wählt, der sich mit der führenden Gruppe seiner Zeit anlegt, dann braucht er dafür unterstützende Aspekte. Chiron/Pluto (Chiron als wichtigster Planet, Pluto als Regent über Lilith im Skorpion und Jupiter in Haus 8) geben ihm die nötige Stabilität und Bodenständigkeit. Zumal Sonne und Uranus in Bezug auf das Item Extravertiertheit nicht gut gestellt sind (Auszählung siehe Anhang).[196]

Extraversion - Sonne und Uranus

Wollen sie wissen, wo sie hin sollen?

Studentische Einweiserin bei Infoveranstaltung

- Feuer, cholerisch, Salamander, absichtsgeleitet, aktiv/hart, Sehen, Herz/Kreislauf, rein agentisch, Naturalismus, Autonomiestrategie, Ausagieren

- Sonne/Uranus = Extraversion
  Kontrast: Mond/Neptun = Introversion, Zurückhaltung, Reserviertheit

- Monade des Mondes (Selbstüberwindung/Revolution): Extravertiertheit gedeiht am besten in einem fürsorglichen Umfeld (Mond), das mediale Beachtung findet (Merkur/Pluto).[197]

---

[196] Extraversion und Bedürfnis nach Stabilität als die zwei Hauptmerkmale in seinem Horoskop auszumachen, erfordert allerdings Erfahrung und Hinzunahme biographischer Hinweise. Es gibt keine simple ‚Rechenmethode', die uns dazu führt und damit auch immer andere Möglichkeiten der Interpretation.

[197] Dies und die folgenden Statements wären zu untersuchen. Sie leiten sich als Hypothesen vom vorher Gesagten ab.

Sonne und Uranus sind die großen Antipoden auf dem 'Weg zur Außenwirkung' (sie bilden im Horoskop eine Opposition) und haben einen starken Bezug zum agentischen Prototypus.[198] Beide brauchen einen aktiven Handlungsraum, in dem ihre Ideen aufgehen und gesehen werden. Uranus (Wassermann) geht dabei unerbittlich den Weg der Unabhängigkeit, die Sonne (Löwe) den Weg zu charismatischen Persönlichkeiten. So unterschiedlich ihre ‚Wege zum Gesehenwerden' sein mögen, die Chancen erhöhen sich, wenn sie nicht zu einem Widerstreit werden. In der Findung dieser Lösung liegt möglicherweise sogar ein Teil der Wirkung. Die Persönlichkeit eines Menschen kommt umso klarer zum Ausdruck, als sie es schafft, die inneren Widersprüche zu integrieren und nach Außen in eine Einheit zu bringen. Dann kommt das Merkmal Extravertiertheit positiv und vorbildhaft in Erscheinung.

Die Strahlkraft der Sonne erscheint, wie die des Uranus, wenn sie sich so zeigen können, wie sie sind. Das ist nicht so leicht, wenn sie eine negative Erfahrung darin mitbringen, so zu sein, wie sie sind. In ihrer Kindheit waren Umstände, die es erschwerten, sich authentisch zu zeigen. Dies ist besonders bei Familien mit hohem Leistungsanspruch der Fall, wenn gleichzeitig Gefühle unterdrückt werden. Um sich gesellig, aktiv, gesprächig, personenorientiert, herzlich, optimistisch und heiter zeigen zu können, ist die Bewältigung der Herausforderungen Voraussetzung. Die gemessenen Eigenschaften sind also sekundärer Natur, Ergebnisse aus einem Prozess, die sich auch ganz anders zeigen könnten. Ein erfolgreicher Mensch braucht sich nicht zwangsläufig extrovertiert zu zeigen; ja vornehme Zurückhaltung ist oft ein Merkmal der Eliten. Die Empfänglichkeit für Anregungen und Aufregungen hängt stärker mit dem Empfinden subjektiver Autentizität zusammen, als mit sozialem Status.

Extravertiertheit wird von anderen leicht als Egoismus empfunden. Darum muss sich dieser Typus immer wieder selbst prüfen, was ihm Konflikte irgendwann verleidet. Da er aber Herausforderungen braucht, wird er sich dem stellen und seine Negativität überwinden. Wenn er es schafft, dem Thema einen entsprechenden klaren Ausdruck zu geben, kann er sich besser

---

[198] ‚Extraversion' entspricht am ehesten dem agentischen und ‚Verträglichkeit' dem kommunalen Typus, was astrologisch sein Äquivalent darin findet, dass Sonne und Uranus ‚härteste' (unnachgiebige) Planeten sind und Venus und Mond ‚weichste' (sich anpassende).

einbringen. Verhasst sind ihm langwierige und untergründige Dynamiken. Auf diesem Parkett rutscht er unweigerlich aus. Hilfreich ist es, nicht zu zielgesteuert vorzugehen, sondern sich von der Intuition leiten zu lassen. Die besten Themen tauchen dann auf, wenn man sie nicht mehr erwartet. Hilfreich ist es auch, sich von den Plänen anderer anstecken zu lassen und guten Kontakt zu Autoritäten herzustellen, ohne seine Autonomie aufzugeben. Auch für den ‚agentischsten' unter allen Typen gilt: Ohne die anderen geht es nicht. Und es gibt nicht nur ‚Meister'. Man muss sich leider auch mit den profanen Niederungen der menschlichen Natur auseinandersetzen. Diese spiegeln die inneren Kämpfe und zeigen einem die eigene Widersprüchlichkeit und Rebellion auf und helfen, die Wirkung zu optimieren. Denn um die geht es am Ende bei diesem willensstarken Typus.

Die Stichworte für Extraversion aus den Dichotomien sind:

- Freiheit/Souveränität, Kreativität/Flexibilität, Freizügigkeit/Aufklärung, Revolution/Abwechslung, Schöpfung/Individualität (Uranus)
- Selbstbewusstsein/Präsenz, Förderung/Stil, Mut/Selbstüberwindung, Echtheit/Redlichkeit, Begeisterung/Charisma (Sonne)

Werte der Medialrollenebene

Sonne und Uranus suchen Zwilling und Skorpion
Merkur und Pluto suchen Löwe und Wassermann

Jedes Planetenpaar, das sich zu einer Big-Five-Eigenschaft zusammenschließt, bezieht sich auf eine der sechs Rollenebenen. Im Fall der Extraversion von Sonne und Uranus sind dies Merkur und Pluto, die Planeten der Medialrollenebene (die Werte und Rollen der Öffentlichkeit). Der Wert der Extraversion erscheint besonders im Zusammenhang mit ‚Medienarbeit'. Man sollte diesen Begriff nicht als Spezialistentum begreifen, sondern als ‚Gerede', an dem sich jeder von uns, und besonders die mit einem extrovertierten Anspruch, beteiligen. Jeder Mensch bedient ‚sein Medium', in dem er sich als das präsentiert, als das er gesehen werden will. Dies sind nicht nur die Persönlichkeiten der Öffentlichkeit, sondern jeder der im Internet eine Meinung abgibt, der sich im Kollegen- oder Freundeskreis über Fragen von allgemeinem Belang äußert oder zu einer bestimmten Problematik Stellung bezieht. Es wird von uns erwartet, dass wir dies tun. Denn man will wissen, an wem man ist. Es ist allerdings nicht jedermanns Sache, sich ständig vorne hinzustellen und seine Meinung ungefiltert öffentlich kundzutun.

Sonne und Uranus im Horoskop geben uns einen Hinweis, wie wir unsern ‚Auftritt' verbessern können und wo die Stärke unserer Selbstpräsentation liegen. Die Aufgabe extrovertierter Menschen ist es auch, den anderen Menschen den Weg zwischen Unterwelt (Pluto) und Alltag (Merkur) zu zeigen, zwischen den latenten, unterbewussten Antrieben (Pluto) und oberflächlichen Ablenkungen (Merkur) – Dinge, die nicht immer leicht ansprechbar sind, weil sie mit stark ambivalenten Gefühlen zu tun haben können. Öffentliche Darstellung ist immer ein Spagat aus klaren Worten und Vermeidung von Grenzüberschreitungen. Es gilt, intime Bereiche auszuloten und Fettnäpfchen zu erkennen, bevor man in sie tritt. Extrovertierten Menschen wird eher zugestanden, mal einen Fehler zu machen, doch sollten sie auch zeigen, dass sie lernfähig sind und ihre raue Schale einen weichen Kern enthält.[199]

Es gibt zwei verschiedene Wege, Werten der Extraversion zu bewusst zu werden. Einmal über die Sonne und den Ausbau des Images durch Selbstbewusstsein und zum anderen über Uranus und den Widerstand gegen erstarrte Verhältnisse. Beides ist diametral entgegengesetzt, doch können sie nur gemeinsam zu ihrer Wirkung gelangen. Dadurch ist eine gewisse Ambivalenz in diesem rein agentischen Typus angelegt, der sich in der Öffentlichkeit leicht negativ offenbart. Man kann nicht dauerhaft der unbequeme Zeitgenosse bleiben, der seine Mitwelt kritisch beäugt (Wassermann) und gleichzeitig Vorbild für seine Umgebung sein, der andere durch seine Überzeugungen mitreißt (Löwe). Die ‚Kunst der Extraversion' besteht gewissermaßen darin, sich immer wieder selbst anzutreiben, das Gefühl der Trennung zu überwinden.

Die spezielle, agentische Lebensart erfordert Präsenz und Stehvermögen. Denn auf Phasen des Erfolges erfolgen immer wieder Niederschläge. Um bei sich und seiner vom Mainstream abweichenden Meinung bleiben zu können, braucht es eine gewisse Unabhängigkeit. Das Provozierende an

---

[199] In den Messungen werden ihnen sowohl ein reserviert-nüchternes Verhalten, also auch ein herzlich-freundliches Verhalten attestiert.

extravertierten Menschen entsteht aus der Gemengelage von Interessen, unter denen die Authentizität und damit das Ansehen leiden. Der Idealfall einer Gesellschaft ist der, in dem alle Menschen an der Position stehen, wo sie die größtmögliche Entfaltungsmöglichkeit haben und ihre Sonnen- und Uranusqualitäten in sich entwickelt haben und nicht auf falsche Führer projizieren. Jeder hat letztendlich eine individuelle, extrovertierte Persönlichkeit in sich.

Verträglichkeit - Mond und Venus

Keine Zukunft vermag gutzumachen, was Du in der Gegenwart versäumst

Albert Schweitzer

- Wasser, phlegmatisch, Undinen, gefühlsgeleitet, passiv/weich, sensibel, Tasten, Niere/Blase, rein kommunal, transzendentaler Idealismus, Kontaktstrategie, Meditation

- Mond/Venus = Verträglichkeit
  Kontrast: Sonne/Mars = Hektik, Egoismus, Härte

- Monade der Betas (Achtsamkeit/Sinnlichkeit): Verträglichkeit ist eine typische Eigenschaft für das Verhalten von Betas, die durch ihre Ausgeglichenheit gut in der Lage sind, hierarchische Beziehungskonflikte zu lösen.

Die zweite Eigenschaft der ‚Big Five' ist zugleich auch zweiter Prototyp der ‚Big Two' (Communion). Mond und Venus sind beides ‚weiche' Planeten, die dem verträglichen Miteinander zugewandt sind. Der klassische Raum dafür ist in der Familie, beim Aufziehen von Kindern, im Gemeinwohl und in der Pflege und Verwaltung. Doch werden derartige Arbeiten oft schlechter bezahlt und das vermindert den Wert der Verträglichkeit. Auch Mütter brauchen Raum für kreative Gestaltung und selber ein Gefühl des Versorgtseins. Die kapitalistische Gesellschaft achtet allgemein Rollen, die mit der

Erziehung und Pflege zu tun haben, geringer. Pflegenotstand und ständige Reformen in der Pädagogik zeugen von der Suche nach einem Miteinander, das dem Einzelnen gerecht wird. Eine allgemeine Lösung gibt es nicht, denn die Unterstützung wird immer individuell unterschiedlich empfunden, weil Menschen verschiedene Ansprüche haben, die sich nicht durch Institutionen vollständig zufrieden stellen lassen. Je mehr Männer auch ‚weibliche Berufe' ausfüllen und eine entsprechende Entlohnung bekommen, desto mehr Alternativen werden sich finden. Auch in größeren Firmen hat sich die Erkenntnis durchgesetzt, dass die Motivation der Mitarbeiter steigt, wenn man ihr individuelles Wohlbefinden verbessern kann. Gemeinsame hochwertige Veranstaltungen, Ruheräume und konstruktive Gesprächsmöglichkeiten steigern dauerhaft das Gemeinschaftsgefühl.

Menschen mit hohen Werten bei ‚Verträglichkeit' sind tendenziell nachgiebiger und bringen anderen Menschen hohes Vertrauen entgegen. Sie sind ausgeglichen bezüglich altruistischer Fokussierung und Wahrung der eigenen Interessen, wie sie überhaupt in den meisten abgefragten Items ausgeglichen sind, was es allgemein schwierig macht, ihren Typus überhaupt von anderen zu unterscheiden. Wie wir im Kapitel über die ‚Big Two' (Ageny und Communion) aber gesehen haben, ist es ihr Job, sich an verschiedene Situationen anzupassen. Sie können sowohl kompetitiv als auch entgegenkommend sein, je nachdem wie sich dies für die Gruppe auswirkt, der sie sich zugehörig fühlen. Dieser Wunsch nach Zugehörigkeit ist es dann, der sie signifikant von anderen Typen unterscheidet.

Personen mit niedrigen Verträglichkeitswerten beschreiben sich eher als antagonistisch, egozentrisch und misstrauisch gegenüber den Absichten anderer Menschen. Sie verhalten sich eher kompetitiv als kooperativ. Die verträgliche Seite scheint eindeutig sozial erwünschter zu sein; Egoismus dagegen eine der Eigenschaften, mit denen es sich am schwersten umgehen lässt. So stehen Menschen dieses Persönlichkeitsmerkmals immer vor einem schmalen Grat, an dem soziale Verantwortung bei Ablehnung in unverständliches, selbstsüchtiges Verhalten umkippen kann. Deshalb ist es für den Verträglichkeitstypus wichtig, seine eigenen Schatten gut zu kennen und auf die innere Stimme zu hören, die eigenen Gefühle anzuerkennen und auch negative Stimmungen zuzulassen. Guter Kontakt zu anderen Menschen baut vor allem auf dem Spüren von mitschwingenden Botschaften und dem Erfassen besonderer Erlebnisstrukturen. Leicht ist man überfordert, weil die angestoßenen Prozesse in die Tiefe gehen. Eine gute Alltagsstruktur ist hilfreich, die notwendigen Räume zu schaffen.

Die Stichworte für Verträglichkeit aus den Dichotomien sind:

- Achtsamkeit/Wohlwollen, Unschuld/Hoffnung, Fürsorge/Natürlichkeit Romantik/Mitgefühl, Spiel/Verbundenheit (Mond)
- Sinnlichkeit/Kultivierung, Geduld/Entspannung, Bescheidenheit/Ästhetik, Treue/Brüderlichkeit Charme/Harmonie (Venus)

Werte der Primärgruppenebene

Mond und Venus suchen Wassermann und Fische
Uranus und Neptun suchen Krebs und Stier

Es gibt auch hier zwei Wege, Verträglichkeit zu einem bleibenden Wert zu erheben. Einmal über die Kultivierung von angenehmen Umständen auf der konkreten Beziehungsebene (Venus) und einmal über das Geborgenheitsstreben im privaten Bereich, in dem eine Vertrauensbasis aufgebaut wird (Mond). Die Fähigkeit zu gutem Kontakt ist das Resultat von vielen Prüfungen und Rückschlägen auf dem Weg zu Verhältnissen, in denen sich der Typus ganz aufgehoben fühlt. Dieser Typus kann sich nach und nach auch für 'fremde' Menschen öffnen, die dann wie Familienmitglieder behandelt werden. Die Menschen sind aber auch oft im Leben enttäuscht und ausgenutzt worden und ziehen sich deshalb auch leicht zurück. Sie werden schnell als zu angepasst und wenig eigenständig bewertet und ihre Aussagen, die häufiger aus den Gefühlen kommen, falsch interpretiert. Das kann zu einer grundsätzlichen Enttäuschung über das Leben führen. Es gilt, sich seine eigenen Räume, einen haltenden Rahmen und echte Gemeinschaft zu kreieren, in der das Geben und Nehmen stimmt und ein gegenseitiger Respekt besteht.

Wer einen gut gestellten Mond hat oder eine Venus, die im Zeichen oder Haus des Wassermanns (Haus 11) oder in den Fischen steht (Haus 12), der sucht auch nach einer kollektiven Wert-Anbindung. Er findet seine Erfüllung im Dienst an den Menschen. Im transpersonellen Bereich Neptuns und Uranus sind alle willkommen, die bereit sind, sich auf den Prozess der Begegnung einzulassen und der Stimme des inneren Kindes einen Raum zu geben, egal welcher Herkunft, Rasse oder sexuellen Orientierung die Menschen sind. Das ist der Ausgleich für die geringe Anerkennung von Tätigkeiten, die als wenig produktiv gelten, auch wenn sie anstrengend sind. Im Krankenhaus, im Kindergarten, in der Pflege ist es leichter, Menschen zu finden, die sich für spirituelle Dimensionen öffnen und den Wert von Altruismus schätzen. Ein guter Zugang zum eigenen Körper ist hilfreich, um die unvermeidlichen Ängste, die auf so engem Raum entstehen, kompensieren zu können und sich in der Hektik des Wettbewerbs mit sich selbst zu verbinden.

Mond und Venus suchen mit Uranus und Neptun gesellschaftliche Einbindung. Die beiden sensibelsten Planeten des Tierkreises brauchen die erweiterte kollektive Erfahrung, in der Individualität kein Widerspruch zur Synthese und Symbiose ist. Venus (Stier) und Mond (Krebs) sind ‚Herdentiere', die sich am wohlsten im Freundeskreis und der Kollegengruppe fühlen. Dazu gehört auch die Erfahrung 'spiritueller' Werte und 'anderer' Zustände, die die Grundlage von Kunst und sinnlich-ästhetischem Ausleben sind. Sie verkümmern, wo Alltagsstress, Routine und Vernunft von den Gefühlen abschneiden. Verträglichkeit entsteht, wo Gefühle den ihnen angemessenen Raum bekommen, wo Menschen füreinander Sorge tragen und zusammen ‚innere Welten' erkunden, die im rationalen Alltag ansonsten keinen Platz haben.

Offenheit - Lilith und Jupiter

Ich mach mir die Welt, wie sie mir gefällt

Pippi Langstrumpf

- Luft, sanguinisch, Elfen, kommunikativ geleitet, aktiv/weich, Intellektualismus, Hören, Lungen, objektiver Idealismus, Performancestrategie, Kommunikation

- Lilith/Jupiter = Offenheit
  Kontrast: Chiron/Saturn = Verschlossenheit, Konservativität, Engstirnigkeit

- Monade des Saturns (Wachstum/Nachhaltigkeit): Offenheit gedeiht am besten in einer festen Formation, in der die Hierarchie und die Regeln klar festgelegt sind.

Die dritte Eigenschaft der Big Five ist die der Offenheit. Diesem Typus wird eine starke imaginative Anlage unterstellt bei gleichzeitig pragmatischem Hier-und-Jetzt-Bezug. Gefühle spielen weniger eine Rolle. Hingegen besteht die Neigung, Neues zu unternehmen und die Vielfalt des Lebens zu entdecken. Dazu werden bisher bevorzugte Überzeugungen auch gerne mal in Frage gestellt, was diesen Typus nicht so leicht greifbar macht, wie die beiden vorherigen. Denn es bestehen bezüglich mancher Dinge so starke Überzeugungen, dass die unterstellte Offenheit und Vielfalt manchmal auch fraglich erscheint. Es ist ein lebenslanges Streben nach dem idealisierten Selbstbild. Doch ist keine der Eigenschaften der ‚Big Five' eine feststehende Tatsache, sondern eine Tendenz, die in typischen Situationen abgerufen wird.

Die Merkmale korrespondieren sehr gut mit den Eigenschaften, die dem Planeten Jupiter (Schütze) zugesprochen werden. Aber auch der neue Wirkpunkt, die Lilith, findet sich hier wieder (Waage). Sie ist der zweite ‚Planet', dem ein starker Drang nach Unabhängigkeit und Vertreten einer eigenen, auch abweichenden, Meinung nachgesagt wird. Personen mit hohen Offenheitswerten beschreiben sich als wissbegierig, intellektuell, fantasievoll, experimentierfreudig und künstlerisch interessiert. Sie sind eher bereit, bestehende Normen kritisch zu hinterfragen und auf neuartige soziale, ethische und politische Wertvorstellungen einzugehen. Aber sie fühlen sich auch schnell ausgeschlossen, wenn ihre Meinung keine Wertschätzung erhält. Dann behindern sie sich selbst durch Widersprüche in ihren Idealen und engstirniges Festhalten am Status Quo. Eine Scham über die eigene Starrsinnigkeit kann dazu führen, sich nicht für liebenswert zu halten. Hilfreich ist Körperarbeit und Verbindung mit dem Hier&Jetzt.

Lilith (Waage) und Jupiter (Schütze) können sich beide nur schwer in ihrer Begeisterung für eine Sache bremsen. Dadurch sind sie gleichermaßen in Gefahr, zu realitätsblinden 'Überzeugungstätern' zu werden. Sie sind beide aktive Planeten mit meist gutem Ansehen, doch wollen sie immer noch mehr erreichen. So vergessen sie leicht ihre ursprünglichen Intentionen und behindern die Prozesse, die sie selbst angeregt haben. Obwohl sie sich für die Belange ihrer Mitmenschen interessieren, kann es so wirken, als ob sie in ihrem grenzenlosen Optimismus nicht 'ganz da' sind. Sie sind unabhängig in ihrem Urteil, verhalten sich häufig unkonventionell und erproben neue Handlungsweisen, wenn sie Unterstützung erfahren. Weil sie mit Dingen beschäftigt sind, die weitab dessen sind, was die Gesellschaft als normal bezeichnet, kann es passieren, dass sie nicht mitbekommen, dass sie nicht 'angedockt' sind. Deshalb brauchen sie ein Umfeld, das bereit ist, ihren Visionen zu folgen. Dann öffnet sich bei ihnen auch die für das Zwischenmenschliche wichtigte Herzensebene und der Sinn für das ‚Unvollkommene'.

Die Stichworte für Offenheit in den Dichotomien sind:

- Mitbestimmung/Diplomatie, Ganzheitlichkeit/Integrität, Emanzipation/Gleichberechtigung, Solidarität/Nachhaltigkeit, Austausch/Humor (**Lilith**)
- Großzügigkeit/Wachstum, Optimismus/Zielstrebigkeit, Glaube/Kooperation, Vielfalt/Innovation, Fairness/Toleranz (**Jupiter**)

Werte der Autoritätsrollenebene

Lilith und Jupiter suchen Krebs und Löwe
Sonne und Mond suchen Waage und Schütze

Es gibt wieder zwei Wege, Offenheit zu bewirken. Lilith strebt nach Mitbestimmung und Frieden, Jupiter nach Gestaltungsmöglichkeiten. Beides gehört zusammen. Gestalten kann man erst, wenn man mitbestimmen kann. Die manifesten Hierarchien in der Gesellschaft verhindern oft, dass begabte Menschen sich verwirklichen können. Konstruktive Gestaltung erfordert die Einbeziehung aller Aktiven in das Projekt und eine offene Haltung bezüglich Veränderungen. Offenheit ist eine typische Eigenschaft von progressiven Politikern und risikobereiten Unternehmern. Sie sind bereit für intensive Prozesse, in denen immer wieder verschiedene Möglichkeiten ausgelotet und Bedingungen verändert werden. Voraussetzung für das Erreichen von Zielen ist ein langer Atem, eine Bereitschaft zur Überprüfung der eigenen Wertmaßstäbe und manchmal auch etwas Glück.

Krebs und Löwe sind die natürlichen Zeichen, in deren Beisein offenes Handeln entwickelt werden kann. Sie schaffen Raum für Begegnung und Begeisterung auch zwischen Menschen verschiedener Herkunft. Wenn man sich einmal gut kennengelernt hat, dann verschwinden die Stereotype, die im Zusammenhang mit fremden Einflüssen entstehen können. Offenheit braucht das wärmende Licht der Sonne und des Mondes. Wo eine vertraute Umgebung geschaffen wird, können Unterschiede aufgeweicht werden und den Positionen des anderen mit Verständnis begegnet werden. Kampf für Freiheit wird nicht zur Quertreiberei, sondern zu einem Gruppenerlebnis. Die Geborgenheit des Mondes (Gefühlswelt) hilft ängstlichen Menschen, sich selbst und die eigenen Schattenseiten besser annehmen zu können. Und die Natürlichkeit der Sonne (Selbstbewusstsein) unterstützt sie dabei, Fremdbestimmung zu erkennen und ihrem Herzen zu folgen. Wer die Unterstützung von starken Persönlichkeiten hat, der kann sich besser öffnen und verhärtete Positionen aufgeben. Offenheit ist die Voraussetzung für das Funktionieren stark hierarchischer Beziehungen, in denen das Bewusstsein für Werte manchmal verloren zu gehen droht.

Eine Lilith (Waage) oder ein Jupiter (Schütze) ohne einen Beruf, klare familiäre Strukturen oder ein gesellschaftliches Ziel ist schwer vorstellbar. So stehen sie beide nebeneinander in ihrem Bemühen, eine gute Beziehung zu ihrer Mitwelt aufzubauen und Offenheit zu entwickeln. Sowohl in Liliths Form der Vermittlung, als auch in den Werten und dem Idealismus Jupiters, dem Glauben und Teilen von Überzeugungen. Mediatoren und systemische Berater wissen beispielsweise, dass Konflikte sich dann am besten auflösen, wenn es möglich ist, gemeinsame Ziele zu entwickeln und eine neue Begeisterung für die Sache. So scheinen auch Waage (Lilith) und Schütze (Jupiter) gleichermaßen Konflikten aus dem Weg zu gehen und sich lieber neuen Projekten zuzuwenden, als ausgetretenen Pfaden zu folgen.

Lilith ist inzwischen ein häufig genutzter Punkt in der Deutung. Sie zeigt uns den Ausgangspunkt für selbstbestimmtes Handeln an, aus der wahre Autorität entsteht. In ihrem dunklen Aspekt erscheint allerdings die rücksichtslose Herrscherin, die unfähig ist, die Schwächen anderer Menschen zu respektieren. Die Eigenschaften Liliths sind nicht so leicht von denen Jupiters abgrenzbar. Lilith ist eher dann gefragt, wenn es Konflikte gibt und Grundsatzfragen entschieden werden müssen. Jupitereigenschaften sind eher bei langfristigen Veränderungsprozessen gefragt, in denen es um

Überzeugungen geht, die sich nur langsam wandeln. Für beide Wege gilt gleichermaßen: Wenn es nicht einfach geht, dann geht es einfach nicht. Ein positives Setting und vertrauensvolle Beziehungen sind Voraussetzung für Verträglichkeit und Toleranz auf beiden Seiten. Wer diese Werte einseitig für sich beansprucht, hat die Bedeutung nicht verstanden.

Bedürfnis nach Stabilität - Chiron und Pluto

Den größten Fehler, den man machen kann, ist immer Angst zu haben, einen Fehler zu machen

Dietrich Bonhoeffer

- Erde, Melancholiker, Gnome, ergebnisgeleitet, passiv/hart, Selbstunsicherheit, Riechen, Schmecken, Leber, Immunsystem, spekulativer Realismus, Einstimmungsstrategie, Tao

- Chiron/Pluto = Bedürfnis nach Beständigkeit (Neurotizismus / Negative Emotionalität)
  Kontrast: Lilith/Merkur = Unsicherheit, Flüchtigkeit, Ausweichen, Ablehnung, Zweifel

- Monade des Merkurs (Kompetenz/Bildung): Beständigkeit gedeiht am besten unter Brüderlichkeit, Teilen von Wissen und Gleichberechtigung.

Das Merkmal ‚Neurotizismus' klingt negativ, positiv mit ihm einhergehen allerdings die Fähigkeit zu hoher Belastungsfähigkeit und Stressresistenz, wie wir es aus der Astrologie auch von den Sternzeichen Jungfrau und Skorpion her kennen. Deshalb nenne ich das Item lieber ‚Bedürfnis nach Stabilität'. Die entsprechenden Planeten sind Chiron und Pluto. Chiron gibt das nachdenkliche Interesse an den Menschen und praktische Vernunft, die das Anliegen des Anderen richtig einschätzt. Die Entwicklung von plutonischen Qualitäten führt zu einer stabilen Gefühlslage und hilft Blockaden zu beseitigen. Wer durch Tiefen gegangen ist im Leben, der weiß sich zu

‚erden'. Menschen dieses Typus sind nur schwer zu verunsichern, weil sie feste Grundwerte haben. Es geht beruflich häufig darum, im Hintergrund die Weichen für die Zukunft zu stellen und Nachhaltigkeit zu erreichen. Wir wissen allerdings aus der Astrologie auch, dass beide Planeten auch eine labile Seite haben können und eine ‚chronische' Ängstlichkeit bezüglich ihrer Umwelt entwickeln können.

Leicht wird die Arbeit des Beständigkeitstypus übersehen, bzw. falsch eingeschätzt. Pluto kann sich dann gefühlsmäßig verstricken und misstrauisch werden, Chiron der verschlossene Bürokrat sein, der seine Inflexibilität hinter Paragraphen versteckt. Die vermeintliche Stabilität ist dann nichts anderes als ein Rausziehen aus der menschlichen Verantwortung. [...Die Dimension ‚Negative Emotionalität' sagt etwas über die Stärke und Häufigkeit der Reize aus, die benötigt werden, um von seinen Gefühlen beeindruckt zu werden. ‚Belastbare' Menschen benötigen stärkere Reize und eine größere Anzahl, um aus dem Lot gebracht zu werden, ‚sensible' Menschen sind recht empfindlich für Reize. Der emotional Sensible erfährt Gefühle stärker und deutlicher als andere. Solche Menschen werden vor allem in den sozialen Berufen und Diensten (Psychologen, Sozialwissenschaftler etc.), aber auch in Dienstleistungsberufen benötigt. Sie sind z. B. ‚der Kitt des Teams'. Der Belastbare erfährt das Leben auf einer weniger emotionalen Ebene und wirkt oft ziemlich unzugänglich und unbeeindruckt auf andere, was im privaten Bereich Probleme bereiten, während es im Beruf durchaus von Nutzen sein kann. Emotional belastbare Personen findet man typischerweise unter Fluglotsen, Piloten, Finanzmanagern und Ingenieuren...][200]. Diese Beschreibung könnte direkt aus einem Astrologiebuch unter dem Stichwort Jungfrau/Skorpion stammen.

Die Stichworte für das Bedürfnis nach Stabilität (Neurotizismus) aus den Dichotomien sind:

- Kontinuität/Resilienz, Diskretion/Konsequenz, Kompetenz/Klarheit, Verantwortung/Routine, Stabilität/Vernunft **(Pluto)**
- Konstruktivität/Organisationsvermögen, Effizienz/Komplexität, Respekt/Objektivität, Sorgfalt/Bildung, Güte/Seriosität **(Chiron)**

---

200 http://www.i-p-p-m.de/Das_Big-Five_Modell.pdf S. 3

Werte der Geschlechterrollenebene

Chiron und Pluto suchen Stier und Widder
Venus und Mars suchen Skorpion und Jungfrau

Die zwei Wege Chirons und Plutos sind die der Akribie und der emotionalen Kontrolle. Wenn die chironische Seite der betonten 'guten Laune' zu sehr in den Vordergrund gerückt wird, dann leidet Plutos Psyche, er hat Angst, seine Schwere würde von den anderen als Last empfunden. Plutos Zweifel und sein Bohren werden dann nicht ernst genommen. Bei besonders komplexen Projekten ist es allerdings unumgänglich, sich immer wieder kritische Fragen zu stellen. Auf Beziehungen übertragen sind Chiron und Pluto die Motoren der Beziehungsarbeit, sie zeigen uns immer wieder, dass es sich lohnt, sich für gemeinsame Werte einzusetzen, denn das Ganze ist mehr, als die Summe von zwei Teilen. Stabilität entsteht da, wo inklusiv gearbeitet wird und unterschiedlichste Ausgangssituationen integrierbar werden, z.B. in der gemeinsamen Kindererziehung oder in gemischtgeschlechtlichen Arbeitsprojekten.

Chiron und Pluto, deren Hang zur Intellektualität bekannt ist, können launische Gesellen sein. Beide hängen sich gerne an Gründen auf und verwickeln sich in Diskussionsschleifen, aus denen Venus und Mars (Geschlechterrollenebene) einen simplen, lebenspraktischen Ausweg zeigen. Die objektive Weltsicht von Chiron und sein Interesse an objektiver Erkenntnis ist Voraussetzung für eine Wissenschaft im Dienst des Menschen – im Sinne eines Freundschaftsdienstes und nicht einer Erhöhung des Marktgewinns. Wo ein Chiron und Pluto keine Anbindung an die persönliche Begegnung mit Venus und Mars haben (Widder und Stier), werden sie zu theoretisierenden und nörgelnden Bürokraten. Bei Kafka resultiert die Angst vor der Begegnung beispielsweise aus einer Blockade und Unsicherheit bezüglich der Gesetze, die ihn andere Menschen automatisch verdächtig erscheinen lassen, so dass er nicht in der Lage ist, einfachste zwischenmenschliche Zusammenhänge zu verstehen.

Es ist eine Kunst, gleichzeitig kritischen Abstand zu halten und verbunden zu bleiben, die zu erlernen bei beratenden Berufen hilfreich ist. Dann können auch schwierige Dinge thematisiert werden, ohne in die Gefahr des Misstrauens und der Isolation zu geraten. Im Freundeskreis und in der aufrechten Beziehung können Dinge gesagt werden, die sonst nicht möglich sind. Es ist hilfreich, sich zu visualisieren, dass das schlimmste bereits eingetreten ist und Verlassenwerden kein Makel ist, sondern Teil von Entwicklungen. Der Typus ‚Suche nach Beständigkeit' neigt dazu, sich selbst die Schuld zu geben und daran zu glauben, Dinge nicht verdient zu haben. Wenn er lernt, die daraus resultierenden abgespaltenen Aggressionen zu erkennen und zu integrieren, dann kann er seine Bedürfnisse realistischer zum Ausdruck bringen und im wertschätzenden Kontakt zu seinen Mitmenschen sein – trotz Ängsten und Zweifeln.

Der Zweifel lähmt den Handlungsablauf. Beziehungen funktionieren besser, wenn sich der eine auf den anderen verlassen kann. Pluto (Skorpion) und Chiron (Jungfrau) sind beide etwas unterkühlte Zeitgenossen und können Helfer rigider und totalitärer Systeme sein. Schnell wird es düster, wenn sie den Raum betreten. Sie neigen zum Theoretisieren und verschließen sich dem lebendigen Prozess, während sie versuchen, die Sache mit dem Kopf zu verstehen. Dazu kommen eine hohe Selbstkontrolle und die Neigung zum Pessimismus. Venus und Mars helfen, sich mit dem Körper zu verbinden und sich zu spüren. Sport, Sexualität, Tanz, Ausdrucksübungen, Spontantheater usw. sind Möglichkeiten, den Geist zu 'überlisten' und sich direkt einzubringen. Das reale Erleben liefert das beste Anschauungsmaterial für Beständigkeit. In einem gesunden Körper wohnt ein gesunder Geist, sagten die Griechen.

Es ist also vor allem ein Weg der offenen Begegnung und des spontanen Kontaktes, der zu einem vertrauensvollen Miteinander führt. Chirons Fähigkeit zur Reflexion und Hinterfragung von Pseudowissenschaften und Aberglaube, sowie Plutos Geübtheit im tiefenpsychologischen Diskurs sind das Rückgrat sozialer Berufe. Die Suche nach dem Wert von Stabilität habe ich auch in den Horoskopen von Begründern psychoanalytischer und psychotherapeutischer Methoden gefunden.[201] Von Freud, über Jung, Adler, Reich und Perls bis zu den neueren Begründern therapeutischer Methoden haben alle eine Betonung in den Zeichen Jungfrau und Skorpion (Chiron und Pluto) und Widder und Stier (Venus und Mars, Geschlechterrollenebene). Freud war selber Stiergeborener, seine beiden wichtigsten Schüler Jung und Adler hatten den Mond in Stier. Widder, Jungfrau und Skorpion bilden eine

---

[201] Artikel auf Homepage www.astrologie-abc.de

Yodfigur, die es in sich hat. Ausgehend von den analytischen Fähigkeiten in der Jungfrau entlädt sich die Energie im Zeichen Widder, um sodann in die Tiefe des Skorpions einzutauchen. Der Stier ist das Zeichen, das diese Dynamik halten und ihr eine Form geben kann, in der sie kanalisiert wird. Nicht jeder Mensch mit einer solchen Betonung hat a priori analytische Fähigkeiten. Sie werden erst durch den intensiven Prozess der Auseinandersetzung mit dem eigenen Selbst geschult.

Aus diversen Tests ergibt sich, dass auch heutige Psychologen und Sozialarbeiter eine Betonung des Merkmals ‚Bedürfnis nach Stabilität' besitzen und psychologische Qualitäten quasi durch ‚diese Brille' des Neurotizismus betrachtet werden. Merkwürdigerweise ist es die einzige Eigenschaft, die negativ konnotiert wird. Eine Erklärung wäre, dass selbstunsichere Menschen gehäuft Berufe ergreifen, in denen sie viel mit anderen Menschen zu tun haben, die von ihnen Hilfe erwarten und so sich selbst stabilisieren, während gleichzeitig die Flut an negativen Eindrücken zu einem grundsätzlichen Pessimismus gegenüber dem Leben tendieren lässt.

Gewissenhaftigkeit - Merkur und Saturn

Dies über alles
sei dir selber treu
Und daraus folgt
so wie die Nacht dem Tage
du kannst nicht falsch sein gegen irgend wen

William Shakespeare

- Äther, Quinta Essentia, Homunkulus, aus der Erkenntnis des Dualismus von dem Wunsch nach Synthese geleitet, Denken, Nervensystem, Pragmatismus, Vertrauensstrategie, Yoga

- Merkur/Saturn = Gewissenhaftigkeit
  Kontrast: Pluto/Jupiter = Verallgemeinerung, Rechthaberei, Gewissenlosigkeit

- Monade des Omegatypus (Legitimität/Improvisation): Gewissenhaftigkeit gedeiht am besten in der Rolle des kritischen, distanzierten Beobachters im Diskurs.

Es bleibt aus den Dichotomien ein fünftes Paar, dessen beide Planeten mitunter nicht die ‚typischen' Merkmale ihres Elements zeigen. Merkur ist nicht immer lufttypisch (Zwilling Offenheit) und Saturn nicht immer erdtypisch (Steinbock Stabilität). Ihre Deutung sollte mit Vorsicht und ausschließlich im praktischen Bezug zur Situation vorgenommen werden. Von Merkur ist seit alters her bekannt, dass er ein ‚Trickster' ist und sich in alle erdenklichen Formen verwandeln kann. Ein ‚arttypisches' Verhalten ist von ihm sowieso nicht zu erwarten. Trotzdem oder gerade deswegen ist er ein äußerst gewissenhafter Erforscher. Nicht nur der menschlichen Psyche, sondern aller Zusammenhänge im Universum, für deren Funktionieren er sich akribisch genau interessiert, aber nicht immer offen seine Motive bekannt gibt. Anders aber mit ähnlicher Konsequenz, ist Saturn nicht sofort greifbar. Er gilt als klassischer Vertreter des Erdelements und der mit ihm verbundenen Eigenschaften der Melancholie und Schwermut. Doch kein Planet unterliegt meiner Erfahrung nach mehr dem Mechanismus der selbsterfüllenden Prophezeiung. Selbst nachdem Pluto anstatt seiner in die unrühmliche Rolle des ‚Bösewichts' rückte, werden ihm weiterhin ‚schwere' und ‚antriebsschwache' Züge unterstellt, weil er nicht die Stabilität zeigt, die von einem Erdzeichen ‚erwartet' wird. Doch Gewissenhaftigkeit ist eine Eigenschaft, die nur auf den zweiten Blick erkennbar ist.[202] Das Zeichen Steinbock, über das er regiert, ist ein sehr vielfältiges Zeichen, das uns immer wieder mit

---

202 Man kann es auch das ‚Einstein-Syndrom' nennen. Er entwickelte komplexeste Formeln, vergaß aber auch mal die Schuhe anzuziehen, wenn er aus dem Haus ging (Merkur Konjunktion Saturn in Haus 10 in Quincunx zu Uranus in der Jungfrau in 3).

Eigenschaften überrascht, die wir nicht erwartet hätten. Viele seiner Motive verstehen wir erst im Nachhinein.[203]

Saturn ist mehr als ein nüchterner Platzhalter für lästige ‚Ordnungen'. Er hilft uns bei der Selbstorganisation und sorgt für dauerhaftes Interesse an einer Sache. Dort wo Saturn im Horoskop steht, sind wir zu konzentriertem Arbeiten fähig, schnell aber auch irritiert, wo es zu Problemen kommt. Ihm gehört wie Merkur eine gute Beobachtungsgabe und ein gewissenhaftes Interesse an Sachen an, die anderen Menschen vielleicht zweitrangig oder langweilig erscheinen würden. Dafür interessiert er sich für manch ‚profane' Dinge überhaupt nicht. Das Wort Gewissen in Gewissenhaftigkeit zeigt im Deutschen an, dass Arbeit und Soziales zusammengehören und der Einzelne nur wenig bewirken kann, wenn er sich mit den anderen nicht gut ergänzt und moralisch integer handelt. Selbst das stumpfeste Abarbeiten von Paragraphen kann eine Überprüfung des eigenen Gewissens nötig machen. Denn kleine Fehler im System können sich zu Ungenauigkeiten addieren, die schwerwiegende Konsequenzen haben.

Deshalb dürfte mit dem Item Gewissenhaftigkeit immer auch eine soziale Kompetenz verbunden sein. Situationen richtig einzuschätzen und so kommunizieren zu können, dass eine wechselseitige Balance entsteht, ist eine Fähigkeit, die sich in vielen Berufen mit zwischenmenschlichen Anforderungen bezahlt macht.[204] Dies erfordert allerdings auch eine hohe Selbstdisziplinierung und damit Motivation. Wo das Interesse für eine Sache schwindet, geht auch schnell die Gewissenhaftigkeit verloren und weicht der Beliebigkeit und der Fokus der Aufgabenstellung gerät außer Sichtweite. Gewissenhaftes Arbeiten gewinnt dort an Gewicht, wo Paragraphen nicht über den Menschen gestellt und doch klar die Verhältnisse analysiert werden müssen.

Die Stichworte für Gewissenhaftigkeit in den Dichotomien sind:

---

203 Und so wird das kommende Zeitalter des Steinbocks hinter seinem Ordnungsdrang nicht ganz leicht zu durchschauen sein.

204 Es gibt Formen des Autismus, in denen die Betroffenen Inselfähigkeiten entwickeln. Doch ohne Unsütützung können sie diese nicht einbringen und so ist ihre Fähigkeit zur Gewissenhaftigkeit immer von weiteren Variablen abhängig (und somit auch nicht direkt im Horoskop zu finden).

- Logik/Differenzierung, Forschen/Geschick, Klugheit/Intuition, Rhetorik/Improvisation, Aktualität/Neugier **(Merkur)**
- Disziplin/Ordnung, Optimierung/Vorsorge, Tradition/Reife, Prüfung/Legitimität, Verzicht/Nüchternheit **(Saturn)**

Werte der Diskursrollenebene

Merkur und Saturn suchen Waage und Jungfrau
Lilith und Chiron suchen Zwilling und Steinbock

Die Fähigkeit zur Gewissenhaftigkeit entsteht aus dem Zusammenkommen von logischem Verstand (Merkur) und praktischer Vernunft (Saturn). Man muss die Dinge wie ein Handwerker denken UND praktizieren können, um sie ordentlich durchzuführen. Ein gewisses Interesse für die Sache und Raum zum Experimentieren sollte vorhanden sein, um genaues Arbeiten möglich zu machen und dauerhaft motiviert zu bleiben. Ein ‚diskursives‘ Umfeld ist dafür förderlich, in dem zugleich offen (Waage) und kritisch (Jungfrau) Ergebnisse ausgewertet und verglichen werden. Die Gefahr liegt in der Redundanz selbstbezüglichen Operierens und darin, sich in Kleinigkeiten zu verfangen und das große Ganze aus dem Auge zu verlieren. Dann wird immer noch nachgebohrt, obwohl aus der Sache nichts mehr rauszuholen ist und die Menschen schon genervt sind. Die übertriebene Gewissenhaftigkeit wird dann zu einer selbstquälerischen Tortur, die überall nur das Fehlerhafte wahrnimmt und sich für die anstehenden Themen nicht mehr öffnen kann.

In beiden Zeichen, Jungfrau als auch Waage, steht Saturn gut. Er hat also einen gewissen Vorteil vor Merkur, der ‚nur‘ in der Jungfrau erhöht ist. Die Kunst besteht daraus, im Rahmen der Vorgaben zu bleiben und trotzdem weiteres Forschen anzuregen. Eine differenzierte Sichtweise kann sich nur dann ergeben, wenn sauber vorgearbeitet wurde. Insofern sind hier alle Berufe angesprochen, in denen Zuarbeit wichtig ist und das Ergebnis nicht von einem Einzelnen abhängig ist, bzw. von der Exaktheit, mit der jeder Einzelne arbeitet. Gewissenhafte Menschen genießen eine gewisse Unabhängigkeit, die ihnen erlaubt, ihre Meinung deutlich zu sagen. Dabei müssen sie aufpassen, nicht zum Außenseiter und Fachidioten zu werden. Wer sich zu sehr in die Angelegenheiten anderer Menschen einmischt, wird auch als Störenfried empfunden. Ein gutes Feedback ist also immer hilfreich, damit akribische Kritik an die ‚richtige Stelle' gelangt.

Den Wert der Gewissenhaftigkeit im Kontakt mit anderen Menschen zu pflegen ist eine Anwendung der Theorie in der Praxis. Gute Voraussetzungen wie Denk- und Merkfähigkeit entwickeln sich dann zu Stärken, wenn sie dauerhaft im ernsthaften Miteinander (Lilith/Chiron) eingeübt werden. Konsens über Wahrnehmung entsteht aus guter Beobachtungsgabe und Lösungsbereitschaft. Dazu muss man bereit sein, sich zurückzunehmen und die Dinge im Fluss zu lassen. Rechthaberei blockiert nur den Prozess. Ein ‚gutes Gewissen' zu haben bedeutet auch, sich weiter konzentrieren zu können und an der Sache zu bleiben, auch wenn sie ungemütlich wird. Wem man einmal respektlos begegnet ist, dem kann man nur noch schwer wieder vertrauen.

Machtstreben - Mars und Neptun

Ich habe eiserne Prinzipien. Wenn sie Ihnen nicht gefallen, habe ich auch noch andere.

Groucho Marx

- Ohne Einordnung bei Big Five/Big Four/Elemente

- Mars/Neptun = Bedürfnis nach Macht und Einfluss
  Kontrast: Venus/Uranus = Übertriebenheit, Affektiertheit, Verletzbarkeit

- Monade der Venus (Spontaneität/Versenkung): Streben nach Macht gedeiht am besten in einem kultivierten Umfeld des eigenen Milieus.

Diese sechste Eigenschaft wird in vielen Faktorenanalysen wahrscheinlich deshalb nicht gefunden, weil es stark vom Setting abhängt, inwieweit Machtstreben 'gemessen' werden kann oder als was dieses überhaupt definiert wird. Zudem gibt es nicht die speziellen Berufe, an denen sich das

Merkmal exemplarisch zeigt; das Machtstreben kann sich auf den verschiedenen Berufsfeldern ganz unterschiedlich entwickeln und erscheint im Erleben oft anders als in der Wirklichkeit. Wir wünschen uns Leitbilder, die möglichst unabhängig sind in ihrer Meinungsbildung und deshalb gibt es ein öffentliches Interesse, kleinen Eliten ein besonderes Dasein zu ermöglichen, auch wenn sie manchmal als abgehoben und zu nüchtern empfunden werden. Der Erfolg einer Gesellschaft hängt mit der Möglichkeit zusammen, ineffiziente Eliten auswechseln zu können. Insofern ist die ‚Fähigkeit zur Macht' stark abhängig vom Umfeld.

Das Streben nach Macht gehört nicht nur zu Agencyeigenschaften, sondern hat auch einen kommunalen Aspekt. Neben dem ‚Kampfplanet' Mars ist auch eine Portion neptunischer Demut von Nöten, um Macht dauerhaft ausüben zu können. Der Planet Mars verkörpert ein Bündel aus aktiven Eigenschaften, die ihn gewissermaßen zu einem Prototyp aller positiv erwünschten Impulsgebungen machen; sozusagen im männlichen Idealtypus der jeweiligen Epochen – als Krieger, religiöser Märtyrer oder jetzt der Manager der ‚Weltimperien'.[205] Der Widder ist der Archetypus des Selfmademans. Er weiß, was sein Weg ist, und braucht keinen künstlichen Antrieb. Gerne lässt er andere an seinen Projekten teilnehmen. Doch ist er ihnen meist einen Schritt voraus, so dass keine Gefahr der Konkurrenz besteht. In einem guten Klima gedeihen Projekte am besten. Derartige ‚Überidealisierung' hat aber ihren Preis. Der Fall ist tiefer als bei anderen Planetenprinzipien. Wer es als ‚Marsianer' nicht mehr schafft, sich in einem guten Licht zu präsentieren, eckt schnell mit seiner Umgebung an. Das Streben nach Macht hat vielfältigere Facetten, als ‚reine Marspower'. Es braucht eine gute Vernetzung, langen Atem, Bereitschaft zur Selbstkritik und auch eine Art ‚spirituelle Redlichkeit', ohne die einem der ‚Weg zum Olymp' verwehrt bleiben wird.

Der zweite Planet, der gerne übersehen wird, wenn es um derartige Themen geht, ist daher Neptun, der große Mystiker und Schweiger im Hintergrund. Zum stark agentischen Anteil durch Mars kommt ein stark kommunaler Anteil durch Neptun. Um Macht ausüben zu können, braucht es eine Art

---

205 Darunter leidet dann auch häufig sein Pendant Venus, der dementsprechend gerne alle Übel unterstellt werden, die mit übergroßer Passivität einhergehen.

Menschenliebe und sensible Verbundenheit, deren Einfluss man allerdings nur schwer bemessen kann. Fischegeborene und Menschen mit Neptunbetonung im Horoskop sind von einer inneren Überzeugung des Friedens zwischen allen Menschen erfüllt, doch ändert das nichts daran, dass sie daraus bei Gelegenheit einen Vorteil zu ziehen suchen. Ihnen geht es um einen guten Kontakt zwischen den Menschen, deren Verbindungen sie dann nützen können. Das Zeichen Fische ist also nicht so selbstlos, wie es manchmal beschrieben wird, sondern im Geheimen nach Einfluss strebend.

Die Stichworte für mögliches Streben nach Macht aus den Dichotomien sind:

- Standhaftigkeit/Geradlinigkeit, Direktheit/Spontaneität, Ehrgeiz/Entschlossenheit, Initiative/Engagement, Leistung/Einfluss **(Mars)**
- Weitsicht/Vertrauen, Transzendenz/Versenkung, Rücksicht/Sensibilität, Vorsicht/Versöhnung, Einsicht/Spiritualität **(Neptun)**

Werte der Milieurollenebene

Mars und Neptun suchen Schütze und Steinbock
Jupiter und Saturn suchen Widder und Fische

Diese beiden Planeten Mars und Neptun, die von außen betrachtet unterschiedlicher nicht sein könnten, brauchen beide viel Freiraum. Es gibt zwei ganz unterschiedliche Wege, Machtstreben zu kultivieren. Mars steht für Spontaneität und Begeisterungsfähigkeit, die für den Mitmenschen erfrischend und mitreißend wirken, so dass man sich gerne von diesem Typus in erfolgsversprechende Aktivitäten einbinden lässt. Mit Mars ist es auch der Weg der Hartnäckigkeit, an einem Thema so lange dran zu bleiben, bis es wirklich greifbar ist. Die ‚Wirkung' entsteht durch den Spaß am Machen. Es ist ratsam, sich und seine eigenen Bedürfnisse genau zu kennen, etwa bei Leistungssport oder im Management, ansonsten riskiert man leicht gesundheitliche Konsequenzen. Aber Mars bringt auch in ein emotionales Paradoxon. Die Spontaneität führt leicht dazu, auf sich selbst zurückgeworfen zu werden, einsam zu sein und unverstanden und dann gar nicht mehr zu handeln. Dann wird das Streben nach Macht zu einer Qual, dessen Selbstanspruch man vergeblich hinterherrennt und in der die eigenen Werte korrumpiert werden.

Mars und Neptun machen sich beide viele Gedanken um die Existenz. Es geht nicht nur um allgemeinen Machtausdruck, sondern auch darum, sich mit seinen Eigenarten im Milieu etablieren zu können. Ihre manchmal sehr abstrakte 'metaphysische Moral' kann zu Missverständnissen und Unstimmigkeiten führen, wenn sie nicht ernst genommen und wertschätzend behandelt werden. Saturn hilft dem Mars, seine blinden Impulse zu sortieren, und Neptun, seine religiösen Anwandlungen zu ‚sortieren'. Jupiter unterstützt wiederum Neptun, beliebigen universalistischen Ansätzen zu widerstehen und sich im Sinne des Zeitgeists einzubringen und Mars darin, sich weltnahe, realistische Ziele zu stecken. So entstehen die hohen Werte für Machtstreben, auch wenn dies nicht direkt intendiert ist. Die Merkmale dieses Persönlichkeitstypus sind wohl auch ein Resultat der Überprüfung der eigenen Überzeugungen, die auf andere Menschen automatisch ambitioniert wirken.

Der Weg Neptuns zur Macht führt als Ergänzung zu Mars über Werte der Empathie und Geduld. Es ist im Gegensatz zu Mars ‚the long run', der den Bestrebungen um Einfluss erst den Gehalt gibt. Wer Menschen nur vor den Kopf stößt, wird sich nicht lange feiern lassen können. Ein gefestigtes Welt- und Selbstbild ist die Voraussetzung für Erfolg. Wer sich trotz Zwistigkeiten und Ränkespielen der Politik menschlich zeigt, wer nicht den Heiligen mimt oder glaubt, über bestimmte Dinge erhaben zu sein, bewahrt sich einen Zugang zu allen Menschen. Das Schweigen Neptuns kann genauso heilsam wirken, wie die klaren Worte von Mars. Die Kunst besteht darin, den Wertekanon des Zeitgeists treffend zu deuten und das Richtige zum richtigen Zeitpunkt zu tun.

Dazu ist es auch hilfreich, immer wieder in Kontakt mit den eigenen Verletzungen zu gehen und mit sich selbst Mitgefühl zu entwickeln. Wo es Konflikte gibt, kann Abwarten die richtige Haltung sein, um sich wieder anzunähern und das fällt vielen Menschen sehr schwer in einer Welt der Erwartung sofortiger Lösungen und klarer Standpunkte. Eine ‚gesunde Abhängigkeit' ist das richtige Mittel, um selbst auch einmal abschalten zu können. Der ‚einfache Mensch' stellt sich die Welt der Mächtigen als eine Art ‚grausames Paradies' vor, weil er nicht bereit ist, seiner eigenen ‚Mächtigkeit' Ausdruck zu verleihen. Doch wenn er den Glauben an seinen Einfluss verliert, haben falsche Ideale und falsche Idole leichtes Spiel.

Horoskopbeispiel: C.G. Jung

Gegen Angriffe kann man sich wehren, gegen Lob ist man machtlos

Sigmund Freud

Das Horoskop gibt einen Hinweis, wie wir Persönlichkeitsmerkmale leben und wie wir bestimmte Typologien situationsbedingt besser herausbilden und andere schlechter. Die Frage, inwieweit diese Fähigkeiten vererbbar sind oder eher auf Umweltfaktoren zurückzuführen sind, ist eine der meistdiskutierten Fragen der Verhaltensforschung. Das Horoskop kann uns helfen, eine Verbindung zwischen diesen Faktoren zu ziehen, indem es Einflüsse systematisch ordnet. Ich habe etwa 200 Horoskope von mir bekannten Personen in dieser Hinsicht ausgewertet und dabei gefunden, dass jeweils das stärkste Merkmal der ‚Big Five' und das schwächste erste Hinweise auf die Interpretation des Horoskopes und die Schwerpunkte im Leben des Geborenen geben. Zusätzlich zu Sonne, Aszendent und Mondknoten, die immer bei der ersten Analyse einbezogen werden, ist auch der stärkste Planet im Horoskop wichtig.

Basis für die Deutung mit den Dichotomien ist der Almutin im Horoskop, also der Planet, der am meisten Bezüge durch Häuser und Zeichenstellung entfaltet.[206] Seine Aspekte und die Transite auf ihn und die ihn im Werteviereck begleitenden Planeten bilden den Kern der Deutung. Jeder der zwölf Archetypen besteht aus einer Dichotomie von vier Planeten, im Falle von Chiron bei C. G. Jung sind dies Lilith, Venus und Mars. In einem zweiten Schritt werden die beiden Haupteigenschaften der ‚Big Five' herausgefiltert und in einen Bezug zu den Dualrollenebenen gestellt – bei Chiron: Beziehung (Venus/Mars) und Diskurs (Lilith/Chiron).[207] Schließlich werden die anderen Planeten und Dispositionen, so wie sie sich zu dem Hauptthema gesellen, dazu genommen. Daraus ergibt sich ein Bild auf die ‚Charakter-

---

[206] Die Auszählung erfolgt nach einem neuen Schema von Regenten und Erhöhungen, das in ‚Astrologische Soziologie, Band IV' vorgestellt wird. Auch auf www.astrologie-abc.de

[207] Siehe Andreas Bleeck, Astrologische Soziologie, Band II, Dualrollen, Synergia, 2017

eigenschaften', die sich von dem Horoskopeigner im Rahmen der von ihm eingenommenen Rolle ergeben. Diese müssten wir in seiner Biographie und im Falle von C.G. Jung als Anregung für den wissenschaftlichen Diskurs auch in seinen Schriften wiederfinden.[208]

Je genauer die Beschreibung der Hauptrolle, desto einfacher wird es, die anderen Informationen des Horoskops sinnvoll zu deuten. Wenn ich den Leitfaden definiert habe, ergibt sich der Rest quasi von selbst. Am Beispiel von C.G. Jung wird dies deutlich. Sein Hauptplanet ist der Chiron (Regent über Jungfrau, Stier und Schütze) und das Werk von Jung ist ein philosophisch-wissenschaftlich geprägtes, auch wenn er sich mit esoterischen und okkulten Phänomenen beschäftigt. Er ist mehr Wissenschaftler als Sigmund Freud, der auf metaphysische Konzepte wie Penisneid, Urhorde und Ödipuskomplex baute. Solches sind für Jung nur Anknüpfpunkte, aber keine Dogmen. Er untersucht, analysiert, vergleicht die diversen Mythen der Weltliteratur und wendet mit seiner Betonung des 6. Hauses (Sonne, Venus, Merkur) unterschiedliche Methoden an, um die auftauchenden Bilder in der Deutung mit dem Klienten als kollektive, evolutionäre Prozesse einzuordnen. Auch der Test der 'Big Five' geht letztendlich auf seine Innovationen zurück. Um sein Horoskop zu verstehen ist der Vergleich mit dem von Freud eine große Hilfe, denn er macht sowohl die Wesensunterschiede, als auch die Gemeinsamkeiten der Herangehensweise an zeitgenössischen Fragen deutlich. Dazu später mehr.

Suche nach	Chiron + Widder 2	Chiron+ Lilith+ Venus+ Mars+
Stabilität	Pluto - Stier 3	Pluto+ Merkur- Venus+ Mars+

Aus der Auszählung des Horoskops vom C.G. Jung (siehe auch Anhang) ergibt sich, dass das Merkmal 'Suche nach Stabilität' (Neurotizismus) das stärkste ist, da Chiron der Planet ist, der im Horoskop am besten gestellt ist und er zusammen mit seinem Gegenkorrespondenten Pluto die meisten positiv besetzten Verbindungen aufweisen kann (auch Verträglichkeit und Gewissenhaftigkeit haben nur ein Minuszeichen, hier gibt Chirons

---

208 Ich habe das Gefühl, dass Jungs Geburtszeit etwas früher ist und er einen Steinbock AC hat. Dies würde an der sonstigen Deutung aber kaum etwas ändern; nur der Planet Neptun würde in ein anderes Haus fallen (Haus 3).

herausragende Stellung den Ausschlag). Im Gegensatz dazu ist das Merkmal Extraversion das am schlechtesten gestellte, da vier Planeten keine gute Verbindung zu Zeichen oder Häusern haben, die dieses Merkmal unterstützen würden. (Sonne, Uranus und Neptun stehen nicht in einem von Zwilling oder Skorpion regierten Haus oder Zeichen und Merkur nicht in einem von Wassermann oder Fische regierten Haus oder Zeichen.) Erschwerend ist, dass die Schwächen mit der Extrovertiertheit so ‚schonungslos' offenbart werden, weil Sonne in Konjunktion mit Uranus im Löwen steht und Wassermann das Haus 1 dominiert. (Nur die Offenheit hat noch mehr als zwei ‚Minuspunkte'.) Probleme mit der Findung des richtigen Platzes und des richtigen Ausdrucks kommen in der Biographie dementsprechend häufig zur Sprache. Schon in der Jugend kommt Carl Gustav sich oft fehl am Platze vor und dies setzt sich in der Gruppe der Psychoanalytiker um Freud fort. Auch im Dritten Reich mühte er sich durch verschiedene Positionen. Erst am Ende seines Lebens kann er sich ein stabiles Lebensumfeld aufbauen – nach der Bearbeitung vieler Schatten und Abgründe.

Die Interpretation erfolgt also zwischen den Polen einer guten Erdung im Leben (positive Stabilität) und Schwierigkeiten mit den eigenen Ausdrucksmöglichkeiten (negative Extraversion). Fest verwurzelt in den Bergen seiner Heimat Schweiz, wo er sein ganzes Leben verbringt, braucht C.G. Jung lange, um zu einer eigenen Ausdrucksweise seiner psychoanalytischen Erkenntnisse zu kommen und die Streitereien mit der Schule um Freud zu verdauen. Als Prototyp des Denkers (Chiron) ist ihm gründliches Arbeiten und Recherchieren wichtig und so findet er schließlich erst in der Mitte des Lebens zu seiner eigentlichen Bestimmung und dem Schreiben von Büchern. Mit Sonne/Uranus sucht er sich in der Psychoanalyse zunächst ein extravagantes Betätigungsfeld, in dem er seine Persönlichkeit einbringen und Richtungswechsel vornehmen kann, wie es für den extrovertierten Menschen typisch ist. Doch sind die entsprechenden Planeten nicht so gut gestellt und er findet in der psychoanalytischen Gesellschaft von Freud mit seinen abweichenden Vorstellungen nicht das Gehör, das er sich gewünscht hätte. Als er sah, dass er sich unter Freud nicht weiterentwickeln konnte, kam er in eine tiefe Sinnkrise. Daraus genesen stand ihm als gut frequentierter und damit finanziell unabhängiger Therapeut ab 1920 Raum zur Verfügung, seine Forschungen niederzuschreiben.

Er entwickelt eine eigene Richtung innerhalb der Psychoanalyse, die bis heute Impulse in die Wissenschaft gibt (Sozialpsychologie, Persönlichkeitstests, Sozionik) und errang damit auch die für ihn so wichtige Stabilität im Leben wieder. Chiron und sein Dual Lilith stehen dafür in günstigen Feldern, Chiron in Widder, wo Mars regiert, und Lilith in Schütze, wo Mars erhöht steht. Durchsetzung und Kompromissbereitschaft stehen in einem guten Verhältnis. Jung ist grundsätzlich eine gute Analysefähigkeit zu unterstellen, weil er seinen Willen (Mars) und seine Genussfähigkeit (Venus) gleichzeitig lebt. Er ist kein Theoretiker, sondern bezieht seine Erkenntnisse aus dem praktischen Erleben, was für einen Psychologen besonders wichtig ist, da er mit Menschen zu tun hat, die er verstehen will. Das Merkmal Stabilität ist an die Geschlechterrollenebene gekoppelt. Venus und Mars geben die natürlichen Entwicklungsanreize, die Sonderbegabungen und Spezialwissen wachsen lassen können. Es war Jung möglich, zwei gebildete Frauen dauerhaft an sich zu binden, die beide Interesse für seine Arbeit zeigten und ihn inspirierten. Venus und Mars stehen wiederum in Zeichen, die von Chiron regiert werden, Venus in Haus 6, in dem er regiert, und Mars im Zeichen Schütze, wo er erhöht steht.

Auch Pluto, der zweite Garant für Stabilität, steht in einem Zeichen, das von Venus regiert wird (der Stier). Und umgekehrt steht die Venus im Zeichen Krebs, das von dem Dualpartner von Pluto regiert wird (Merkur ist in Freude im Krebs). Seine ‚Botschaft' verteilt er freizügig und ist immer auf der Suche nach neuen Symbolen und Ausdrucksweisen für seine Theorien. Die 'dunklen' Kräfte Plutos werden durch eine gut angebundene Venus langsam geheilt und unterstützen dann auch das Chironprinzip der kritischen Analyse. Jung hat sich die Zeit genommen, um seinen Weg zu finden, und ist dabei nur wenige Kompromisse eingegangen. Und genauso ist es mit Mars. Er steht in Haus 11, in dem Pluto in Freude ist. Die Schaffenskraft und das ‚Graben an den Untergründen' war trotz mehrerer Transformationsphasen bis an sein Lebensende ungebrochen. Nur der Merkur steht nicht in einem von Venus oder Mars regierten Haus oder Zeichen. So hakt es manchmal an der Kommunikation und der öffentlichen Vermittlung seiner Positionen. Besonders in Hinblick auf den Nationalsozialismus machen manche seiner Aussagen keine gute Figur für das Leitbild eines empathischen und weltoffenen Psychologen.

Der Archetyp des Chiron, der rationale Wissenschaftler, hat mit der Verbindung zu Venus und Mars eine konkrete, physische Verbindung, so wie der Gegenkorrespondent Pluto auch. Es geht nicht nur um abstrakt geistige Dinge, sondern auch um exemplarische Verkörperung, Lust am Leben, gezeigte Spontaneität in Freude und Leid. Gerade die trockene Wissenschaft braucht die plastischen Erzählungen ihrer Koryphäen, ihre Anekdoten und Leidensgeschichten, sei es Natur-, Geistes- oder Sozialwissenschaft.[209] Ob Einstein, Freud, Darwin, Marx – in der Erforschung der Strukturen der Welt liegt immer auch ein Stück eigener Lebensgeschichte und vitaler Lebenskraft, die durch die Polarität der weiblichen und männlichen Anziehung ihren Ausdruck bekommt. Bei Jung kommt sie durch die Venus im Krebs in Haus 6 und den Mars in Schützen in Haus 11 sehr unterschiedlich zur Geltung, einerseits einfühlend im klinischen Bereich, in dem er über zwei Jahrzehnte arbeitete, andererseits pionierhaft unabhängig in der Entwicklung einer eigenen Lehre, die den Dogmen der Freud'schen Schule aus dem Weg ging.

Die Bedeutung von C.G. Jung wurde vielleicht deshalb lange Zeit unterschätzt, weil er nur wenige bekannte Schüler hatte und viele seiner Theorien von anderen Schulen aufgesogen wurden. Mit der 68er Revolution und der Wiederentdeckung Hermann Hesses, Fromms, Marcuses und anderer Autoren, die der Psychoanalyse ein Denkmal gesetzt haben, wurde Jung wieder aktuell. Zudem entwickelte sich in dem Bereich der spirituellen Wissenschaften eine eigene Didaktik, die sich unmerklich auch auf andere Wissensbereiche ausdehnte. Viele Autoren aus dem esoterischen Bereich wie etwa Graf Dürkheim entlehnten den Lehren C.G. Jungs die Begrifflichkeit und erweiterten das Blickfeld spirituell orientierter psychotherapeutischer Methoden. Paul Watzlawick, der bekannte Linguist, wurde an einem C.G. Jung Institut ausgebildet und ist bekannt für seinen dezidierten Umgang mit Sprache. Für mich waren die Bücher von Rachel Pollack und Barbara Walters von Bedeutung, zwei von Jung geprägte Autorinnen, die über Tarot und alte Kulturen geschrieben haben. Auch bei Hajo Banzhaf finden wir viele Elemente der Jung'schen Lehre wieder.

---

209 Chiron gehört zu den Kentauren, die wilde Gesellen waren und ihr Manko, nur Halbgötter zu sein, durch Kampf kompensierten. Chiron aber war eine gebildete Ausnahme und wurde von den Göttern trotzdem nicht als einer ihresgleichen empfunden.

Doch zunächst zum Zeitgeist, in dem die psychoanalytische Bewegung ‚erwachte'. Wir können heute im Nachhinein sagen, dass ohne fernöstliche, afrikanische und indianische Lebensweisheiten eine spirituelle Revolution in Europa nur schwer denkbar gewesen wäre und auch unser Fach Astrologie nicht wieder erwacht wäre, wenn es nicht im Zeitgeist des New Age 'wiedergeboren' worden wäre. Doch diese Entwicklung ist teuer erkauft, viele 'Esoteriker' und Querdenker gerieten in den Sog Hitlers, auch C.G. Jung konnte sich der Demagogie von 'Germanentum' und Rassenideologie nicht entziehen. Ähnlich wie Heidegger kooperierte er am Anfang im Stillen im Glauben, es zu einem Besseren wenden zu können (Präsidentschaft in der IAÄGP). Als Analytiker fühlte er sich aufgefordert, die schwierigen Fragen seiner Zeit tiefenpsychologisch zu deuten. Später wendete er sich gegen Hitler und bediente dem amerikanischen Geheimdienst mit Analysen über die psychische Verfassung und mögliche Motive der führenden Nationalsozialisten.[210]

Keine Lehre der Psychoanalyse ist neben der von Freud aber so ausgefeilt und klar wie diejenige von Jung. Er ist nach wie vor der meist gelesene Autor unter allen Analytikern und derjenige, der sich weit über sein Fach hinaus Gedanken über die Entwicklung in der Welt gemacht hat. Sein Löwe-Elan, auch mit ungewöhnlichen Traditionen zu experimentieren, und den mythologischen Ursprüngen auf der Spur zu bleiben, lässt uns vermuten, dass er abseits der Freud'schen Psychoanalyse von ungewöhnlicher Wahrheitsliebe angetrieben wurde. Das Faszinierende an der menschlichen Entwicklung ist für Jung das Mysterium des Geistes, das Erwachen, die Erleuchtung, die Transzendenz, die Wiedererweckung des Körpers und seines Mysteriums, der Seele. Nicht weniger als den spirituellen Heilsweg hat er zum Inhalt seiner persönlichen Analyse gemacht und wie 'abartig' dieser Vorsatz ihm selbst am Anfang erschienen sein muss, da er über ein Jahrzehnt den Routinen einer psychiatrischen Anstalt eingebunden war, lässt sich nur erahnen.

Für uns ist es heute selbstverständlich, über das eigene Befinden zu sprechen, über die eigene Verdrängung und Ich-Schwäche, über Projektionen und Kompensationen. Doch für Freud, Adler, Jung und die anderen Mitglieder der psychoanalytischen Gesellschaft war dieses Vorhaben am Anfang ihrer

---

210 Vgl. Deirdre Bair: *C. G. Jung. Eine Biographie.* Knaus, München 2005, Kapitel *Agent 488*

Karriere eine Reise ins Ungewisse. Man muss die Persönlichkeit eines Menschen immer vor dem Wertesystem seiner Zeit betrachten. Im Prinzip ist jede Deutung eines Horoskops eine Aufarbeitung der historischen Situation mit den Mitteln der weiter entwickelten Erkenntnisse. Wir finden bei C.G. Jung eine schonungslose Aufdeckung der eigenen Komplexe und seelischen Erkrankungen, deren höheren Sinn er sich durch das Studium archetypischer Muster deutlich machte. Natürlich ist er nicht der einzige, der in dieser Zeit das Potential einer Selbstanalyse entdeckt hat. Jung war auch ein geschickter Mensch, wenn es darum ging, Strömungen aus der Gesellschaft aufzugreifen und sie durch die Brille der von ihm entwickelten Modelle zu betrachten. Jungs Bezüge zur Historie wirken im Gegensatz zu den Topologien Freuds teilweise gekünstelt und eklektisch. Ähnlich wie Freud hat Jung die Sonne und die Mehrzahl der Planeten in der rechten Hälfte und ist ein Beziehungsmensch. Ähnlich stehen auch Lilith und Mars im 4. Quadranten und streben eine sexuelle Emanzipation an. Doch anders als für Freud war das Ziel des Lebens für ihn ein spiritueller Einweihungsweg, der sich in einem alchemistischen Prozess von den Instinkten lösen sollte. Im Mittelpunkt der Analyse stand für ihn der Bezug zu einer ‚höheren Quelle' und die Anbindung an die heilsamen Urbilder des kollektiven Unterbewussten, die für ihn mehr als nur Metaphern waren.

C.G. Jung hat Chiron und Neptun in Haus 2 und Mond, Pluto im Stier, Venus und Merkur in Haus 6 und Mars und Lilith in Schütze. Das sind acht Planeten in Häusern oder Zeichen, in denen Chiron gut steht. Chiron selbst ist schon gut gestellt, weil er im Haus des Stiers steht, Haus 2, wo er in Freude ist. Im Widder steht er neutral. Chiron in Widder in Haus 2 weist auf einen Menschen hin, der seine schnelle Urteilskraft (Chiron in Widder) in Dienst der Gemeinschaft (Chiron in Haus 2) stellen will. In ferner Konjunktion mit Neptun, der ebenfalls in Haus 2 steht, geht es um spirituelle Inhalte und Mitgefühl mit den Wesen der nächsten Umgebung (Neptun in Haus 2). Chiron kommt aus Haus 7 (in dem die Jungfrau steht), aus dem rationalen Kontakt aus der Begegnung im analysierenden Gespräch. Wir sehen, dass wir allein mit diesen wenigen Merkmalen den Menschen Jung schon sehr gut charakterisiert haben.

Jung war ein philosophisch bewanderter Mensch, der wissenschaftliches Denken im Rahmen seines Medizinstudiums und seiner 20-jährigen Tätigkeit in einem Klinikum von Grund auf gelernt hat. Er forschte im Bereich der Anthropologie und Medizin, er entwarf ein neues System der Traumdeutung und eine Methode der freien Assoziation. Zudem war er bereit, sich auf die Suche nach einer ‚westlichen Mystik' zu begeben, die ähnlich der östlichen Weisheitslehre das ‚Tor zum Unterbewussten' aufschließen sollte. Indem er die damit verbundenen Widersprüche analysierte, hat er den nachfolgenden Generationen einen Schlüssel gegeben, sich in einer verstandesorientierten Gesellschaft spirituellen Weisheiten öffnen zu können. Seine Suche nach wissenschaftlichen Belegen für Phänomene der Synchronizität nehmen beispielsweise systemische und chaostheoretische Betrachtungsweisen vorweg. Seine Briefwechsel mit Pauli, Hesse, Einstein, Kerenyi, Richard Wilhelm, Kayserling u.v.a., sein politisches Engagement für den Frieden in der Welt nach dem 2. Weltkrieg zeigen das universelle Interesse, das Jung für die Wissenschaft seiner Zeit empfand.

Anders als Adler vereinfachte Jung die esoterischen und spirituellen Inhalte nicht als 'Volksglauben' und 'natürliche Menschenkenntnis'. Auch ging er nicht den anderen Extremweg der östlichen Mystik, wie er Freimaurern, Neohinduisten, Theosophen, Anthroposophen, Buddhisten u.a. großen Zulauf bescherte, obwohl sie westliche Inhalte ausblendeten oder nur umdeuteten. Er arbeitet selbst mit Alchemie und Astrologie. So hat er z.B. auch astrologische Studien über den Stand von Sonne und Mond im Horoskop von Ehepartnern durchgeführt. [... Dem indischen Astrologen Raman schrieb Jung Ende 1947, er interessiere sich «seit über 30 Jahren» für «astrologische Probleme» und ziehe bei schwierigen psychologischen Diagnosen oft das Horoskop des Patienten «zur Erhellung» zu Rate, «um neue Gesichtspunkte zu gewinnen». In vielen Fällen enthielten die «astrologischen Angaben eine Erklärung für bestimmte Tatsachen, die ich sonst nicht verstanden hätte...]²¹¹.

Verträglichkeit	Mond + Stier 3	Mond+ Sonne+ Uranus+ Neptun+
	Venus - Krebs 6	Venus- Mars+ Uranus+ Neptun+

Seine guten Verträglichkeitswerte ließen ihm die Möglichkeit, sich mit Menschen unterschiedlichster Art vertrauensvoll auseinanderzusetzen. Mond

---

211 https://de.wikipedia.org/wiki/Carl_Gustav_Jung

steht im Zeichen der Erhöhung im Stier, wo auch die Venus regiert. Die Venus wiederum steht im Krebs, wo der Mond regiert. Er hatte einen intuitiven Zugang zu religiösen Inhalten, zur Gnosis und fernöstlichen Praktiken, der ihn schließlich auf diesem Umweg auch zur Beschäftigung mit den hermetischen Initiationswegen der westlichen Kultur brachte (Neptun in Stier in Haus 2 in Quincunx zu Lilith). Allerdings kommt die Venus in Haus 6 in die Quere mit ihren übernatürlichen Ambitionen (natürlicherweise erhöht in Haus 12, Fische), weshalb Jung sich spirituelle Praxen wohl nur nüchtern analysierend nähern konnte.

Nach dem Austritt aus der psychoanalytischen Gesellschaft beschäftigte sich Jung während der Jahre des ersten Weltkriegs mit dem Studium fernöstlicher Weisheit und katalogisierte seine Träume auf. Er entwarf Mandalas seelischer Landschaften, übte sich im Yoga und entdeckte einen eigenen Zugang zum Bhardo Tödol, dem tibetanischen Totenbuch. Jung sah im Unterbewussten nicht nur einen eigenen, autonomen Bereich der Persönlichkeit, sondern den Zugang zu kollektivem und kulturellem Verständnis. Was für Freud also nur ein lästiges Instrument war, das das Ego zu überlisten versuchte, war für Jung der Schlüssel zur Erkenntnis. Martin Buber nahm seine Vorwürfe der Pseudoreligiosität früh zurück, als er merkte, dass Jung in der Psychoanalyse keine neue Religion etablieren wollte und die Aussagen über das Transzendente kein gnostischer Ersatz für Gotteserkenntnis sein sollten.[212]

Jung wollte im Selbststudium dem 'Kern westlicher Mystik' auf die Spur kommen und verglich die westlichen Einweihungswege kritisch mit denen anderer Kulturen. Die bekanntesten Begriffe, die Jung in die Psychoanalyse einführte sind die des Schattens, des Imago, der Archetypen, der Anima und des Animus und des kollektiven Unterbewusstseins. Dabei fand er viele Parallelen. Zu den Mythen anderer Kulturen, aber auch der mittelalterlichen Lehre der Alchemie. Die 'Menschwerdung', wie er es bezeichnete, verläuft von Kultur zu Kultur auf einem vergleichbaren Wege. Von der Bewusstwerdung des Schattens über die Kultivierung des gegengeschlechtlichen Anteils bis zur Begegnung mit dem ‚Meister'. Die anima (bei Männern), der animus (bei Frauen) führen zur ‚chymischen Hochzeit', wenn man auf der vorigen

---

212 Martin Buber, Gottesfinsternis. Betrachtungen zur Beziehung zwischen Religion und Philosophie, Zürich 1953

Stufe seine dunklen Anteile bearbeitet hat.[213] Auf jeder Stufe reinigt und erweckt diese feurige Liebe den Alchemisten (Therapeuten), damit ein größeres Selbstwertgefühl entstehen kann und sein Herz sich weiter zusammen mit seinem Klienten für universelle Gefühle öffnen kann.

Der Schatten stellt das Gegenstück zum Archetyp der Persona dar und steht daher für die negativen, sozial unerwünschten und daher unterdrückten Züge der Persönlichkeit, für jenen Teil des 'Ich', der wegen gesellschaftsfeindlicher Tendenzen in das Unbewusste abgeschoben wird. Seine Entwicklung beginnt bereits in den ersten Lebensjahren des Menschen infolge der von der Umwelt an das Individuum herangetragenen Anforderungen, Erwartungen, Ge- und Verbote, die nur einen Teil der Persönlichkeit zur Entfaltung kommen lassen. In Träumen, Mythen und Erzählungen tritt der Archetyp des Schattens häufig als Fremder, als Feind, als Rivale oder allgemein als eine dem Träumer bzw. Protagonisten negativ gesinnte Person auf. Im therapeutisch-alchemistischen Prozess steht als erstes die Nigredo, die Schwärzung an. Sie entspricht der ersten Begegnung mit unserem Schattenanteil. Der Berater hilft dem Klienten durch empathisches Zuhören, die damit verbundenen Schmerzen zu fühlen. Wir begegnen nach Jung dabei auch der Erdmutter und den unerlösten Emotionen unserer Mutterbeziehung. Die zweite Stufe heißt Albedo, die Weißung. Die Seele kann nur ihrer selbst bewusst werden und ins Licht treten, wenn sie erkennt, was ihre wahre Natur und Aufgabe ist. Der Klient zieht sich hier etwas zurück, wenn der Berater ihm diesen Raum lässt und entdeckt für sich seine unerlösten ‚Heldenanteile', die durch die Bearbeitung des Schattens frei geworden sind. In der letzten Phase kommt es zur Gelbung (Citrinitas) und schließlich zur Rötung (Rubedo). Das Leben kommt zurück in den Klienten, die Seele ist wieder bereit, am Leben teilzunehmen, und heißt Anregungen willkommen. Jetzt ist auch ein kritischer Blick auf sich selbst möglich und Raum für konkrete Vorschläge, da sie nicht mehr als Angriffe auf den Schatten verstanden werden.

Über seine tägliche therapeutische Praxis hinaus forschte Jung mit Persönlichkeitstests. Der Myers-Briggs-Test wurde aufgrund der Studien von Jung entwickelt, das Modell von Fühlen, Denken, Empfinden und Intuieren, das

---

213 http://www.sufismus.ch/assets/files/omega_dream/alchemie_d.pdf

er mit den Typen des Extrovertierten und Introvertierten kombinierte.[214] Wir erkennen hier unschwer die Elementelehre und die astrologische Entsprechung der Quadranten zu den unterschiedlichen elementaren Typen. Schon in seiner klinischen Zeit am Sanatorium in Burghölzli entwickelte er Sprach- und Assoziationstests, die dem Klienten einen Zugang zum Inneren ermöglichen sollten. Zudem erforschte er das Phänomen der Synchronizität, das er zusammen mit dem Auftauchen eines bestimmten Archetyps innerhalb psychotischer Schübe betrachtete, die für ihn den Individuationsprozess beschleunigten, und führte darüber einen umfangreichen Briefaustausch mit dem Quantenphysiker Wolfgang Pauli.

Offenheit	Lilith o Schütze 10	Lilith- Chiron+ Sonne+ Mond+
	Jupiter o Waage 8	Jupiter- Saturn+ Mond- Sonne+

Von seinem Wesen her war Jung sehr offen. Lilith und Jupiter stehen in reziproken Zeichen bzw. Häusern (Lilith in Schütze, wo Jupiter regiert, und Jupiter in Waage in Haus 8, wo Lilith regiert). Dies begründet sein Interesse an anderen Kulturen und seine Experimentierfreude, die ihn immer wieder andere Wege gehen ließ. Für Jung war es augenscheinlich, auftretende Synchronizitäten als wichtige Hinweise für den inneren Zustand zu werten. Das Interessante ist ja nicht das, was wir erwarten, sondern das was wir gerade nicht erwarten. […Sinn stiftend wird die Synchronizität durch ihre Symbolkraft, zum Träger des Symbols wird die physische Komponente der Koinzidenz dank ihrer Intension (spezifischen Entsprechung) und ihrer begrenzten Extension (geringe Häufigkeit). Dadurch kann sie als Resonanz und Antwort auf die (chronologisch vorhergehende) Emotion erkannt werden…][215]. Am bekanntesten ist sein Beispiel einer Patientin, die im entscheidenden Moment der Behandlung einen Traum von einem Skarabäus erzählte und ein Käfer in das Behandlungszimmer flog.[216]

---

214 Allerdings ist in den ‚Big Five' nun Introversion die negative Form der positiv gewerteten Extraversion.

215 http://de.wikipedia.org/wiki/Synchronizit%C3%A4t

216 C. G. Jung: Gesammelte Werke, Bd. 8, S. 497

Schwieriges Thema mit dem Wassermann am Aszendenten und der Sonne im Löwen ist die Extraversion (erstes Merkmal der Big Five), die eine dauerhafte Unterordnung unter die dogmatische Schule Freuds nicht zuließ. Jung war gezwungen, sich von früh an einen Platz zu suchen, der ihm Sicherheit gab und gleichzeitig aber auch Raum zum Experimentieren. Schon als Kind fühlte er sich seltsam fremd am Platz und konnte seine Begeisterung für parapsychologische Phänomene nur mit wenigen Menschen teilen. Diese Einstellung hat sein gesamtes weiteres Leben geprägt. Er war mit der Sonne im Löwen in Konjunktion mit Uranus und dem ersten Haus im Wassermann eine starke Persönlichkeit mit großer Ausstrahlung. Viele Menschen beschrieben den bleibenden Eindruck, den er bei ihnen hinterlassen hat.

Die Sonne liegt bei Jung direkt auf dem Deszendenten. Damit ergeben sich zwei widersprüchliche Entwicklungsthemen. Der Übergang von Krebs zu Löwe bedeutet: Von Übersensibilität und Schwächeperioden zu kontinuierlicher Stärke und Kraft. Und das Thema am Übergang von Steinbock zu Wassermann heißt: Von harten, einengenden Strukturen zu freier, schöpferischer Selbstentfaltung. Uranus verdoppelt das Thema, da er als Herrscher des 1. Hauses im 7. Feld steht. Die Synthese kann nur die Verwirklichung der eigenen Persona, wie Jung es nannte, sein, der Gestalt, die auf der AC/DC Achse erscheint. Diese ist mit Sonne/Uranus unabhängig, neugierig und authentisch. Ironie der Geschichte, dass Jung, der wie erwähnt einer der Hauptwegbereiter von Persönlichkeitstests ist, die Polarität zwischen Introversion und Extraversion als auffälligste Eigenschaft benannte.[217]

Extraversion	Sonne + Löwe 7	Sonne- Mond+ Merkur+ Pluto+
	Uranus +- Löwe 7	Uranus- Neptun- Merkur- Pluto+

Sonne und Uranus, die von ihrer Regentschaft über Löwe und Wassermann her schon oppositionelle Kräfte sind, lassen sich trotz ihrer Konjunktion im Horoskop nicht so recht vereinen. Es ist oft bei Konjunktionen so, dass eines der beiden Prinzipien ‚untergeht' und nur selten in Erscheinung tritt. Bei Jung sind dies der Uranus mit seinen besonderen Begabungen. Uranus steht

---

217 Und Ironie der Geschichte, dass er dem Item Introversion einen positiven Geschmack geben wollte – heute steht es als Gegenteil der positiv gewerteten Extraversion.

im Zeichen Löwe im Fall, da er über Wassermann regiert. Neptun steht in Stier im Haus 2 im Fall, da Pluto über das Zeichen Skorpion regiert, und Merkur steht im Krebs im sechsten Haus zwar im eigenen Haus und Zeichen, in Bezug auf Uranus und Neptun aber nicht gut, da er kein ihnen entsprechendes Zeichen oder Haus besetzt. Nur Pluto unterstützt die besondere Gruppenstellung von Uranus, weil er im dritten Haus im Haus der Freude von Uranus steht. Über 20 Jahre hat Jung sich in der klinischen Arbeit untergeordnet, über 10 Jahre der psychoanalytischen Gesellschaft, bevor er es nach mehrjähriger Krise wagte, seinen eigenen Ideen Ausdruck zu geben.

Jung sagte einmal: 'Nichts ist so prägend für die Kinder, wie das ungelebte Leben der Eltern' und vielleicht hat er damit auch seine Beziehung zu Freud gemeint. Jung als Schüler von Freud musste wie auch Adler geradezu in die Wunde ihres Lehrers tappen, für den Sexualität nur ein theoretischer Akt war, Selbstanalyse ein Fremdwort, und Spiritualität ein Manko auf der Suche nach Anerkennung in der wissenschaftlichen Welt. Freud war zwar kein gläubiger Mensch und hatte sich dem Judentum und seinen Gebräuchen weitgehend entzogen. Sein Behandlungszimmer in London war aber vollgestellt mit Reliquien aus der ganzen Welt, die wie die Themen seiner Bücher auf spirituelle Berührung deuten. Allerdings hat er keinen positiven Zugang zu Religion entwickelt. Entsprechend unbewusst bezüglich der eigenen Machtphantasien baute er die psychoanalytische Schule wie eine Kirche mit unhinterfragbaren Dogmen auf. Daraus ist verständlich, dass Jung umso mehr den ‚inneren Weg der Spiritualität' suchte, um den Kern des Menschseins ohne Dogmen zu ergründen. Jung war im Gegensatz zu Freud bereit, mit seinen Patienten in ein sehr tiefes Verhältnis einzutreten, das auch in Freundschaften übergehen konnte. Seine Frau machte bei ihm eine Therapie, wurde schließlich ebenfalls Psychoanalytikerin und unterstützt ihn in seinen Arbeiten.

Jungs Interesse für paranormale Phänomene und Grenzwelten wurde schon in seiner Kindheit geweckt. Er hatte eine Cousine, die somnambul war und hellsehen konnte. Er erlebte in Seancen, wie sie andere Persönlichkeiten annahm und Botschaften aus der anderen Welt channelte. Ansonsten war die Familie aber stark wissenschaftlich orientiert und Jung wurde schon früh auf seine Ausbildung als Arzt vorbereitet. Seine Ausbildung zum Psychiater machte er in der berühmten Psychiatrie Burghölzli in Bern, der Eugen

Bleuler vorstand.[218] Diese Einrichtung wurde wie ein Kloster geführt, die angestellten Ärzte und Assistenten wohnten dort und arbeiteten nicht selten bis zum späten Abend. Das Team um Bleuler und Jung war sehr experimentierfreudig und kam zu wissenschaftlichen Ergebnissen, die zu ihrer Zeit weltbekannt waren, insbesondere der neu entwickelte Assoziationstest von Jung, bei dem man den Patienten 100 Wörter in schneller Folge zuwarf und dieser spontan antworten sollte. Die Art der Antwort oder des Zögerns gab angeblich einen Rückschluss auf tiefer liegende Komplexe. Er hoffte, diese Arbeit in die psychoanalytische Gesellschaft einbringen zu können, doch Freud sah in Persönlichkeitstests nur eine Spielerei.

Jung lernte Freud erst im Jahr 1907 kennen, hatte aber schon vorher umfangreichen Briefaustausch mit ihm. Er bewunderte Freud für seine Fähigkeit, Menschen für ihr Fach zu begeistern, und für seine Redebegabung. Freud wiederum hatte großen Respekt vor den geistigen Leistungen von Jung und bot ihm die Leitung der psychoanalytischen Gesellschaft an, auch weil er sich dadurch mehr Anerkennung erhoffte. Jung war einer der wenigen Nichtjuden in der Gesellschaft und durch seinen internationalen Ruf schien er wie geeignet, die Botschaft Freuds in die Welt zu tragen. Jung gab 1909 zwei Jahre nach der Begegnung mit Freud seine Anstellung im Burghölzli auf und widmete sich von nun an ganz der Psychoanalyse. Freud schätzte es, dass Jung sich als ‚Christ und Pastorensohn' seiner Theorie anschloss, weil er sie damit der Gefahr entzog, eine jüdische nationale Angelegenheit zu werden. Nur wenig später ergaben sich die ersten Differenzen zwischen Freud und Jung. Freud ging mit seiner eigenen Sexualität wie mit einem Geheimnis um und es ist folgerichtig, dass er von anderen Menschen auch erwartete, sich in diesem Bereich zurückhaltend zu verhalten, genauso wie mit mystischen Praktiken. Doch Jung hatte Affären zu Klientinnen, eine von ihnen, deren vielsagender Name Spielrein war. Nach Bekanntwerden dieses Falls erwähnte Freud zum ersten Mal das Phänomen der Gegenübertragung und forderte die Lehranalyse für jeden praktizierenden Analytiker.[219] Die

---

218 Er prägte zahlreiche Begriffe der psychiatrischen Fachsprache, darunter „Schizophrenie", „schizoid", „Autismus", „Ambivalenz", „Affektivität" und „Tiefenpsychologie".

219 Sie wurde 1942 mit ihren 29- und 16-jährigen Töchtern Irma Renata und Eva von Einheiten der deutschen Wehrmacht bei Rostow erschossen, nachdem sie über dreißig Jahre als Psychoanalytikerin gearbeitet und das Zweikomponentenprinzip der Sexualität entworfen hatte. Ihre Brüder verschwanden in den Gulags von Stalin.

Trennung von Jung, dem er Originalität und Weisheit in besonderer Form bescheinigt hatte, vollzog sich schrittweise still und leise. Freud war zudem jegliche Religion, auch Christentum und Judentum, verdächtig und er hatte geradezu eine Phobie vor religiösen Ritualen.

Wir erinnern uns an die Geschichte des Grals, wo Parzival vergisst, dem Fischerkönig die entscheidende Frage zu stellen: 'Woher kommt der Gral' oder 'Wer ist der Besitzer des Grals?'. Freud, der eifersüchtig darüber wachte, dass alle Ergebnisse innerhalb der psychoanalytischen Gesellschaft blieben, ließ Widerspruch zu – allerdings nur solange er sich innerhalb der von ihm vorgegebenen Grenzen bewegte. Freuds Angst war die, dass die Psychoanalyse in eine nichtwissenschaftliche Aura geraten konnte. Schon 1908 hatte er sich von Otto Gross abwenden müssen, der die psychoanalytischen Grundlagen mit dem Kommunismus verbinden wollte. 1911 folgte Alfred Adler, der den Wert des Individuums aus pädagogischer Sicht nicht genug beachtet sah. Freud selbst hat trotz all dieser menschlichen Tragödien nie eine eigene Lehranalyse gemacht.

Für Jung war es wahrscheinlich unerträglich zu sehen, wie ein 'Führer durch das Reich des Unterbewussten' seine eigenen Triebe und Widerstände so sehr verdrängen konnte. Seine Mitarbeiterschaft vollzog sich nach eigenen Angaben unter dem Vorbehalt eines prinzipiellen Einwandes gegen die Sexualtheorie. Jung musste das Dogma von Freuds Lehren etwa so vorkommen, wie Galileo die Aussagen der Kirche. Ein Mann, der die Psyche in den Mittelpunkt stellt und sich dann von Menschen angegriffen fühlt, die sich der Erforschung der spirituellen und religiösen Erfahrung widmen wollen. Adler und Jung stellten die Frage nach dem Gral. In der Gralssage lebt der Fischerkönig (Freud) mit einer Wunde am Oberschenkel. Natürlich war es nicht der Oberschenkel, sondern der Sexualbereich, ähnlich wie es bei Hänsel und Gretel nicht der Finger war. Wir sehen astrologisch eine Verschiebung von Skorpion-Themen (Sexualität) zu ethischen Werten (Schütze, Oberschenkel). Die Triebe werden nicht gelebt, sondern mystifiziert, was auch der Vorwurf von Wilhelm Reich, dem Begründer der Körperpsychotherapie an Freud war. Über Sexualität lässt sich nicht gut in einem Korsett künstlicher Wertvorstellungen reden.

Machtstreben	Mars + Schütze 11	Mars+ Venus+ Jupiter- Saturn+
	Neptun -- Stier 2	Neptun- Uranus+ Jupiter+ Saturn+

Mars in Haus 11 hat ein Bedürfnis nach Selbstständigkeit und will seinen Einfluss allein ausdehnen. Da diese Konstellation sowohl bei Freud als auch bei Jung gegeben war, hätte es einer gleichwertigen Beziehung bedurft, um Machtansprüche idealerweise situativ gleich aufzuarbeiten. Mit Mars in Schütze will Jung aber weitergehen und es fällt ihm schwer, auf andere zu warten. Mit Neptun in Stier in Haus 2 lässt sich allerdings keine große Anhängerschaft gewinnen. Denn dort steht er im Fall und im Exil. Jung profitierte von Freuds Schule, solange er sich an die dortigen Gepflogenschaften anpasste. Nach der Trennung suchte er den Kontakt zu Schülern nur noch indirekt über seine Bücher. Es ist nicht seine Sache, in den Ränkespielen der Politik um Geheimnis und Verrat mitzumischen. Trotzdem muss es für ihn nicht leicht gewesen sein, den Erfolg Freuds zu akzeptieren, während er nach dem Bruch auf der Suche nach sich selbst war. Vielleicht auch deshalb kam er für kurze Zeit in Versuchung, mit dem Nationalsozialismus zu kooperieren.

Eine Ähnlichkeit zu dem Horoskop von Freud besteht darin, dass C.G. Jung den Mond im Stier auf der Sonne von Freud hatte. Beide sind stark sinnesbetonte und heimatverbundene Menschen. War es bei Jung die Natur und die Nähe zu Seen und Bergen, die ihn Zeit seines Lebens band, so standen für Freud das Essen und die Genussmittel, vor allem das Rauchen, im Vordergrund. Die Einstellung zum Leben wird von unseren Gewohnheiten stark geprägt und es ist auch hier augenscheinlich, dass Freuds selbstzerstörerischer Konsum von Tabak mit einer von seinem Skorpionaszendenten negativ geprägten Sichtweise auf die Welt einherging (Todestrieb, Abhängigkeit von Instinkten, Kastrationsangst), während Jung seinen Stier positiv erlebte und noch am Ende seines Lebens aktiv für den Frieden in der Welt eintrat und Briefe an Regierungen und Politiker verfasste, die sich mit Fragen des Umweltschutzes und gegen den Raubbau an der Natur beschäftigten. Die Nähe zu Neptun und Pluto allerdings machten diesen Mond von Jung nicht gerade zu einem Typus der klaren Gefühle und man kann sich vorstellen, welch langer Weg damit verbunden war, Glaube und Aberglaube, Mystik und Ideologie, Wissenschaft und Okkultismus zu trennen.

Freud als Weltbürger musste jede Anbiederung an eine wie immer geartete europäische Mystik wie eine Allianz mit dem Bösen selbst erscheinen. Jung im beschaulichen Basel und Zürich lebte hingegen in einer Welt, die seit Jahrhunderten nur den Fleiß und den Glauben an die eigene Stärke kannte. Die Schweizer Mentalität musste derjenigen von Wien kleinbürgerlich und sentimental erscheinen. Das sinnliche und der Kunst verfallene Wien, das das Zentrum einer multikulturellen Gesellschaft des Habsburger Reiches war, mit Einflüssen aus Ungarn, Kroatien, Bulgarien, Slowenien, der Tschechei und Böhmen, aus Siebenbürgen und der fernen Walachei usw. war ein Mekka der damaligen Weltkultur. Trotzdem war auch Zürich nicht weltfern. In den Jahren des 1. Weltkrieges entstand dort die Bewegung des Dada. Lenin lebte nicht weit entfernt. Eine Revolution des Geistes, die fast unbemerkt von der Gesellschaft vor sich ging und in den 20er Jahren einen unaufhaltbaren Siegeszug quer durch die Welt antreten sollte. Der Surrealismus war die Antwort der Kunst auf den ersten Weltkrieg und Jungs ausgiebige Selbstanalyse in dieser Zeit ein Teil des Mythos.

Die Venus steht bei ihm im sensiblen Zeichen des Krebses zusammen mit Merkur; eine typische Künstlerkonstellation. Zusätzlich zur Mond/Neptun Konjunktion finden wir also Lebenslust und Menschenliebe. Das mütterliche Setting seiner psychoanalytischen Sitzungen und die Betonung von Spiritualität und liebevollem Umgang öffnet auf einfachem Weg den Zugang zum Gegenüber. Der Krebs braucht das Gefühl der Geborgenheit, dann ist er in der Lage, tief in das Land des Unterbewussten einzudringen und Kontakt zu seinem Inneren Kind herzustellen. Die Außenwelt erscheint ihm in steinböckischem Sinn, hart und rau. In seinem Leben stieß Jung aber oft auf Grenzen. Saturn im 1. Haus nimmt die Welt als hart und bedrohlich wahr und ist unsicher bezüglich seiner eigenen Wirkung. Durch die Auseinandersetzung mit den Themen der Sensibilität kommt es zu einer möglichen Annäherung an den Steinbock-Schatten der Pflichten und Strukturen.

Es war für Jung wichtig, seine eigene Struktur zu schaffen, um diesen sensiblen Raum zu öffnen und sich vor Angriffen zu schützen. Aber es ist auch mit Saturn eine starke Mahnung zu Disziplin gegeben. In Verbindung mit der Löwesonne wirkt Jung auf seine Klienten auch autoritär. Er lässt 'Hausaufgaben' machen und lehnt die weitere Behandlung manchmal ab, wenn sich keine Entwicklung zeigt. Nach eigenen Aussagen wurde Jung selbst in früher Kindheit mit einem sexuellen Übergriff konfrontiert. Es ist sehr selten, dass Männer darüber sprechen, und in der Zeit von Jung war es noch seltener. Mit Saturn in 1 auf der einen Seite und Venus und Merkur im 6. Haus im Krebs ist von klein auf das Thema der unbewältigten Abgrenzung und gleichzeitigen Anziehung vorhanden. Zwischen Neugier und Vorsicht schwankend versucht er immer wieder, sich gemäß seinem gefühlvollen Anteil spontan zu öffnen, wird aber immer wieder verletzt. Dauerhafte Bindung ist so sehr schwierig.

Jung hat eine starke Betonung der Leitbildebene, die durch Sonne und Mond angezeigt wird (Sonne und Uranus im Löwen, Merkur und Venus im Krebs, Sonne und Mond in quadratischen Zeichen). Er nimmt von klein in einen Pfarrershaushalt geboren Eindrücke von Autoritäten auf, die ihm imponieren. Auch in seinen beruflichen Anfangsjahren stand er stark unter dem Eindruck älterer Männer; erst in seinem Medizinstudium, dann von Eugen Bleuler in der Anstalt Burghölzli und schließlich von Freud. Es war für ihn ein mutiger Schritt, die Klinik zu verlassen und zu dem damals als unseriös geltenden Freud zu wechseln. Um mit Freud auf Augenhöhe zu gelangen hatte Jung seine eigenen Theorien hintenangestellt. Seine wissenschaftlichen Ansätze und Experimente aus der Zeit am Burghölzli spielten in den Diskussionen keine Rolle. Um Freud nicht zu kompromittieren, erwähnte er auch zunächst nicht, dass er sich ebenfalls mit Träumen und deren Deutung beschäftigt hatte. Venus im Krebs neigt dazu, sich hintenanzustellen und ist so in Gefahr, sich selbst zu verleugnen, um Anerkennung zu bekommen.

Freud scheint dieses Problem bei Jung unterschätzt zu haben. Er hatte in Adler schon einen äußerst aktiven 'Gegenspieler', der seine Autorität in Frage stellt, und war zu der Zeit, als er Jung traf, voll mit dem Aufbau seiner Gesellschaft beschäftigt. Ein nichtjüdischer Psychoanalytiker konnte dabei helfen, Anerkennung von anderen Seiten zu bekommen. Als er schließlich erfuhr, dass Jung ein eigenes Konzept über das Unterbewusste entwickelte, war Freud schwer gekränkt. Für Freud sah es so aus, als ob Jung erst durch ihn zu sich selbst gefunden hat und ihm mehr verdanken würde, als umgekehrt. Ohne Freud als Doppelgänger und Alter Ego wäre Jung wahrscheinlich nicht so schnell in die Praxis gekommen, er hätte es nicht gewagt, seine ‚Psychose' im Anschluss an die Trennung als Studienobjekt zu nehmen, und sich während der Zeit des ersten Weltkrieges von weiteren Einflüssen fernzuhalten.[220] Die weitere Entwicklung zeigte, dass Jung immer tiefer in das Wesen des eigenen Unbewussten eintauchte, während sich Freud mit der Organisation seiner Gesellschaft herumschlug.

---

[220] Freud hatte Pluto und Venus im sechsten Haus, sowie den Mondknoten. Zusammen mit dem Zwillingsmond zog er das Thema des Doppelgängers geradezu magisch an.

Saturn in Haus 1 (Wassermann) und Merkur in Haus 6 (Krebs) hat Jung die Fähigkeit der Gewissenhaftigkeit im Umgang mit wechselhaften Situationen gegeben und ihn auch für sich selbst Regeln entwickeln zu lassen, mit denen man Menschen durch Selbstanalyse und Selbstbeobachtung besser einschätzen kann. Das Quadrat zu Pluto und das Sextil zu Mas unterstützt Saturns Ernsthaftigkeit, mit der das seelische Problem analysiert und nach einer pragmatischen Lösung gesucht wird. Einerseits nachdringlich in seiner Forderung (1. Haus), anderseits immer wieder zu neuen Gedanken anregend (Wassermann), führt diese Positionierung aber zu einem ambivalenten Umgang mit Autoritäten. Man will sich anpassen und dem Lehrbetrieb unterordnen, anderseits braucht man die Freiheit der Entwicklung eigener Gedanken und fühlt sich durch Einschränkungen bedroht. Jung löste den mit dieser Position verbundenen Anspruch an Exaktheit und Nachhaltigkeit des Saturns, indem er seine erste Lebenshälfte komplett in einer klosterähnlichen Anstalt verbrachte und die zweite Hälfte diszipliniert Bücher schrieb und nebenbei nur ausgewählte Klienten privat behandelte.

Gewissenhaftigkeit	Merkur++ Krebs 6	Merkur+ Pluto+ Lilith + Chiron+
	Saturn – Wasserm. 1	Saturn- Jupiter+ Chiron+ Lilith+

Jungs Analysen waren im Gegensatz zu denen von Freud sehr viel länger und tiefgreifender. Für Jung war das Unterbewusste kein hinderliches Triebinstrument auf dem Weg der Ich-Werdung, wie Freud es sah. Mit seinem doppelt gut gestellten Merkur (in Haus 6 erhöht und in Krebs in Freude) war die exakte Analyse der Daseinszustände besonders innerhalb von familiären Themen sein Metier (Merkur steht zusätzlich in einem Sextil zum Mond im Stier). Anstatt mit Freud zu versuchen, das Es zu verändern und zur Einsicht zu bringen, wollte er es erforschen und mit ihm auf ‚natürliche' Weise kommunizieren lernen. Im Unterschied zu Freud, der sagte: 'Wo Es war soll Ich werden', sah Jung im Unterbewusstsein die Quelle aller Inspirationen und den Zugang zu unseren tieferen Persönlichkeitsschichten.

Es war ein Teil seiner Lehre, das Leben des Menschen in eine erste und zweite Lebenshälfte zu teilen, und beiden Hälften eine unterschiedliche Aufgabe der Persona zuzuordnen. In der ersten Lebenshälfte sollten wir lernen unseren dominierenden Seelenanteil zu perfektionieren und zu experimentieren, während wir in der zweiten Lebenshälfte dem Schatten begegnen und unsere

Schwächen integrieren lernen sollten.[221] Da Saturn in Haus 1 nicht so gut gestellt ist (im Fall, weil in Haus 7 erhöhrt), und nicht in einem Zeichen oder Haus von Jungfrau und Waage steht, dauerte es bei Jung etwas länger, bevor er zu seiner eigenen Theorie fand. Dann aber sah er sich in der Rolle des klassischen Seelenführers, der die ‚reifen Seelen' gewissenhaft in die Unterwelt (des Unterbewussten) führt und ihnen an den Stellen mit Rat beiseite steht, wo sie ins Wanken geraten, und wo sie sich von Bildern des Unterbewussten überwältigen lassen. Für Jung war eine Psychose nichts anderes als eine unbehandelte Neurose und die Praxis der Analyse war die lebenspraktische Vorbeugung von Neurosen, indem man aufkommende Selbstzweifel und seltsame Paradoxien im Leben mithilfe des Instruments der analytischen Psychologie zeitgleich bearbeitet.

Anhänge

Zu fünfzig Prozent haben wir es geschafft, aber die halbe Miete ist das noch nicht

Rudi Völler

Zeitwerte

Die Zeit erscheint als eine der drei wesentlichen Kategorien der Physik neben dem Raum und der Materie. Während die Mathematik noch ohne Zeit und Raum auskommt, kann unser physikalisches Universum mit Einstein als ein Raum-Zeit-Kontinuum beschrieben werden, das durch die Verteilung der Materie seine Ausformung erhält. Der Zeit kommt darin nicht nur

---

221 Die Altersspirale zeigt uns als Wende die Altersphase von 34-37 und den Planet Saturn an, der für Jungs' Werk insofern von Bedeutung war, als er sich ab 1908 an einer ‚Ordnung der Mythen' versuchte, die für sein weiteres Werk entscheidend war.

eine quantitative Bedeutung zu, sondern auch eine qualitative, sie gibt den Zeitpfeil vor, in der sich die Materie nach dem Gesetz der Entropie verteilt – nach dem Zustand größerer Ordnung zu geringerer. Oder anders gesagt: „Alles, was zufällig entsteht, wird langfristig wieder verschwinden." Etwas Komplexes wie das Leben ist extrem anfällig für jede Störung und so ist die Zeit der Wettlauf um das Leben und entsprechend emotional wichtig.

Wertmaßstäbe, die an zeitliche Vorstellungen gekoppelt sind, enthalten unwillkürlich etwas fatalistisches, dem Vergänglichen anhängendes. Wir müssen uns mit Heidegger diesem Zulaufen auf den Tod aktiv entgegenstellen, wenn wir dem Sog dieser Erkenntnis der eigenen Sterblichkeit entrinnen wollen. Da Zeit und Raum relativ sind und abhängig von dem Stand des Beobachters, können wir eine andere Perspektive auf Entwicklungen in der Zeit annehmen. Jedes Teilchen, jedes Objekt hat im Prinzip sein eigenes Koordinatensystem, mit dem es in der Begegnung mit anderen Objekten ein Ereignis und damit eine eigene Ordnung außerhalb des ‚Wärmetods'kreieren kann. Positive Werte, die mit Zeitvorstellungen zu tun haben, richten sich deshalb entweder auf ein ambitioniertes Projekt in naher Zukunft oder auf die vermeintlich glückbringende Ewigkeit eines längst vergangenen seligen Zustandes, den es wieder einzuholen gilt. Wir finden diese dergestalt institutionalisierten Zeitformen astrologisch in Form von zeitgeistiger Weltanschauung (Jupiter) auf der einen und Religion auf der anderen Seite wieder (Neptun). Voraussetzung für derartige Vorstellungen ist aber die Unterscheidung von alt und neu an sich, die wir in der Astrologie in dem erstem Paar der Parallelzeichenregenten Saturn und Uranus verkörpert finden.[222]

---

[222] Siehe Zeitvorstellungen und Identität, sowie Astrologische Soziologie, Band I

Graphik 6 Parallelzeichenregenten

Aus diesen beiden ‚Urpolaritäten' entspringen weitere ‚Zeittypen', die sich mit Zimbardo/Boyd als ‚Charaktereigenschaften' festmachen lassen. Saturn ist engstirnig der Tradition verhaftetet, indem er an ihr festhängt, während Uranus offen für Erfahrungen jeglicher Art ist, ohne an etwas zu glauben. Beides sind in ihrer Anlage negative Grundmuster, die Andersdenkende ausschließen. Anders ist dies mit dem nächsten Paar. Jupiter steht für positive in die Zukunft gerichtete Ziele, während Neptun die Vergangenheit als eine beschreiben will, die stabile Glaubensbilder hervorgebracht hat. Mars und Pluto im Inneren symbolisieren dann die beiden Gegenwartsformen, die bei Zimbardo/Boyd als ‚tendenziös' beschrieben werden - als fatalistische oder hedonistische Einstellungen. Sie sind ein Versuch, das Denken in Zukunft und Vergangenheit durch Schnellschüsse zu überlisten, enden aber in Werte-Mustern, die sich besonders hartnäckig festsetzen können. Aus diesem Dilemma entsteht eine pragmatische Tagesaufteilung, die den Wert der kontinuierlichen Arbeit herausstellt (Lilith), die aber auch einen Freizeitausgleich verdient (Venus). Und wer schließlich lange an einer Sache arbeitet, wird irgendwann die Ebene des ‚entkulturierten Menschen' erreichen, der aus der Intuition entscheidet, wo er weiter zu gehen hat und was nicht interessiert (Merkur), bevor Urteile sein episodisches Gedächtnis beeinflussen können. Diesem letzten Zeittypus steht dann der ‚Typus des Experten' bei, der vorzugsweise aus der eigenen Erfahrung lernt und dem es für gewisse Dauer

Weile gelingt, Zeitgeschehen selbst zu transzendieren (Chiron = magische Erzeugung des Kairos).[223]

Saturn	• negative Vergangenheit	• Festhängen am Alten
Neptun	• positive Vergangenheit	• Erschaffen von traditionsbewussten Visionen
Pluto	• fatalistische Gegenwart	• Ablehnung des Mainstreams, Kultivierung des Abgrunds
Lilith	• pragmatische Vergegenwärtigung	• Stürzen in Arbeit, Pflichterfüllung
Chiron	• Expertise der Entkulturation	• rekursives Wissen und Weisheit des Zyklus
Merkur	• intuitive Entkulturation	• dem Momentum zuvorkommen, Vorwegnahme des Unausweichlichen
Venus	• idealistische Vergegenwärtigung	• Kompensieren mit Ersatz, Schaffen von Freiräumen
Mars	• hedonistische Gegenwart	• Spaß um jeden Preis, Ausleben der Impulse
Jupiter	• optimistische Zukunft	• Stecken von erreichbaren Zielen, Leben der Vielfalt
Uranus	• transzendentale Zukunft	• Offenheit für Erneuerung, Verweigerung jeder Beschränkung

---

[223] Die Enkulturationspädagogik stellt das Lernen auf der Basis von Erfahrung in ihr Zentrum. Generell gibt es eine vorbereitete Anfangssituation, die an einer Alltagserfahrung anknüpft. Ausgehend von der Wahrnehmung dieser Erfahrung soll ein Kontakt, eine Handlung mit der Lernmaterie motiviert werden. Durch diesen Kontakt, die Handlung, wird die Materie verinnerlicht. Nach der Verinnerlichung kann das Gelernte nun auf ähnliche Situationen übertragen werden.

So gesehen hat Zeit in ihrer jeweiligen Erfahrungsform einen bestimmten Nutzen und teilt sich in Phasen, die für die eine oder andere Haltung günstig sind. Der Mensch kennt Perioden, in denen er sich eher Vergangenem oder Zukünftigem widmet, Zeiten, in denen er sich mehr auspowert oder mehr Kraft spart, Zeiten in denen er sich positive Ziele setzt oder die Vergangenheit aufarbeitet und mystische Zeiten der Transzendenz. In jedem Wertebündel steckt im Prinzip eine eigene ‚Uhr', die ihre Phasenabläufe koordiniert. Vieles davon ist noch nicht erforscht und bekommt unter dem Aspekt der Selbstorganisation von Kommunikations-Systemen vielleicht eine andere Qualität. Religionen sind beispielsweise Grundfiguren des Denkens, weil sie vom Ende her ansetzen. Indem sie (das Konstrukt) Gott an den (hypothetischen) Anfang setzen, tritt der Aspekt der Vergänglichkeit in den Hintergrund. Damit ist eine Verschiebung der Werte in ein Kollektiv möglich, das das Subjekt entlastet. Die soziale Realität holt uns darin allerdings spätestens dann ein, wenn es Reibungen gibt und persönliche Ziele wichtiger werden. Dann kann der Blick ins Horoskop helfen, die mit den Zeitmustern verbundenen Wertmaßstäbe zu erkennen und zu entschlüsseln.

Beispiel Werteviereck: Selbstbewusstsein und Differenzierungsvermögen

Die 60 Werteviereckе sind nicht weiter aufzulösende Gegensatzpaare, Begriffskombinationen, die in allen Sprachen der Welt in ähnlichem Kontext verstanden werden. Sie enthalten jewels zwei Begriffspaare, die sich auf doppelte Weise widersprechen, einmal über den diametralen Gegensatz in negativierender Form über Kreuz und einmal über die komplementäre Form der gleichen Ebene. Warum es z.B. Selbstbewusstsein nicht ohne Fähigkeit zur Differenzierung gibt, erklären die jeweiligen Gegensatzpaare. Vereinfachung ist eine Folge von fehlendem Selbstbewusstsein und ruft nach mehr Differenzierung. Umgekehrt ist die Unsicherheit eine Folge von fehlender Differenzierung und ruft wiederum danach, sich selbstbewusst für etwas zu entscheiden, wenn das Differenzieren nicht mehr weiterhilft. Wann immer wir Selbstbewusstsein oder Differenzierung sagen, denken wir diesen Mechanismus mit, egal ob wir ihn positiv oder negativ bezeichnen. Wo Zuviel Vereinfachung vorherrscht, braucht es früher oder später das Selbstbewusstsein, wieder mehr zu differenzieren. Ein vereinfachender Mensch ist immer auch jemand, der mehr Selbstbewusstsein entwickeln muss. Dann wird er auch wieder in der Lage sein, mehr zu differenzieren.

Es ist sozusagen in unserer Sprache angelegt, dass wir Selbstbewusstsein und Differenzierung durch ihre gegenseitige Negierbarkeit ineinander überführen können. Wann immer eines dieser vier Schlüsselwörter fällt, erscheint der gesamte Deutungsblock. Man kann gewissermaßen vorhersagen, dass bei fehlender Differenzierung irgendwann die Frage nach Selbstbewusstsein aufkommt und umgekehrt. Die 'Gefühle und Emotionen' der Vereinfachung sind Unsicherheit sind wichtige Anzeiger für die Bedeutung des Gesagten, wenn über Selbstbewusstsein oder Differenzierung gesprochen wird.

Selbstbewusstsein +	Differenzierung +
Vereinfachung -	Unsicherheit -

Die Wertung der negativen Begriffe liegt bei dem Anderen. Ob er meine Unsicherheit als anstößig empfindet oder als Hinweis, näher hinzuschauen. Die Negation spielt einen Ball zu, den man auffangen kann oder nicht. Unsicherheit kann positiv gesehen als Versuch der Differenzierung ausgelegt werden. Durch die Verwendung der negativen Variante drücke ich ein eigenes Bedürfnis aus, einen Wunsch nach mehr Selbstbewusstsein (meist beim anderen) oder Differenzierung (bei mir selbst). Die Äußerung des negativen Begriffs ist ein Angebot, ein Ausrichten der Antenne, um die eigene Betroffenheit kommunizierbar zu machen. Die Einbindung in die Matrix gibt den Kontext vor. Wo von Zuständen der Vereinfachung und Unsicherheit gesprochen wird, geht es um ein Muster, das in abgewandelter Form immer wieder auftritt. Die dazugehörigen Planeten Sonne und Merkur bringen uns auf die Spur der Ursymbole.

Sonne +	Merkur +
Pluto -	Mond -

Ein zu dieser Dichotomie passendes Bild ist das des Denkers, der grübelnd den Kopf auf seine Hand gestützt dasitzt, ein merkurischer Charakter mit Ausstrahlung. Seine Rettung ist der erlösende Einfall, was er als nächstes tun könnte, eine Inspiration durch einen Sonnenstrahl, der ihn in der Freude die

Entdeckung seines eigenen Selbstbewusstseins treffen wird. Das Charakteristikum der Differenzierung für den Planeten Merkur tritt im Zusammenhang mit Sonneneigenschaften auf. Dies wird deutlich, wenn man es von der anderen Seite betrachtet und fragt: Was macht der Merkur mit der Sonne? Sonnentypen sind in der Astrologie lebensfroh und stehen gerne im Mittelpunkt. Durch Merkur sind sie in Gefahr, in Selbstzweifel gezogen zu werden und in Unsicherheit zu verfallen. Doch genau dies ist der Mechanismus des Erwerbs von Selbstbewusstsein. Es braucht einen Merkur, einen kritischen Geist, um in der Sonne die Eigenschaft des Selbstbewusstseins hervorzubringen. Die Planeten haben keine Wirkung für sich, sondern nur in einem dialektischen Zusammenhang, der durch die Verwendung der Sprache in einer bestimmten Situation vorgegeben ist.

Nicht alle negativen Eigenschaften stehen in Einklang mit der klassischen Bedeutung der Astrologie. Vereinfachung wird wohl eher als Saturneigenschaft gesehen und nicht als die des Plutos. In den 'klassischen Zuordnungen' werden allerdings Saturn die meisten negativen Eigenschaften zugeschrieben und diese Tradition wird in der Moderne mit dem 'Sündenbock' Pluto weiter betrieben. Die Dichotomien zeigen, dass jeder Planet 10 positive Werte und 10 negative besetzt, die miteinander in Verbindung stehen. Die Eigenschaft des Planeten entsteht durch den Kontext, in dem er mit einem anderen Planeten steht, das Selbstbewusstsein ist genau wie das der Fähigkeit zur Differenzierung eine Eigenschaft, die sich erst aus dem sprachlichen Zusammenhang, symbolisiert durch die Kombination der vier Grundtypen in Form von Sonne, Merkur, Mond und Pluto, ergibt.

Es gibt also keine 'Charaktereigenschaft' wie Selbstbewusstsein, die man irgendwie messen könnte oder gar aus den Sternen ablesen. Das Merkmal entsteht situationsbedingt aus dem Kontext, den wir aus unserer selektierten Wahrnehmung interpretieren. Ein Mensch mit einer starken Sonnenbetonung im Horoskop erscheint uns vielleicht dann besonders selbstbewusst, wenn er unseren eigenen Intellekt anregt. Ansonsten nervt er vielleicht. Und erscheint eher simpel als selbstbewusst. Die einzelnen Horoskopanteile kommen in unterschiedlichen Phasen des Lebens anders zur Geltung. Es sind niemals die einzelnen Konstellationen, die eine 'Wirkung' entfalten, sondern Komplexe aus sprachlich-emotionalen Mustern und Resonanzen, die in einer Situation relevant werden und niemals vorhersehbar sind. Was wir als Selbstbewusstsein interpretieren ist ein Zusammenspiel aus eigenen

Anschauungen, Forderungen der Umwelt und beobachteten ‚merkurischen Merkmalen' bei anderen Menschen. Entscheidend ist, dass das Selbstbewusstsein innerhalb der Sprachmatrix, die wir als Astrologen gebrauchen, in Folge von Konstellationen erscheint, die mit den Planeten Merkur und Sonne zu tun haben, bzw. ihren beiden Dualen, Pluto und Mond.

Selbstbewusstsein ist ein Sonnenmerkmal (im Zusammenspiel mit dem Merkur), Differenzierungsvermögen ein Merkurmerkmal (im Zusammenspiel mit der Sonne), Neigung zur Vereinfachung das negative Pendant des Plutos und Unsicherheit das negative Pendant des Mondes (man betrachte die Karte des Mondes im Tarot). Die Gegensätze lösen sich dadurch auf, dass derselbe Planet als negative Eigenschaft eine entgegengesetzte Wirkung einnehmen kann, die aber durch die Feinheit der Sprache nicht diametral entgegengesetzt ist, sondern so verstanden werden kann, dass sie auch eine konstruktive Interpretation erlaubt. Wenn ein Denker zu einem autoritären Leiter sagt, dass ihm etwas zu wenig differenziert ist, dann spricht er auch von seiner eigenen Unsicherheit und auf einer Metaebene von Gefühlen, die der andere nicht sehen kann. Schnell fühlt er sich übergangen oder verinnerlicht seine eigene Unsicherheit als Persönlichkeitsfehler, anstatt selbstbewusst zu seiner Meinung zu stehen.

Und wenn eine selbstbewusste Autorität vor übertriebener Kompliziertheit des Denkens warnt, dann will er auf die Vorzüge hinweisen, die er in dem Zeichen von Selbstbewusstsein sieht und keine Diskussionen starten. Verstehen kann man das nur, wenn man die Bedeutung aus dem größeren Zusammenhang erkennt und nicht mehr hineininterpretiert als ist. Denn schnell kann man auf den Gedanken kommen, dass das zur Schau getragene Selbstbewusstsein nur Mankos überdecken soll. Vereinfachung der Situation kann manchmal hilfreich sein, wenn das Abwägen der Möglichkeiten nur noch theoretische Blüten hervorbringt und keine praktische Relevanz mehr besitzt.

Die Dichotomien sind uns meist nicht bewusst. Sie werden durch emotionale Auseinandersetzung von klein auf eingeübt. Kinder können mit dem übertriebenen Selbstbewusstsein eines ihrer Spielkameraden umgehen und seinen Hang zur Vereinfachung integrieren, indem sie keine unnötigen zusätzlichen Komplikationen schaffen. Von ihnen wird noch keine großartige Fähigkeit zur Differenzierung erwartet. Als Erwachsene aber haben wir bei vereinfachenden Parolen ein schlechtes Gefühl und müssen uns mit der Emotionen der Unsicherheit auseinandersetzen. Das meint es, wenn es heißt, jemand solle ‚erwachsen werden'. Wir müssen positiv lernen, dass nicht jede Vereinfachung und übertriebene Zurschaustellung von Selbstbewusstsein gleich eine Gefahr darstellt. Aber wir müssen auch unsere Antennen danach ausrichten, wo nicht mehr genug differenziert wird und wo die Unsicherheit des anderen genommen wird, um ihn zu unterdrücken.

Sonne und Merkur bilden die Antinomie von 'differenziertem Selbstbewusstsein', die deutlich macht, dass es kein 'reines Selbstbewusstsein' gibt, sondern diese immer in Relation zur notwendigen Differenzierung des Sachverhalts steht. Beispielsweise hatte die 68er Generation einen anderen Begriff von Differenzierung als die ‚Digital Natives' der 00er Jahre. Während es für die Ersteren darum ging, gesellschaftliche Phänomene und falsche Autoritäten kritisch zu hinterfragen, ist von den letzteren eine viel höhere Anpassungsleistung gefordert. Dementsprechend verschiebt sich die Thematik der Differenzierung. Autorität wird von den jungen Menschen nicht grundsätzlich als etwas Negatives abgelehnt, doch besteht eine viel höhere Erwartung an deren Integrität und Qualifikation. Es wird klar, dass astrologische Aussagen zeitabhängig sind und die Deutungen nicht abgetrennt vom wandelbaren sozialen Kontext stehen. Es geht nicht um die Erfassung von absoluten 'Charaktereigenschaften', (es gibt keine direkte kausale Verbindung zwischen Selbstbewusstsein, Person und Sonne), sondern um die jeweilige 'Emotions-Grammatik' der Dichotomie von Selbstbewusstsein und Differenzierungsvermögen, bzw. Neigung zur Vereinfachung und Unsicherheit in der spezifischen Situation. Das Horoskop zeigt uns an, wie wir diese im entsprechenden Zusammenhang interpretieren können.

Die Dual-Dichotomie

Zu jeder Dichotomie gehört auch eine ‚Gegendichotomie' mit den Dualplaneten von Sonne und Merkur. Mond und Pluto bilden eine zweite Dichotomie aus Konsequenz und Mitgefühl. Zusammen mit Selbstbewusstsein und Differenzierungsvermögen bilden die Begriffe einen Interpretationsfaden, an dem sich astrologisch-psychologische Deutung orientiert. Indem ich einen Satz beginne: 'Im fehlenden Mitgefühl…', dann ergänzt das Gehirn etwas wie: 'drückt sich auch mangelndes Selbstbewusstsein aus' oder 'kam seine ganze Unsicherheit zum Ausdruck' oder 'zeigt sich seine ambivalente Einstellung'.

o Sonne	Merkur
Selbstbewussts.	**Differenzierung**
Pluto	Mond
Vereinfachung	Unsicherheit
~ Mond	Pluto
Mitgefühl	**Konsequenz**
Merkur	Sonne
Ambivalenz	Kompensation

Die Begriffe sind kreuzweise ineinander überführbar und erscheinen als ‚Stufen von Wertungen'. Selbstbewusstsein (Sonne) ist der Konsequenz (Pluto) ähnlich und bringt einer Art dialektischer Synthese. Als selbstbewusst kann man auch einen Menschen bezeichnen, der konsequent undurchsichtige Situationen hinterfragt. Dadurch kann aber auch Ambivalenz entstehen, die wiederum mit dem Antipoden des Merkurs (Mitgefühl = Differenzierung) in Kontrast steht. Mitgefühl könnte man also auch dialektisch als Gegenteil von Ambivalenz beschreiben, die aus übertriebener Konsequenz oder übertriebenen Selbstbewusstsein entstanden ist. Menschen mit einer Betonung dieser vier Planeten werden die Erfahrung kennen, dass ihre Bemühungen negativ bewertet werden und ihnen gerade dann mangelndes Einfühlungsvermögen vorgeworfen wird, wenn sie sich besonders engagieren. Es geht darum, seine eigene Widersprüchlichkeit wahrnehmen zu können und Fehler ganz genau zu analysieren und zu differenzieren zwischen plumpen Angriffen und wirklicher Kritik.

Auf einer dritten Ebene sind die Begriffe als Überhöhungen zu verstehen. Sie bilde nicht nur Gegensätze und Dichotomien, sondern auch Kompensationen durch den Begriff, der schräg gegenüber in der Komplementär-Dichotomie steht. Zuviel Selbstbewusstsein führt zu Kompensation (und beschwört damit die Notwendigkeit von Konsequenz herauf). Zuviel Differenzieren führt zu Ambivalenz und Unentschlossenheit, die wiederum Mitgefühl verlangt (einem unentschlossenen Menschen noch mehr Druck macht, bringt nicht viel). Zuviel Mitgefühl allerdings erhöht wiederum die Unsicherheit und zu viel Konsequenz führt zu unzulässigen Vereinfachungen. So bildet sich ein geschlossenes Ganzes, das in sich logisch ist, und alle drei Formen von Negierung möglich, ohne in einen Widerspruch zu geraten.

Der Archetyp

Die eben angesprochen Eigenschaften gehören zu dem Archetyp der Sonne. Sie sind in der Graphik orange eingezeichnet. Es gibt noch ein zweites orangenes Kästchen, das ebenfalls zum Sonnenarchetypen zu rechnen ist. Es sind dieselben vier Planeten in der anderen möglichen Anordnung (die zwei Dualplaneten Sonne/Mond und Merkur/Pluto können ja per Definition keine Dichotomie bilden, sie sind die Grundlage der Dichotomiebildung).

Mond	Merkur o
Romantik	**Logik**
Pluto	Sonne
Sentimentalität	Verdinglichung
Sonne	Pluto ~
Präsenz	**Diskretion**
Merkur	Mond
Redseligkeit	Verdrängung

Die Begriffe haben einen Bezug zum ersten orangenen Kästchen, sie weisen Ähnlichkeiten auf. Die Sonne steht einmal für Selbstbewusstsein, einmal für Präsenz. Der Mond für Romantik und Mitgefühl, der Merkur für Differenzierung und Logik und der Pluto für Konsequenz und Diskretion. Auch in der anderen Zusammensetzung funktionieren die dreifachen Verneinungen. Das Gegenteil von Romantik ist Verdinglichung und diese führt am konkreten Gegenstand zu logischem Denken. Das Gegenteil von Logik ist Sentimentalität und führt wiederum zu Romantik. Zuviel Romantik aber führt zu Verdrängung und zu viel Logik zu Redseligkeit, zu viel Diskretion zu Sentimentalität und zu viel Präsenz zur Verdinglichung.

Alle Planeten stehen also zweimal in einer Kombination. Sonne und Pluto können beispielsweise einmal als antagonistisches Paar erscheinen (Präsenz/Diskretion) und einmal als synthetisches Paar (Selbstbewusstsein/Konsequenz). Je nach sprachlichem Zusammenhang bilden sie also ‚Widerstreiter' oder ‚Vereiniger'. Während man sich in der Präsenz (Sonne) übt bereit ist, etwas von sich preiszugeben, fällt es schwer Diskretion zu zeigen. Man ist immer in Gefahr, zu viel zu sagen. Ohne einen offenen Raum, kann es keine Fokussierung auf das Hier und Jetzt geben. Die Lösung liegt im Wechsel auf die erste beschriebene Ebene, in der Sonne und Pluto Ähnlichkeiten hatten, weil sie in anderen Kontrasten standen. Zwischen Selbstbewusstsein (Sonne) und Konsequenz (Pluto) gibt es nur wenig Widerstreit. Und so lässt sich der Widerspruch der Forderung nach gleichzeitiger Präsenz und Diskretion auch auflösen - im konsequenten Selbstbewusstsein, dass sich seiner Widersprüche bewusst ist. Wer wirklich zu dem steht, was er von sich preisgibt, der braucht keine Angst davor haben, indiskret zu sein.

Auch Romantik (Mond) und Logik (Merkur) scheinen nur schwer in eine Einheit bringen zu sein. Die Logik verhindert das Aufgehen in der romantischen Erinnerung. Für den Logiker erscheint der Romantiker wie ein Fremdkörper und für den Romantiker ist der Logiker ein Spielverderber. Beide kommen zusammen, wo sie zu differenziertem (Merkur) Mitgefühl (Mond) fähig sind. Also Situationen, wo der einzelne zurücksteht, weil es wichtigeres gibt, als seine Person, Logik oder Weltbilder. Solche Situationen zu schaffen, wäre also eine Möglichkeit, Gefühls- und Verstandesmenschen zusammenzubringen. Wir sehen, dass die Begriffe menschlicher Sprache sehr präzise beschrieben werden müssen, um ihre Bedeutung in Bezug auf unterschiedliche Verhältnisse sauber auszudrücken und die Synthese zum Gelingen zu bringen.

Jeder Begriff hat seinen Platz in einer unter der Sprache liegenden Matrix. Weil diese sich nach einem astrologischen Schlüssel (bzw. nach einer einheitlichen 12er Matrix) aufbaut, kann der Astrologe so komplexe Beschreibungen innerer und äußerer Befindlichkeiten abgeben. Wir können die Welt beschreiben wie wir wollen, wir können (langfristig) fühlen, was wir wollen und wir können (kurzfristig) tun, was wir wollen. Wir können aber nicht außerhalb der Matrix dieser Begrifflichkeit kommunizieren. Insofern und nur darin sind wir determiniert.

MBTI

Die Archetypen korrespondieren auch mit den Persönlichkeitsmerkmalen der Wissenschaft der Sozionik, die vorwiegend im Ostblock gelehrt wird,[224] sowie dem Myers-Briggs-Test, der auch in Amerika häufig zur Anwendung kommt. Der Ideengeber dazu war C. G. Jung, der im Umgang mit seinen Patienten bemerkte, dass jeder einen anderen ‚Zugang' zur Welt entwickelte, die einem der klassischen vier Persönlichkeitstypen entsprach – Denken, Fühlen, Sensorik und Intuition. Jung hatte die Eigenschaft ‚Extravertiertheit' noch als Sondermerkmal herausgestellt und sie mit den anderen vier zu acht Clustern erweitert. Myers und Briggs entwickelten daraus den MBTI Typenindikator mit 16 Typen, dessen Schwerpunkt wie bei den ‚Big Five' auf der Präferenzbildung zwischen extremen Ausschlägen der vier Grundmodule liegt (bimodale Verteilung).

Beim 'Anführer' werden beispielsweise extrovertierte und sensorische Qualitäten festgestellt, beim Künstler hingegen introvertierte und intuitive. Aus den unterschiedlichen Kombinationen ergeben sich Grundtypen, die für bestimmte Werte stehen, wie wir sie auch in den 15 Grundtypen der Dichotomien finden. Marstypen sind extrovertiert, verzichten aber in Kombination mit Neptun auf die Durchsetzung und setzen diplomatische Mittel ein. Es zeigt sich immer wieder, dass man auf mehreren Wegen zur Definition von Eigenschaften kommen kann.

15***	Tarot	Bedeutung	Planet	Dichotomie	MBTI/ Sozionik	Weitere Typen
Mond Sonne Venus Mars	1 Magier	Wille, Macht	Alpha Weiß	Charisma Begeisterung	Marshal ESFJ*	Heldinnen, Durchsetzer
Mond Sonne Jupiter Saturn	2 Hohepriester	Vorstellung, Liebe	Jupiter gelb	Gestaltung Lockerheit	Politiker ESFP	Idealist, Mäzen, Wohltäter

---

224 Sozionik wird an 150 Universitäten vorzugsweise im ehemaligen Ostblock in Anwendungsbereichen der Berufswahl, Partnerwahl, Zusammenstellung von Arbeitsgruppen, Verbesserung bestehender Beziehungen, Management und allgemeine Menschenkenntnis gelehrt. http://de.wikipedia.org/wiki/Sozionik_und_intertypische_Beziehungen#Die_16_Typen

15***	Tarot	Bedeutung	Planet	Dichotomie	MBTI/ Sozionik	Weitere Typen
Venus Mars Jupiter Saturn	3 Kaiserin	Instinkt, Natur	Mars Rot	Engagement Effizienz	Unternehmer ENTJ	Aktivistin, Pionier,
Mond Sonne Uranus Neptun	4 Kaiser	Gefühl	Mond türkis	Fürsorge Trauma	Lyriker INFP	Versorger
Venus Mars Neptun Uranus	5 Hohepriester	Empfindung	Venus pink	Genuss Teue	Ratgeber ENFP	Gefährtin
Jupiter Saturn Neptun Uranus	6 Liebenden	7. Sinn	Neptun Grün	Verbundenheit Weitsicht	Humanist INFJ	Visionär, Träumer
Mond Sonne Merkur Pluto	7 Der Wagen	Geist	Sonne* Orange	Selbstbewusstsein, Präsenz	Enthusiast ESFJ	Eliten, Leiter, Vorbilder
Venus Mars Merkur Pluto	8 Gerechtigkeit	Seele	Pluto Braun	Kontinuität Konzentration	Bewahrer ISFJ	Bewahrer, Prüferin
Jupiter Saturn Merkur Pluto	9 Eremit	Körper	Omega Weiß	Protest Kritik	Kritiker INTP	Einflüsterer, Oppositionelle
Neptun Uranus Merkur Pluto	10 Rad	Äther	Uranus Blau	Abwechslung Intuition	Entdecker ENTP	Virtuosin, Einzelgänger
Mond Sonne Lilith Chiron	11 Stärke	Temperament	Lilith lila	Mitbestimmung Emanzipation	Mentor ENFJ	Weiser, Mediatiorin
Venus Mars Lilith Chiron	12 Gehängte	Logik	Chiron anthrazit	Einfluss Humor	Analytiker INTJ	Denker, Philosoph

15***	Tarot	Bedeutung	Planet	Dichotomie	MBTI/Sozionik	Weitere Typen
Jupiter Saturn Lilith Chiron	13 Tod	Vernunft	Saturn beige	Seriosität Ordnung	Meister ISTP	Prozessmächtiger, Träger
Neptun Uranus Lilith Chiron	14 Mäßigkeit	Maß	Beta	Diplomatie Austausch	Vermittler ISFP	Unterstützerin, linke Hand
Merkur Pluto Lilith Chiron	15 Teufel	Verstand	Merkur hellgrün	Klugheit Spezialisierung	Inspektor ISTJ	Wissenschaftlerin, Vernetzer

I-Introversion, E-Extroversion, N- Intuition, S-Sensorik, F-Gefühl, T-Denken, J-Urteilen, P-Empfangen

Alpha, Beta, Omega

Alpha, Beta und Omegatypen übernehmen spezielle Funktionen in Rollenkonflikten, die mit generalisierbaren Aufgabenstellungen verbunden sind. Der Alphatypus ist weniger Vorbild für ‚edle Tugenden' (wie dies der Sonnentypus vertritt), als Einnahme einer praktischen Führungsrolle in der direkten Beziehung. (Nicht zu verwechseln mit den gesellschaftlichen Führungsrollen der Sonne). Der aufgeklärte Beta unterstützt hingegen die Gruppe im Diskurs und der unbequeme Omega überprüft die Motive von beiden. Derartige Rollen sind nicht in Stein gemeißelt, sondern wechselbar. Es ist gut für die Entwicklung, jede dieser Positionen schon einmal gespielt zu haben und

Über die Verbindung von Omegatypen und ihre Funktion in Gruppenkonflikten ist viel geschrieben worden. Ihre Fähigkeit ist vor allem dort gefragt, wo das Zusammenspiel von Alphas, Betas und den jeweiligen Gruppenführern nicht reibungslos verläuft und ideologische Gräben aufreißen. Dann kann der Omega für eine kurze Zeit die legitimen Leiter ersetzen und Kritik öffentlich machen, die bisher nur intern behandelt wurde.[225] Der Betatypus ist ein ‚Beziehungsexperte'. Er widmet sich ganz der Dynamik, die sich zwischen Autoritäten und ihren Anhängern entwickelt.

Alpha (Sonne/Mond, Venus/Mars)
weiß – Achtsamkeit, Sinnlichkeit, Begeisterung, Standhaftigkeit, Redlichkeit, Kultivierung, Wohlwollen, Geradlinigkeit
Autorität/Beziehung: der kultivierte, selbstbewusste Mensch, der seinen Einfluss in der direkten Beziehung geltend macht. Dieser Chefsache haben sich andere unterzuordnen.

Beta (Jupiter/Saturn, Merkur/Pluto)
Hellgrau – Legitimität, Improvisation, Toleranz, Verantwortung, Fairness, Rhetorik, Prüfung, Routine
Milieu/Medien: der die ‚Sprache des Milieus' spricht, einen genauen Einblick in die medialen Prozesse hat und moralisch den ‚richtigen Ton' trifft, mit dem sich die anderen identifizieren können.

Omega (Uranus/Neptun, Lilith/Chiron)
grau – Einsicht, Mitbestimmung, Freizügigkeit, Respekt, Aufklärung, Diplomatie, Spiritualität, Objektivität
Primärgruppe/Diskurs: der im Diskurs immer wieder nachhakt und sich nicht scheut, die abweichende Meinung im Sinne seiner Bezugsgruppe gegen die Masse zu verteidigen.

Synonyme der Wertbegriffe

Wertbegriffe haben zahlreiche Synonyme und Überschneidungen, die weniger eindeutig funktionieren.[226] So kann man für Bescheidenheit auch Demut, Genügsamkeit, Mäßigkeit, Anspruchslosigkeit, Fügsamkeit und

---

225 Die meisten Religionsstifter waren z.B. in gesellschaftskritische Themen ihrer Zeit involviert und fielen ihnen zum Teil zum Opfer.

226 Der Wertehabitus selbst ist ein Merkmal Jupiters und so könnte man die Dichotomien auch als das ‚Erbe Jupiters' bezeichnen.

Opferbereitschaft sagten. Aus der Planetenmatrix ergibt sich: Alle ‚funktionieren' als Opponenten von dem Gegenbegriff ‚Übertreibung' und auch bei Überkompensation zu dem Begriff ‚Verschiebung', der als Gegenteil von Spontanität zu derselben Monade gehört. Die jeweiligen Negierungsmöglichkeiten geben uns also einen Hinweis, wie stark ein Synonym in die Struktur passt.[227]

Manche Begriffe führen auch zu Doppeldeutigkeiten, wie etwa die ‚Geschicklichkeit', die im Deutschen auch als Taktik, Fingerfertigkeit, Gewandtheit und Wendigkeit umschrieben werden kann und manchmal als etwas Negatives im Sinne eines ‚Taktierens' oder Ausweichens der Aufgabe gewertet wird. In dem Fall sind dies schon Synonyme für die überkompensierte Form der Faulheit. Es gibt Zwischennuancen, die von Sprache zu Sprache variieren und kulturelle Eigenheiten anzeigen.

Mars (Widder) – Der Aktivist / Die Kämpferin
rot – Hedonist, Pionier, Coach, Sportler, Militär, Aktionskünstler, Macher
Beziehung/Milieu: der im persönlichen Austausch die schichttypischen Aktionen initiiert

Standhaftigkeit: Unermüdlichkeit, Beharrlichkeit, Stehvermögen
Geradlinigkeit: bei der Sache bleibend, Nicht abweichend, Folgerichtigkeit, Stringenz
Direktheit: Unverbundenheit, Unverblümtheit, Deutlichkeit
Spontaneität: aus erster Quelle, schnurstracks, Reaktionsschnelle
Ehrgeiz: Eifer, Geltungsstreben, Hartnäckigkeit, mit fester Absicht
Entschlossenheit: Wille, Durchsetzung, Entschiedenheit, Unnachgiebigkeit, Entschlusskraft
Engagement: Beteiligung, Mitwirkung, Untersetzung, Einsatz, Betriebsamkeit, Emsigkeit
Initiative: Impuls, Idee, Antrieb, Anstoß, Triebfeder, natürliche Anregung
Leistung: Verdienst, Arbeitsvermögen, Potenzial, Produktivität
Einfluss: Wichtigkeit, Kapazität, Geltung, Macht, Bedeutung

---

[227] Die Matrix kann weiter durch Tests verbessert werden und wird sich nicht in allen Punkten eindeutig entscheiden lassen.

Venus (Stier) – Der Selbstgenügsame / Die Muse
Pink – Künstler, Musiker, Schriftsteller, Inspiratoren, Kreativmanager
Milieu/Gruppe: die den bürgerlichen Habitus und den Common Sense der Gruppe auf elegante Art vertreten

Sinnlichkeit: Genuss, Annehmlichkeit, Entzücken, Wonne, Labsal, Lust, Libido, Erotik
Kultivierung: Pflege, Verfeinerung, Hingabe
Geduld: Nachsicht, Friedfertigkeit, Ausdauer, Sanftmut
Entspannung: Flow, im Strom sein, Mitfließen, Wohlgefühl, Glück, Heiterkeit, Ekstase,
Bescheidenheit: Takt, Demut, Genügsamkeit, Mäßigkeit, Anspruchslosigkeit, Fügsamkeit, Opferbereitschaft,
Ästhetik: Schönheit, Wohlgeformtheit, Inspiration
Treue: Zuverlässigkeit, Loyalität, Anhänglichkeit, Zueinanderstehen, Brüderlichkeit, Eintracht, Freundschaft, Gegenseitigkeit
Charme: Betörung, Pittoreske, Attraktivität, Bezauberung
Harmonie: Ausgeglichenheit, Einklang, Friede, Übereinstimmung

Merkur (Zwilling) – Der Botschafter / Die Mediengestalterin
Hellgrün, schillernd – Pädagoge, Stoffvermittler, Lerntrainer, Sprachrohr, Sender
Diskurs/Medien: Sprachrohr der Öffentlichkeit, der aktuelle Diskurse führt

Logik: Folgerichtigkeit, Denkvermögen, Unterscheidungsvermögen, Urteilskraft
Differenzierung: Gliederung, Auseinanderentwicklung, Unterscheidungsvermögen
Forschen: Ergründen, Nachgehen, Auseinandersetzen, Experimentieren, Wissensdrang
Geschicklichkeit: Taktik, Fingerfertigkeit, Gewandtheit, Wendigkeit
Klugheit: Gelehrtheit, Intelligenz, Auffassungsgabe, Gescheitheit, Verstand
Intuition: Eingebung, im Ganzen zusammenfassend, Geistesblitz, Eingebung, Beweggrund
Improvisation: Stegreiferfindung, Einfall, situative Alternative
Rhetorik: Beredsamkeit, Eloquenz, Sprachgewalt, Sprechkunst
Neugier: Interesse, Wissensdurst, Fragelust, Herausfindenwollen

Aktualität: Dringlichkeit, Augenblicksnähe, auf dem neuesten Stand sein, auf der Höhe des Zeitgeists

Mond (Krebs) – Der Versorger / Die Amme
türkis – Elternrollenspiel, Ernährer, Wirtschafter, Pfleger, Sorgender
Autorität/Primärgruppe: Der für das Wohl der Gruppe sorgt und als Inbegriff der Hilfsbereitschaft gilt.

Achtsamkeit: Aufmerksamkeit, Aufpassen, Wachsamkeit, Wertschätzung
Wohlwollen: Gewogenheit, Gunst, Huld, Jovialität, Zuwendung, Gefallen
Unschuld: Keuschheit, Reinheit, Unberührtheit, Makellosigkeit
Hoffnung: Aussicht, Lichtblick, Zuversicht, Trost, Erheiterung
Fürsorge: Pflege, Rückhalt, Stütze, Hilfsbereitschaft, Betreuung, Obhut, Erhaltung
Natürlichkeit: Einfachheit, Zwanglosigkeit, Schlichtheit, Naturverbundenheit
Romantik: Idealismus, Sinn für die Liebe, Sentimentalität
Mitgefühl: Mitleid, Verständnis, Anteilnahme
Spiel: Scherz, Spaß, Schabernack
Verbundenheit: Bindung, Zusammengehörigkeit, Halt, Geborgenheit

Sonne (Löwe) – Das Vorbild
orange – Leitbilder, Anführer, Eliten, High Society
Autorität/Medien: die vorne stehend öffentlich präsent sind und durch eigene Persönlichkeit wirken

Selbstbewusstsein: Selbstbehauptung, Selbstwertgefühl, Selbstvertrauen
Präsenz: In sich Ruhen, mit dem Leben verbunden sein, im Augenblick sein, Vergegenwärtigung
Förderung: Beihilfe, Unterstützung, Gefälligkeit, Schulung
Stil: Lifestyle, Ausdruck, Gepräge, Fasson, Haltung
Mut: Heldentum, Courage, Schneid, Mumm, Waghalsigkeit, Kühnheit
Selbstüberwindung: Selbstdisziplin, Über sich Hinauswachsen
Echtheit: Authentizität, Selbstständigkeit, Unverstelltheit
Redlichkeit: Ehrlichkeit, Rechtschaffenheit, Aufrichtigkeit
Begeisterung: Ekstase, Magie, Faszination, Enthusiasmus, Hochgefühl
Charisma: Ausstrahlung, Ansehen, Erscheinung

Chiron (Jungfrau) – Der Denker / Die Wissenschaftlerin
anthrazit – Mediziner, Architekt, Baumeister, Pragmatiker
Beziehung/Diskurs: der im Diskurs mit den Einzelnen die Meinungsverschiedenheiten aufarbeitet

Konstruktivität: Dienlichkeit, Tauglichkeit, Produktivität
Organisationsvermögen: Wirksamkeit, Planbarkeit, Überblick, Durchblick
Effizienz: Fruchtbarkeit, Durchschlagskraft, Förderlichkeit, Ergebnisreichheit
Komplexität: Vielfältigkeit, offene Problematik, verzweigte Struktur
Sorgfalt: Exaktheit, Genauigkeit, Gründlichkeit
Bildung: Allgemeinwissen, Gelehrtheit, Kultur
Objektivität: Unvoreingenommenheit, Überparteilichkeit, Unbestechlichkeit
Respekt: Anerkennung, Ehrfurcht, Tribut, Hochachtung, Bewunderung, Lob, Ehrerbietung
Güte: Aufgeschlossenheit, Liebenswürdigkeit, Zuwendung, Entgegenkommen
Seriosität: Vertrauenswürdigkeit, Sachlichkeit, Würde

Lilith (Waage) – Der Mediator / Die Mittlerin
violett – Systemiker, Berater, Charakterdarsteller, Comedian, Ausdruckskünstler
Autorität/Diskurs: der im Diskurs durch emotionale Beteiligung die Energie erhält und an sich selbst intern ein Beispiel gibt.

Mitbestimmung: Mitspracherecht, Demokratieverständnis, auf Augenhöhe sprechend
Diplomatie: Ausgleich, gerechte Taktik, Neutralität
Ganzheitlichkeit: Einheitlichkeit, Vollständigkeit, alles mit einbeziehend
Integrität: Aufrichtigkeit, Rechtschaffenheit, Verlässlichkeit
Emanzipation: Befreiung, Selbstbestimmung, Chancengleichheit
Gleichberechtigung: Gleichheit, Ebenbürtigkeit
Solidarität: Gemeinsamkeit, Zusammengehörigkeitsgefühl, Kameradschaft
Nachhaltigkeit: Dauerhaftigkeit, Anhaltend, Konstanz
Austausch: Dialog, Unterhaltung, Wechselrede
Humor: Frohsinn, Ausgelassenheit, Freude, Überschwänglichkeit

Pluto (Skorpion) – Der Gatekeeper / Die Sozialarbeiterin
braun – Nerds, Forumsleiter, Untergrundforscher, People of Colours, Sozialassistenten, Careworker, Agenten
Beziehung/Medien: der sich für öffentliche Anliegen durch persönlichen Einsatz einsetzt und mit Unbekannten in eine persönliche Beziehung tritt.

Kontinuität: Konstanz, Beständigkeit, Bodenständigkeit
Resilienz: Widerstandskraft, Immunität, Robustheit
Diskretion: Feinfühligkeit, Verschwiegenheit, Fingerspitzengefühl
Konsequenz: Entschiedenheit, Nachdrücklichkeit, Hartnäckigkeit
Kompetenz: Verantwortlichkeit, Fachgröße, Spezialisierung, Kundiger, Kennerschaft
Klarheit: Konzentration, Stringenz, Folgerichtigkeit, Einfachheit, Harmlosigkeit
Routine: Erfahrung, Fertigkeit, Praxis, Übung
Verantwortung: Pflichtgefühl, Ethos, Gewissen, Zuverlässigkeit
Stabilität: Beständigkeit, Durchhaltevermögen
Vernunft: Klarsicht, Ratio, Wirklichkeitssinn, Menschenverstand, Räson

Jupiter (Schütze) – Der Wohltäter / Die Förderin
gelb – Idealist, Populist, Politiker, Wirtschafter, Mäzen, Lifestyler
Autorität/Milieu: die im Milieu den Ton angeben

Großzügigkeit: Freigebigkeit, Generosität, Spendabilität
Wachstum: Fortschritt, Weiterentwicklung, Entfaltung, Entwicklung, Steigerung, Ausweitung
Optimismus: Zuversicht, Lebensfreude, Vertrauen in die Zukunft
Zielstrebigkeit: Erfolgsorientierung,
Glaube: Anschauung, Ansicht, Überzeugung
Kooperation: Zusammenarbeit, Gruppenarbeit, Miteinander, Gegenseitigkeit
Vielfalt: Fülle, Reichtum, Üppigkeit, Überschuss,
Innovation: Neuerung, Verbesserung, Reorganisation
Fairness: Gerechtigkeit, Unbestechlichkeit, Redlichkeit
Toleranz: Milde, Vielfalt duldend, Liberalität

Saturn (Steinbock) – Der Bewahrer / Die Verwalterin
beige – Ordner, Sammler, Organisierer, Rechtsprecher, Wächter, Ordenshüter

Milieu/Diskurs: der in der Rede zur Ordnung ruft und die Versammlung organisiert

Disziplin: Arbeitsmoral, Selbstkontrolle, Benehmen auf der Arbeit, Schliff, Fleiß, Arbeitseifer, Beflissenheit
Ordnung: Strukturierung, Übersicht, Korrektheit, Norm, Systematik, Schematik
Optimierung: Verbesserung, Berichtigung, Vervollkommnung
Vorsorge: Vorhütung, Vorbereitung, Vorbeugung
Tradition: Brauch, Erbe, Sitte, Überlieferung
Reife: Blüte, Erwachsensein, Menschenkenntnis, Erfahrung
Prüfung: Kontrolle, Test, Check, Erprobung
Legitimität: Legalität, Gesetzesmäßigkeit,
Verzicht: Aufopferung, Verzicht, Entsagung, Askese, Entsagung
Nüchternheit: Maß, Sparsamkeit, Haushalten, Rationieren

Uranus (Wassermann) – Der Entwickler / Die Selbstständige
blau – Experimentatoren, Freaks, Einzelgänger, Investigative, Aufklärer
Primärgruppe/Medien: die das Anliegen der Gruppe nach außen tragen und die Besonderheiten öffentlich machen

Freiheit: Ungebundenheit, Unabhängigkeit, Selbstbestimmung, Zwanglosigkeit
Souveränität: Autonomie, Selbstverwaltung, Autarkie
Kreativität: Fantasie, Schöpferkraft, Originalität
Flexibilität: Biegsamkeit, Elastizität, Veränderlichkeit, Geschmeidigkeit, Variabilität, Spielraum
Freizügigkeit: Libertät, Enthemmung
Aufklärung: Bewusstmachung, Enthüllung
Revolution: Rebellion, Aufstand, Auflehnung, Widerstand
Abwechslung: Veränderung, Zerstreuung, Vielfalt
Schöpfung: Erschaffung, Gründung, Kreation, Stiftung
Individualität: Eigenheit, Besonderheit, Selbstwerdung, Charaktergestaltung, alternative Entwicklung

Neptun (Fische) – Der Bystander / Die Mystikerin
grün – Visionär, Mystiker, Entsagter, unsichtbarer Helfer, guter Geist
Milieu/Primärgruppe: der die Gruppe mit ihrer Umgebung verbindet und
ihr einen visionären Lebensstil vermittelt

Weitsicht: Durchblick, Umsichtigkeit, Bedacht, Fassung
Vertrauen: sich verlassen auf, Sicherheit, Gewähr
Versenkung: Loslösung, Andacht, Besinnlichkeit, Kontemplation
Transzendenz: Übersinnlichkeit, höherer Standpunkt, Weisheit, Durchblick
Sensibilität: Zartgefühl, Behutsamkeit, Empfindlichkeit, Gespür
Rücksicht: Achtung, Takt, Diskretion, Schonung, Feinfühligkeit, Höflichkeit, Fingerspitzengefühl
Vorsicht: Behutsamkeit, Wachsamkeit, Abgrenzung, Zurückhaltung
Versöhnung: Verzeihung, Vergebung Beileid, Anteilnahme, Beilegung, Schlichtung, Ausgleich
Spiritualität: Metaphysik, Vergeistigung, über das Materielle hinausgehend
Einsicht: Erfahrung, Erkenntnis, Reue, Einlenken, etwas Zugeben

Auszählung des Horoskopes von C. G Jung

Die Auszählung der Planeten im Horoskop von C.G. Jung bringt folgendes:

Auszählung Almutin:[228]

1. **Chiron** (8 Punkte)
   Chiron und Neptun stehen in Haus 2 (Chiron in Freude)
   Mond und Pluto stehen in Stier (Chiron in Freude)
   Merkur und Venus stehen in Haus 6 (Chiron in Erhöhung)
   Lilith und Mars stehen in Schütze (Chiron in Erhöhung)

---

[228] Zur Entstehung der neuen Erhöhungen und Freuden siehe Band IV der ‚Astrologischen Soziologie', es werden nur die 12 ‚Planeten' gezählt und keine Aszendenten, Mondknoten oder andere Punkte.

2. **Venus** (6 Punkte + Neptun doppelt)
   Chiron und Neptun in Haus 2 (Venus in Regentschaft)
   Mond und Pluto in Stier (Venus in Regentschaft)
   Sonne und Uranus in Löwe (Venus in Freude)

3. **Saturn** (6 Punkte)
   Merkur und Venus in Haus 6 (Saturn in Freude)
   Sonne und Uranus in Haus 7 (Saturn in Erhöhung)
   Jupiter in Waage (Saturn in Erhöhung)
   Lilith in Haus 10 (Saturn in Regentschaft)

Graphik 7 Freuden und Erhöhungen

Auszählung Big Five:

Big Five	Planet	Element Temperament	Suchen Zeichen	Auszählung
Extraversion	Sonne +	Feuer Choleriker	Zwilling Skorpion	Sonne- Mond+ Merkur+ Pluto+ [230]
	Uranus+- [231]			Uranus- Neptun- Merkur- Pluto+ [232]
Verträglichkeit	Mond +	Wasser Phlegmatiker	Wassermann Fische	Mond+ Sonne+ Uranus+ Neptun+
	Venus -			Venus- Mars+ Uranus+ Neptun+
Offenheit	Lilith o	Luft Sanguiniker	Krebs Löwe	Lilith- Chiron+ Sonne+ Mond+
	Jupiter o			Jupiter- Saturn+ Mond- Sonne+
Stabilität	Chiron +	Erde Melancholiker	Widder Stier	Chiron+ Lilith+ Venus+ Mars+
	Pluto -			Pluto+ Merkur- Venus+ Mars+
Gewissenhaftigk	Merkur++	Äther	Jungfrau Waage	Merkur+ Pluto+ Lilith + Chiron+
	Saturn -	Quinta Essentia		Saturn- Jupiter+ Chiron+ Lilith+
(Machtstreben)	Mars +	...	Schütze Steinbock	Mars+ Venus+ Jupiter- Saturn+
	Neptun --			Neptun- Uranus+ Jupiter+ Saturn+

---

229 Die Sonne steht nicht in einem von Zwilling oder Skorpion regierten Haus oder Zeichen, Mond hingegen steht in Haus 3 (Regent Merkur), Merkur in Haus 6 (von Merkur erhöht) und Pluto in Haus 3 (von Merkur regiert). Also fühlt sich aus der Dichotomie der Sonne nur die Sonne selbst ‚nicht unterstützt' in Medialrollenebenen.

230 Uranus steht z.B. im 7. Haus in Freude (+) und im Löwen im Exil (-)

Kurzzusammenfassung:

Jungs wichtigster Planet ist der Chiron, der für den Archetyp des Denkers und Wissenschaftlers steht. Er wird durch das Hauptmerkmal der Stabilität als ‚beste' der Big-Five-Eigenschaften zusätzlich gestützt. Drei Eigenschaften haben nur ein Minuszeichen, die Verträglichkeit (Venus-), die Suche nach Stabilität (Merkur-) und das Gewissenhaftigkeit (Saturn-). Da Chiron der herausragende Planet im Horoskop ist, ist die Suche nach Stabilität (Gegenteil Neurotizismus) die wichtigste Eigenschaft. Im Horoskop konzentrieren wir uns also als erstes auf die Bedeutung, die Stabilitätssuche im Leben von C.G Jung hatte und die Rolle Chirons, dem ‚verletzten Heiler' darin. Wir wissen z.B., dass er eine über fünfjährige Auszeit nach seinem Bruch mit Freud nahm, was typisch für diesen Typus ist. Er braucht Regenerationsphasen, um sein Denken zu klären. Für das Erreichen von Stabilität spielt herkömmlich auch der Planet Saturn eine Rolle, weil er im Zeichen Steinbock über ein Erdelement regiert. Er geht im Horoskop von Jung als erster Planet auf, steht aber nicht gerade einfach, weil er im 1. Haus in ‚Vernichtung' ist (gegenüber der Freude im 7. Haus/Waage). Als Unterstützung steht der ‚Gegenkorrespondent' von Saturn gut, der Merkur, und so schreibt Jung schließlich nach Finden seiner eigenen (unkonventionellen) Lebensordnung fleißig sehr gut recherchierte Bücher, die ihm seine Lebensgrundlage sichern.

Extraversion ist die Ambivalenteste der ‚Big Five'-Eigenschaften. Sie hat drei Minuszeichen und Uranus steht im 7. Haus im Zeichen Löwe im Exil (weil er über Wassermann regiert). Zudem stehen die entsprechenden Planeten, Sonne und Uranus, in Konjunktion und streiten sich um die Bedeutungshoheit. Entsprechend brauchte es lange im Leben von C.G. Jung, seine eigene Ausdrucksweise zu finden und sich selbstbewusst zu zeigen. Es ist für einen Menschen, der im Zeichen Löwe geboren ist, nicht leicht, mit fehlender Anerkennung umzugehen und sich von Autoritäten zurückgewiesen zu fühlen. Bester Weg daraus ist, selbst zu einer Autorität zu werden und zu lernen, die Schattenseiten Stück für Stück zu integrieren. So kann auch eine starke Verunsicherung bezüglich der eigenen spirituellen Ausrichtung mit bearbeitet werden. Neptun ist dreifach schlecht gestellt (in Stier im Fall, in Haus 2

---

231 Uranus steht in wie die Sonne nicht in einer Merkur/Plutoregion, und ebenso tut es Neptun Haus 2 nicht (außer bei einer Geburtszeit mit Steinbock-AC. Merkur steht nicht in einem von Uranus und Neptun dominierten Bereich, dafür aber Pluto (Uranus steht in Haus drei in Freude).

im Exil und als einziger Planet des Big-Five-Faktors ‚Streben nach Macht', der nicht in einem Zeichen oder Haus von Schütze oder Steinbock steht). Obwohl er über das forscht, was wir heute als Esoterik bezeichnen würden, ist es nicht Jungs Sache, im ‚spirituellen Untergrund' mitzumischen und das ‚New Age' voranzutreiben. Stattdessen hat er mit Merkur und Saturn den Diskurs auf verschiedensten Wissensgebieten angestoßen und sich um viele Themengebieten bemüht, die anderen zu schwer waren.

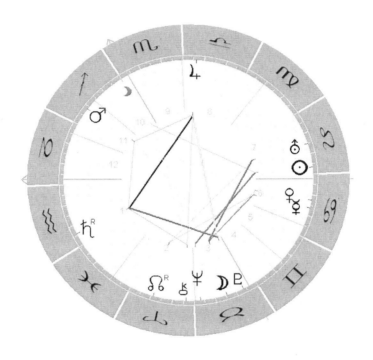

Graphik 8
Horoskop C.G. Jung
26. Juli 1875
19:29 Uhr Kesswil, CH
Quelle: Rodden, C